RUDOLF STEINER GESAMTAUSGABE
VORTRÄGE

VORTRÄGE FÜR DIE ARBEITER AM GOETHEANUMBAU

RUDOLF STEINER GESAMTAUSGABE

Vorträge für die Arbeiter am Goetheanumbau

Band 1  Die Erkenntnis des Menschenwesens nach Leib, Seele und Geist. Über frühe Erdzustände
Zehn Vorträge, 2. August bis 30. September 1922 (Bibl.-Nr. 347)

Band 2  Über Gesundheit und Krankheit. Grundlagen einer geisteswissenschaftlichen Sinneslehre
Achtzehn Vorträge, 19. Oktober 1922 bis 10. Februar 1923 (Bibl.-Nr. 348)

Band 3  Vom Leben des Menschen und der Erde. Über das Wesen des Christentums
Vierzehn Vorträge, 17. Februar bis 9. Mai 1923 (Bibl.-Nr. 349)

Band 4  Rhythmen im Kosmos und im Menschenwesen. Wie kommt man zum Schauen der geistigen Welt?
Sechzehn Vorträge, 30. Mai bis 22. September 1923 (Bibl.-Nr. 350)

Band 5  Mensch und Welt. Das Wirken des Geistes in der Natur – Über die Bienen
Fünfzehn Vorträge, 8. Oktober bis 22. Dezember 1923 (Bibl.-Nr. 351)

Band 6  Natur und Mensch in geisteswissenschaftlicher Betrachtung
Zehn Vorträge, 7. Januar bis 27. Februar 1924 (Bibl.-Nr. 352)

Band 7  Die Geschichte der Menschheit und die Weltanschauungen der Kulturvölker
Siebzehn Vorträge, 1. März bis 25. Juni 1924 (Bibl.-Nr. 353)

Band 8  Die Schöpfung der Welt und des Menschen. Erdenleben und Sternenwirken
Vierzehn Vorträge, 30. Juni bis 24. September 1924 (Bibl.-Nr. 354)

RUDOLF STEINER

# Die Erkenntnis des Menschenwesens nach Leib, Seele und Geist

# Über frühe Erdzustände

Zehn Vorträge
gehalten vor den Arbeitern am Goetheanumbau
in Dornach
vom 2. August bis 30. September 1922

1985

RUDOLF STEINER VERLAG
DORNACH/SCHWEIZ

Nach vom Vortragenden nicht durchgesehenen Nachschriften
herausgegeben von der Rudolf Steiner-Nachlaßverwaltung
Die Herausgabe besorgte Paul Gerhard Bellmann

1. Auflage in dieser Zusammenstellung
Gesamtausgabe Dornach 1976
2. Auflage (photomechanischer Nachdruck)
Gesamtausgabe Dornach 1985

Weitere Veröffentlichungen siehe zu Beginn der Hinweise

Bibliographie-Nr. 347
Zeichnungen nach Tafelzeichnungen Rudolf Steiners,
ausgeführt von Leonore Uhlig
Alle Rechte bei der Rudolf Steiner-Nachlaßverwaltung, Dornach/Schweiz
© 1976 by Rudolf Steiner-Nachlaßverwaltung, Dornach/Schweiz
Printed in Switzerland by Zbinden Druck und Verlag AG, Basel
ISBN 3-7274-3470-8

*Zu den Veröffentlichungen*
*aus dem Vortragswerk von Rudolf Steiner*

Die Grundlage der anthroposophisch orientierten Geisteswissenschaft bilden die von Rudolf Steiner (1861-1925) geschriebenen und veröffentlichten Werke. Daneben hielt er in den Jahren 1900 bis 1924 zahlreiche Vorträge und Kurse, sowohl öffentlich wie auch für die Mitglieder der Theosophischen, später Anthroposophischen Gesellschaft. Er selbst wollte ursprünglich, daß seine durchwegs frei gehaltenen Vorträge nicht schriftlich festgehalten würden, da sie als «mündliche, nicht zum Druck bestimmte Mitteilungen» gedacht waren. Nachdem aber zunehmend unvollständige und fehlerhafte Hörernachschriften angefertigt und verbreitet wurden, sah er sich veranlaßt, das Nachschreiben zu regeln. Mit dieser Aufgabe betraute er Marie Steiner-von Sivers. Ihr oblag die Bestimmung der Stenographierenden, die Verwaltung der Nachschriften und die für die Herausgabe notwendige Durchsicht der Texte. Da Rudolf Steiner aus Zeitmangel nur in ganz wenigen Fällen die Nachschriften selbst korrigieren konnte, muß gegenüber allen Vortragsveröffentlichungen sein Vorbehalt berücksichtigt werden: «Es wird eben nur hingenommen werden müssen, daß in den von mir nicht nachgesehenen Vorlagen sich Fehlerhaftes findet.»

Nach dem Tode von Marie Steiner (1867-1948) wurde gemäß ihren Richtlinien mit der Herausgabe einer Rudolf Steiner Gesamtausgabe begonnen. Der vorliegende Band bildet einen Bestandteil dieser Gesamtausgabe. Soweit erforderlich, finden sich nähere Angaben zu den Textunterlagen am Beginn der Hinweise.

Die besondere Stellung, welche die Vorträge für die Arbeiter am Goetheanumbau innerhalb des Vortragswerkes einnehmen, schildert Marie Steiner in ihrem Geleitwort, welches diesem Band vorangestellt ist.

# INHALT

Geleitwort von Marie Steiner . . . . . . . . . . . . . 9

## DIE ERKENNTNIS DES MENSCHENWESENS NACH LEIB, SEELE UND GEIST

Erster Vortrag, Dornach, 2. August 1922 . . . . . . . 11
Über die Entstehung der Sprache und der Sprachen
Brocas Entdeckung. Gehirnschlag und Sprachverlust. Das Sprechen und die Ausbildung der linken Schläfenwindung. Die kindliche Sprachentwickelung. Selbstlaute und Mitlaute. Nachahmung beim Sprechen. Linkshändigkeit und Rechtshändigkeit. Pädagogische Behandlung der Linkshändigkeit. Verschiedenheit der Sprachen nach den Gegenden der Erde und nach den Sternbildern am Himmel.

Zweiter Vortrag, 5. August 1922 . . . . . . . . . . . 26
Vom Lebensleib des Menschen – Gehirn und Denken
Wodurch ist der Mensch ein denkendes Wesen? Milchernährung. Eselsmilch. Muttermilch. Abtötung und Wiederbelebung der Nahrung. Die weißen Blutkörperchen und die Gehirnzellen. Ohnmachtszustände und Bleichsucht. Das Bewußtsein und seine Abhängigkeit vom genauen Verhältnis zwischen weißen und roten Blutkörperchen. Regsamkeit des Gehirns während des Schlafzustandes. Bewußtlosigkeit im Schlaf. Denktätigkeit während des Schlafes. Atmungsprozeß und Gehirntätigkeit. Wahrnehmung der Träume. Denktätigkeit des Gehirns am Tage.

Dritter Vortrag, 9. August 1922 . . . . . . . . . . . 44
Der Mensch in seinem Verhältnis zur Welt – Gestaltung und Auflösung
Abtötung des Lebens. Herkunft der Gedanken. Kristallbildung. Kiesel. Gebirgsbildung. Die Alpen. Zucker und Zuckerauflösung. Diabetes. Rheuma und Gicht. Bilden und Auflösen des Gehirnsandes. Gehirnschlag. Kranksein heißt nichts anderes, als daß wir irgend etwas zu stark ausbilden. Kaffee und Tee. Stickstoffreiche Nahrung. Auflösungsprozeß und Ichbewußtsein.

VIERTER VORTRAG, 9. September 1922 . . . . . . . . .  64
Die Erkenntnis des Menschenwesens nach Leib, Seele und Geist
Gehirn und Denken – Die Leber als Sinnesorgan
Das Leben in den Gehirnzellen und in den weißen Blutkörperchen.
Schwachsinnigkeit und Gehirnerweichung. Absterben des Lebens im
Gehirn als Voraussetzung für das Denken. Ursachen der Leberverhärtung. Die Leber als Wahrnehmungsorgan. Stoffauswechslung im
menschlichen Körper. Bildung des Menschen im mütterlichen Leib.
Schlaf des Säuglings. Unbrauchbarwerden des Körpers mit dem Alter.
Darmkrebs, Magen- oder Pförtnerkrebs. Gedächtnisüberlastung und
Organverhärtung. Wirkliches, tatsächliches Erkennen. Das Praktischmachen der Wissenschaft.

FÜNFTER VORTRAG, 13. September 1922 . . . . . . . . .  82
Wahrnehmen und Denken innerer Organe
Muttermilch und Kuhmilch. Abtötung und Wiederbelebung der Nahrung. Die Leber als inneres Sinnesorgan. Wahrnehmungstätigkeit
durch die Niere. Gehirnverhärtungen. Zuckerkrankheit. Besonderheiten der Leber. Die Leber: ein inneres Auge. Gallenabsonderung.
Die Augen des Tieres als Denkorgan. Die Janusköpfe der Römer.

SECHSTER VORTRAG, 16. September 1922 . . . . . . . .  99
Der Ernährungsvorgang, physisch-materiell und geistig-seelisch
betrachtet
Ptyalin, Pepsin, Trypsin. Leberfühlen. Gallenabsonderung. Stärke:
Zucker; Eiweiß: flüssiges Eiweiß, Bildung von Alkohol; Fette: Glyzerin, Fettsäuren; Salze bleiben Salze. Über den Tod des Paracelsus.
Aufnahme großer Alkoholmengen. Die Migräne. Das Gehirn im Gehirnwasser. Hauptunterschied des Menschen vom Tier. Salze und
Phosphor als die wichtigsten Stoffe im menschlichen Kopf. Salz und
Denken, Phosphor und Wille.

ÜBER FRÜHE ERDZUSTÄNDE

SIEBENTER VORTRAG, 20. September 1922 . . . . . . . .  116
Über frühe Erdzustände (Lemurien)
Erdschlamm und Feuerluft. Drachenvögel, Ichthyosaurier und Plesiosaurier. Die Drachenvögel als Nahrung der Ichthyosaurier und
Plesiosaurier. Vögel, pflanzenfressende Tiere und Megatherien. Die
Erde: ein gestorbenes Riesentier.

ACHTER VORTRAG, 23. September 1922 . . . . . . . . . 132
Frühe Erdzustände II
Schildkröten, Krokodile. Tierische Heilungsinstinkte. Sauerstoff und Kohlenstoff. Pflanzen und Wälder. Fortwährende Veränderung der Erde. Die Riesenaustern und ihr Leben in der «Erdensuppe». Die Regenwürmer. Die Erde im Eizustand. Der Mond als Anreger der Phantasie und der Wachstumskräfte. Metschnikows Hinweis auf Goethes «Faust». Der Mond im Innern der Erde. Mondenaustritt und Zustand danach. Aufbewahrung der alten Mondensubstanz in der Fortpflanzungskraft der tierischen und menschlichen Wesen.

NEUNTER VORTRAG, 27. September 1922 . . . . . . . . 149
Früheste Erdenzeit
Zustand der Erde vor dem Mondenaustritt. Fortpflanzung der Riesenaustern. Herkunft der männlichen und weiblichen Kräfte in der Zeit vor dem Mondenaustritt. Elefant, Blattlaus und Vorticelle. Die Sonne als Befruchtungskraft. Aufbewahrung der Kartoffeln in Erdgruben. Die Erde gibt die Fortpflanzungskräfte ihren Wesen dadurch, daß sie die Sonnenkräfte in sich während des Winters aufbewahrt. Fortpflanzung durch Stecklinge. Pflanzen zum richtigen Wachstum bringen. Regenwürmer, Eingeweidewürmer. Lebenskraft im Pflanzensamen. Wirkung der Sonne in der pflanzlichen und tierischen Fortpflanzung. Wirkung des Mondes auf das Wetter. Der Fechner-Schleidensche Mondenstreit. Die Zeit der Erdenentwickelung, wo Erde, Sonne und Mond noch ein Körper waren. Der Plateausche Versuch. Die Erde als lebendes Wesen.

ZEHNTER VORTRAG, 30. September 1922 . . . . . . . . 169
Adam Kadmon in Lemurien
Die Erde war einmal ein lebendiger Menschenkopf. Frühere Ernährung der Erde aus dem Weltenraum. Julius Robert Mayer. Die Sonne «frißt» Kometen. Meteorsteine: zerfallene Kometen. Ernährung der Erde durch die Sonne. Der embryonale Menschenkopf, ein deutliches Abbild von der Erde. Die Erde war einmal der Keim eines Riesenmenschen. Der Mensch war einmal die ganze Erde. «Das Antlitz der Erde» von Eduard Sueß. Entstehung der Tiere. Warum der Mensch so klein ist. Wir stammen alle von *einem* Menschen ab. Der Riese Ymir. Falsche Auslegung des Alten Testaments. Ausrottung des alten Wissens.

Hinweise . . . . . . . . . . . . . 188

Übersicht über die Rudolf Steiner Gesamtausgabe . . . . . 191

GELEITWORT
zum Erscheinen von Veröffentlichungen
aus den Vorträgen Rudolf Steiners für die Arbeiter am Goetheanumbau
vom August 1922 bis September 1924

*Marie Steiner*

Man kann diese Vorträge auch Zwiegespräche nennen, denn ihr Inhalt wurde immer, auf Rudolf Steiners Aufforderung hin, von den Arbeitern selbst bestimmt. Sie durften ihre Themen selber wählen; er regte sie zu Fragen und Mitteilungen an, munterte sie auf, sich zu äußern, ihre Einwendungen zu machen. Fern- und Naheliegendes wurde berührt. Ein besonderes Interesse zeigte sich für die therapeutische und hygienische Seite des Lebens; man sah daraus, wie stark diese Dinge zu den täglichen Sorgen des Arbeiters gehören. Aber auch alle Erscheinungen der Natur, des mineralischen, pflanzlichen und tierischen Daseins wurden berührt, und dieses führte wieder in den Kosmos hinaus, zum Ursprung der Dinge und Wesen. Zuletzt erbaten sich die Arbeiter eine Einführung in die Geisteswissenschaft und Erkenntnisgrundlagen für das Verständnis der Mysterien des Christentums.

Diese gemeinsame geistige Arbeit hatte sich herausgebildet aus einigen Kursen, die zunächst Dr. Roman Boos für die an solchen Fragen Interessierten, nach absolvierter Arbeit auf dem Bauplatz, gehalten hat; sie wurden später auch von andern Mitgliedern der Anthroposophischen Gesellschaft weitergeführt. Doch erging nun die Bitte von seiten der Arbeiter an Rudolf Steiner, ob er nicht selbst sich ihrer annehmen und ihren Wissensdurst stillen würde – und ob es möglich wäre, eine Stunde der üblichen Arbeitszeit dazu zu verwenden, in der sie noch frischer und aufnahmefähiger wären. Das geschah dann in der Morgenstunde nach der Vesperpause. Auch einige Angestellte des Baubüros hatten Zutritt und zwei bis drei aus dem engeren Mitarbeiterkreise Dr. Steiners. Es wurden auch praktische Dinge besprochen, so z. B. die Bienenzucht, für die sich Imker interessierten. Die Nachschrift jener Vorträge über Bienen wurde später, als Dr. Steiner nicht mehr unter uns weilte, vom Landwirtschaftlichen Versuchsring am Goetheanum als Broschüre für seine Mitglieder herausgebracht.

Nun regte sich bei manchen andern immer mehr der Wunsch, diese Vorträge kennenzulernen. Sie waren aber für ein besonderes Publikum gedacht gewesen und in einer besonderen Situation ganz aus dem Stegreif gesprochen, wie es die Umstände und die Stimmung der zuhörenden Arbeiter eingaben – durchaus nicht im Hinblick auf Veröffentlichung und Druck. Aber gerade die Art, wie sie gesprochen wurden, hat einen Ton der Frische und Unmittelbarkeit, den man nicht vermissen möchte. Man würde ihnen die besondere Atmosphäre nehmen, die auf dem Zusammenwirken dessen beruht, was in den Seelen der Fragenden und des Antwortenden lebte. Die Farbe, das Kolorit möchte man nicht durch pedantische Umstellung der Satzbildung wegwischen. Es wird deshalb der Versuch gewagt, sie möglichst wenig anzutasten. Wenn auch nicht alles darin den Gepflogenheiten literarischer Stilbildung entspricht, so hat es dafür das unmittelbare Leben.

## ERSTER VORTRAG

Dornach, 2. August 1922

Guten Morgen, meine Herren! Heute wollen wir die Zeit dazu benützen, um zu dem, was wir gehört haben, noch einiges hinzuzufügen. Dann wird uns ja gerade dadurch manches verständlich werden können von der ganzen Würde des Menschen.

Sehen Sie, ich habe ungefähr gesagt, wie die Ernährung verläuft und wie die Atmung des Menschen verläuft. Wir haben auch gesehen, daß die Ernährung mehr zusammenhängt mit dem Leben des Menschen, daß die Ernährung darinnen besteht, daß wir Nahrungsstoffe aufnehmen, die eigentlich in leblosem Zustand in unserem Darm sind, daß diese Nahrungsstoffe dann durch die Lymphgefäße lebendig gemacht werden, und daß sie im lebendigen Zustande dann ins Blut übergeführt werden. Dann tritt ja im Blut drinnen, wie wir wissen, diese lebendige Nahrung in Berührung mit dem Sauerstoff der Luft. Die Luft wird aufgenommen von dem Menschen. Das Blut wird verändert. Das ist derjenige Vorgang, der in der Brust vor sich geht. Und wir haben zugleich darin dasjenige, was uns unsere Empfindung gibt.

Also, Leben wird eigentlich zwischen den Darmvorgängen und zwischen den Blutvorgängen bewirkt. Innerhalb der Blutvorgänge wiederum, zwischen den Blutvorgängen und der Luft, wird dasjenige, was unser Gemüt ist, bewirkt. Nun müssen wir uns auch noch um den Verstand bekümmern und müssen einmal versuchen zu begreifen, wie der Verstand beim Menschen zustande gekommen ist.

Sehen Sie, äußerlich das zu erkennen, ist eigentlich erst seit, man könnte sagen, zirka sechzig Jahren möglich. Man hätte ja im vorigen Jahre, 1921, eigentlich das Sechzig-Jahr-Jubiläum feiern können. Es ist ja nicht gefeiert worden, weil in der heutigen Zeit die Menschen wenig Interesse haben, gerade rein wissenschaftliche Jubiläumsfeiern zu veranstalten. Die Entdeckung, die 1861 gemacht worden ist, die als sechzigjährige Entdeckung hätte gefeiert werden können – also erst seit fünfzig, sechzig Jahren kann man so reden über die Sache, über die ich heute reden will –, ist eine wichtige wissenschaftliche Entdeckung. Ich erinnere mich an diese Entdeckung schon aus dem Grunde, weil sie just so alt ist, wie ich selber. Diese Entdeckung besteht in folgendem.

Ich habe Ihnen neulich gesagt, wie man beobachten kann am Menschen: Man braucht nicht zu experimentieren, sondern man braucht nur achtzugeben auf dasjenige, was die Natur selber experimentiert am Menschen, wenn der Mensch nach irgendeiner Richtung erkrankt. Wenn man dann nachzuschauen versteht, was geschehen ist im physischen Menschen, wenn der Mensch in irgendeiner Weise erkrankt ist, dann ist ein solches Experiment, ein solcher Versuch von der Natur selber für uns angestellt worden, und wir können aus diesem Versuch heraus eine Erkenntnis gewinnen.

Dazumal nun, 1861, ist gefunden worden, und zwar von *Broca*, daß bei Leuten, welche Sprachstörungen haben, wenn man sie nach dem Tode seziert, dann in der linken dritten Stirnwindung etwas verletzt ist.

Nicht wahr, wenn wir das Gehirn betrachten, wenn wir also gleichsam abheben die knöcherige Schädeldecke, die Knochenhülle, so bekommen wir das Gehirn zu sehen. Dieses Gehirn, das hat ja Windungen: Da ist eine Windung, da eine zweite, und da liegt eine dritte Windung (es wird gezeichnet). Man nennt diese Windung, weil sie hier an der Schläfe liegt, die Schläfenwindung. Nun, jedesmal, wenn der Mensch entweder einzelne Sprachstörungen hat, oder wenn er gar nicht mehr sprechen kann, dann ist in dieser linken Stirnwindung etwas kaputt.

Das kann geschehen, wenn der Mensch einen sogenannten Gehirnschlag erleidet. Ein Gehirnschlag besteht ja darinnen, daß das Blut, das sonst nur in den Adern fließen soll, durch die Adern sich durchdrückt und dann ausfließt in die übrige Masse, die um die Adern herum ist, in der das Blut nicht drinnen sein soll. Also ein solcher Bluterguß bewirkt dann den Schlag, die Lähmung. Wenn also das Blut sich unrechtmäßig ergießt in den Menschen, in diese Schläfenwindung hinein, so bewirkt das zuletzt, wenn diese Schläfenwindung vollständig untergraben wird, daß der Mensch nicht mehr sprechen kann.

Sehen Sie, das ist ein sehr interessanter Zusammenhang. Wir können sagen: Der Mensch spricht dadurch, daß er in seinem physischen Körper eine gesunde linke Schläfenwindung hat. Und wir müssen jetzt verstehen, was das eigentlich heißt: ein Mensch hat eine gesunde linke

Schläfenwindung. Aber um das zu verstehen, müssen wir noch etwas anderes betrachten.

Wenn kleine Kinder sterben, und wir untersuchen diese selbe Stelle im Gehirn, also diese linke Schläfenwindung, dann ist diese Strippe Hirn ein ziemlich gleichmäßiger Brei; namentlich bevor das Kind sprechen gelernt hat, ist es ein ziemlich gleichmäßiger Brei. In demselben Maße, in dem das Kind anfängt sprechen zu lernen, bekommt diese linke Stirnwindung immer mehr und mehr kleine Windungen. Sie bildet sich immer mehr und mehr künstlich aus. So daß man sagen kann: Wenn beim ganz kleinen Kind etwa diese linke Stirnwindung so ausschauen würde (es wird gezeichnet), so wird sie beim Kind, das sprechen gelernt hat, und beim Erwachsenen, so ausschauen: sehr künstlich gebildet.

Da ist also etwas geschehen mit dem Gehirn; während das Kind gerade sprechen gelernt hat, ist etwas geschehen. Und kein Mensch sollte eigentlich über eine solche Sache anders denken, als man sonst im gewöhnlichen Leben denkt. Sehen Sie, wenn ich den Tisch von da hierher rücke, so wird kein Mensch sagen: Der Tisch hat sich hierher gerückt. – Ebensowenig sollte ich sagen: Das Gehirn hat sich Windungen gebildet –, sondern ich muß nachdenken, was da eigentlich geschehen ist, was die Ursache ist. Ich muß also nachdenken darüber, woher diese Ausbildung gerade just der linken Schläfenwindung kommt.

Nun, sehen Sie, wenn das Kind sprechen lernt, so bewegt es ja seinen Körper. Es bewegt seinen Körper in den Sprachorganen. Vorher, wenn das Kind noch nicht sprechen kann, ein bloß zappeliges Wesen ist, schreit es höchstens und so weiter. Solange es bloß schreit, solange ist diese linke Stirnwindung noch ein solcher Brei, wie ich es zuerst gezeichnet habe. Je mehr es lernt, nicht mehr bloß zu schreien, sondern das Schreien übergehen zu lassen in Laute, desto mehr wird diese Stirnwindung ausgebildet. So daß man sagen kann: Wenn das Kind bloß schreit, dann hat es also da an der Stelle einen Gehirnbrei. Jetzt fängt es an, nicht mehr bloß zu schreien, sondern Laute zu sagen. Dann verwandelt sich allmählich dieser allgemeine Brei in einen schön ausgebildeten linken Gehirnteil.

Nun, meine Herren, die Sache ist so: Sie wissen ja, wenn das Kind schreit, dann sind die Schreiereien, die es macht, meistens dasjenige, was man Selbstlaute nennt: A, E. Wenn das Kind also bloß schreit, so braucht es keine gegliederte linke Stirnwindung, sondern es bringt dasjenige, was es da schreit, immer aus sich selbst hervor, ohne daß es so etwas Künstliches da im Gehirn hätte. Wenn man ein wenig achtgibt, so wird man sehen, daß, was das Kind zuerst schreit, sehr ähnlich ist den A-Lauten. Dann später fängt das Kind an, U- und I-Laute dazuzufügen zu seinem Schreien. Und allmählich lernt das Kind, wie Sie ja wissen, auch Mitlaute. Das Kind schreit zuerst A; dann lernt es das M dazu: MA oder WA. Also das Kind bringt aus dem Schreien heraus allmählich die Worte zustande, indem es zu den Selbstlauten die Mitlaute hinzukriegt.

Und diese Mitlaute, wodurch bilden die sich? Sie brauchen nur einmal achtzugeben, wie Sie ein M hervorbringen. Da müssen Sie die Lippen bewegen. Das müssen Sie als Kind durch Nachahmung lernen. Wenn Sie ein L hervorbringen, dann müssen Sie die Zunge bewegen. Und so müssen Sie irgend etwas bewegen. Sie müssen also von dem Zappeln, das das Kind bloß macht, übergehen zu regelmäßigen Bewegungen, zu Bewegungen, die die Sprachorgane durch Nachahmung ausführen. Und je mehr das Kind solche Mitlaute, L, M, N, R und so weiter zu den Selbstlauten, die bloß beim Schreien sind, hinzufügt, desto mehr wird diese linke Stirnwindung gegliedert, desto mehr wird diese linke Stirnwindung künstlich ausgebildet; so daß mit derselben Stärke, mit der das Kind die Mitlaute lernt, diese linke Stirnwindung sich ausbildet.

Nun, jetzt können wir also sagen: Woher lernt das Kind zunächst sprechen? – Das Kind lernt sprechen wirklich nur durch Nachahmung. Es lernt sprechen, die Lippen bewegen, indem es aus dem Gefühl heraus nachahmt, wie die anderen Leute die Lippen bewegen. Alles ist Nachahmung. Das heißt, das Kind bemerkt, sieht, nimmt wahr dasjenige, was in seiner Umgebung vor sich geht. Und durch dieses Wahrnehmen, also durch diese geistige Arbeit des Wahrnehmens wird das Gehirn ausgebildet. Geradeso wie der Bildhauer sein Holz oder seinen Marmor ausbildet oder seine Bronze, so wird dieses Gehirn bildhauerisch ausgebildet dadurch, daß das Kind sich bewegt. Die Organe, die es bewegt, die pflanzen ihre Bewegung bis ins Gehirn hinein fort. Wenn ich also L mit der Zunge sage, so ist die Zunge mit dem Gehirn durch einen Nerv verbunden, durch andere Organe verbunden. Dieses L, das geht bis in meine linke Stirnwindung herein und bringt da drinnen solche Figuren hervor. Das L bringt also eine solche Figur hervor, wo eins ans andere sich anschließt, wo sich diese linke Stirnwindung fast wie ein Gedärm ausbildet. Das M, das bringt solche kugeligen Windungen hervor. Also Sie sehen, es ist Arbeit an dieser linken Schläfenwindung. Da arbeitet dasjenige, was das Kind durch das Bemerken bewegt, durchlebt. Das ist nun sehr interessant, daß man also, seitdem man das weiß, daß ein Schlag, ein Gehirnschlag, die linke Stirnwindung ruiniert und dadurch die Sprache untergräbt, daß man dadurch wissen kann, daß eigentlich fortwährend beim Kinde an dieser linken Stirnwindung gearbeitet wird, indem es Konsonanten, Mitlaute lernt. Und das kommt davon, daß das Auge und allerlei andere Organe bemerken, daß in der Außenwelt etwas geschieht. Was geschieht denn da in der Außenwelt?

Nun, sehen Sie, wenn wir sprechen, so atmen wir ja auch immer während des Sprechens. Wir atmen ja fortwährend. Und wenn wir atmen, dann geht dasjenige, was aus dem Atmen sich bildet, dieser Atemstoß, wie ich ihn genannt habe, der geht zuerst in den menschlichen Leib hinein, geht dann durch diesen Rückenmarkskanal herauf (es wird gezeichnet) und geht in das Gehirn hinein. Also während das Kind schreit, noch nicht die Mitlaute sagen kann, aber schreit und atmet, während der Zeit geht immer diese Atmung herauf, dieser Atmungsstoß; der geht herauf und der geht überall in das Gehirn hinein.

Fragen wir uns: Was geht da eigentlich ins Gehirn hinein? Nun, ins Gehirn geht Blut hinein. Das geht überall hin, so wie ich es Ihnen erklärt habe in den letzten Tagen. Also durch die Atmung wird eigentlich das Blut immerfort hineingestoßen in das Gehirn. Das aber, daß durch die Atmung das Blut hineingestoßen wird überall, ja, sehen Sie, das findet auch schon statt, nachdem das Kind gerade eben geboren wird – auch schon früher, aber da wird eben auf eine andere Weise gearbeitet. Also wenn das Kind geboren wird, fängt es an zu atmen. Da geht eigentlich immer schon dieser Luftstoß herauf, der das Blut in das Gehirn hineinstößt.

Und auf diese Weise können wir sagen: Solange bloß das Blut durch die Atmung ins Gehirn hineingestoßen wird, solange kann das Kind bloß schreien. Es fängt an zu reden, wenn nicht bloß das Blut da hineingestoßen wird, sondern wenn nun, sagen wir, vom Auge oder von irgendeinem anderen Organ, vom Ohr namentlich, das Kind etwas bemerkt, wenn es etwas wahrnimmt. Wenn also das Kind am anderen Menschen eine Bewegung bemerkt, macht es die Bewegung in sich nach; dann geht nicht nur der Blutstrom da herauf, sondern dann geht, sagen wir zum Beispiel, vom Ohr ein anderer Strom fortwährend da herein (es wird gezeichnet). Sehen Sie, das ist der andere Strom. Und dieser andere Strom ist der Nervenstrom.

Also in der linken Schläfenwindung, in der sogenannten Sprachwindung, begegnen sich, wie sonst überall im menschlichen Körper, Blutgefäße und Nervenstränge. Auf die Nervenstränge wirkt dasjenige, was man bemerkt, was man wahrnimmt. Die Bewegungen, die das Kind bei den Mitlauten ausführt, pflanzen sich also durch die Nerven in seine linke Sprachwindung hinein fort. Und da wird diese ganz gut ausgebildet, indem immer der Atmungsstoß mit dem Blut zusammenwirkt mit dem, was von dem Ohr oder auch von dem Auge namentlich kommt, und was da allmählich zwischen Blut und Nerven die ganze breiige Gehirnmasse wunderschön gliedert. Also können Sie sehen, daß unser Gehirn eigentlich erst ausgebildet wird – wenigstens in diesem Teil, und dann in anderen Teilen ist es nämlich geradeso –, ausgebildet wird dadurch, daß zusammenwirkt eine Tätigkeit, also das Wahrnehmen, mit einer anderen Tätigkeit, mit diesem Stoß, der das Blut hineintreibt in das Gehirn.

Nun aber müssen Sie sich auch noch über das Folgende klar werden. Das Kind lernt also auf diese Weise sprechen, das heißt, es bildet seine linke Stirnwindung aus. Aber, meine Herren, wenn man nun eben bei einem Leichnam sitzt und ihn seziert, und die rechte Stirnwindung, die da symmetrisch liegt, beobachtet, so ist diese verhältnismäßig unausgebildet. Also da haben wir die linke Stirnwindung; die ist so wunderschön geworden, wie ich es Ihnen gesagt habe. Die rechte, die bleibt das ganze Leben hindurch meistens so, wie sie war bei dem Kinde – die bleibt also ungegliedert. Ich möchte sagen: Wenn wir bloß die rechte

Stirnwindung hätten, so könnten wir bloß schreien, und nur dadurch, daß wir uns die linke Stirnwindung so künstlich zubereiten, können wir reden.

Nur, sehen Sie, wenn einmal ein Mensch ein Linkshänder ist, wenn er also die Gewohnheit hat, nicht mit der rechten Hand seine Arbeiten zu verrichten, sondern mit der linken Hand, dann stellt sich das Kuriose heraus, daß, wenn ihn auf der linken Seite der Schlag trifft, er zum Beispiel nicht die Sprache verliert. Und wenn er dann seziert wird, so findet man, daß bei ihm, beim Linkshänder, die rechte Stirnwindung so gegliedert worden ist, wie sonst bei den gewöhnlichen, normalen Bürgern und Menschen die linke Stirnwindung gegliedert wird.

Also haben die Arm- und Handbewegungen einen außerordentlich starken Anteil an dieser Ausbildung des Gehirns. Woher kommt das? Ja, sehen Sie, das kommt davon: Wenn einer sich gewöhnt, mit der rechten Hand viel zu tun, tut er nicht bloß das, was er tut, mit der rechten Hand, sondern er gewöhnt sich dann auch an, rechts ein bißchen stärker zu atmen, also mehr Atemkraft aufzuwenden. Er gewöhnt sich an, rechts deutlicher zu hören und so weiter. Das zeigt uns nur, daß der Mensch, wenn er sich gewöhnt, die rechte Hand zu gebrauchen, er im allgemeinen die Tendenz hat, rechts überhaupt mehr Tätigkeit auszuüben als links. Nun wird aber gerade just die linke Stirnwindung ausgebildet, wenn er ein Rechtshänder, und die rechte Stirnwindung, wenn er ein Linkshänder ist. Woher kommt denn das?

Ja, meine Herren, sehen Sie: Hier (es wird gezeichnet) haben Sie bei einem Körper den rechten Arm, die rechte Hand, hier haben Sie den Kopf und hier haben Sie seine linke Schläfenwindung. Jetzt untersuchen wir einmal, wie die Nerven gehen. Die Nerven gehen nämlich so; Sie haben hier drinnen überall Nerven. Wenn Sie diese Nerven nicht hätten, würden Sie hier zum Beispiel nicht warm oder kalt fühlen können. Das hängt alles mit den Nerven zusammen. Sie haben hier überall Nerven, die gehen herauf durch das Rückenmark, gehen in das Gehirn hinein. Aber das Kuriose ist, daß die Nerven, die in der rechten Hand sind, hierhin in das linke Gehirn gehen, und die Nerven, die hier in der anderen Hand sind, in das rechte Gehirn hineingehen. Da drinnen, da kreuzen sich nämlich die Nerven. Im Gehirn kreuzen sich die Nerven, so daß ich, wenn ich zum Beispiel, sagen wir, irgendeine Turnübung oder eine Eurythmieübung mache mit der rechten Hand oder dem rechten Arm, das dann dadurch spüre, daß der Nerv dieses Spüren vermittelt; aber ich spüre es mit der linken Gehirnhälfte, weil die Nerven sich kreuzen.

Nun stellen Sie sich vor, daß ein Kind vorzugsweise mit der rechten Hand gern alles tut. Dann atmet es auch ein bißchen stärker auf der rechten Seite, hört ein bißchen stärker, sieht sogar ein bißchen schärfer auf der rechten Seite. Der Mensch strengt sich dann rechts mehr an und entwickelt dasjenige, was er an Bewegungen ausführt, ins linke Gehirn hinein.

Sie brauchen sich nun nur vorzustellen, daß wir ja auch immer so ein bißchen die Eigenheit haben, daß wir Gebärden machen beim Sprechen: Ah! (entsprechende Gebärde); und wenn wir etwas abweisen: E! Wir machen Gebärden beim Sprechen. Diese Gebärden werden von unseren Nerven empfunden; und die Gebärden der rechten Hand, die wir beim Sprechen machen, die werden mit der linken Gehirnhälfte empfunden. Und ebenso haben wir, wenn wir Rechtshänder sind, die Tendenz, mit der rechten Kehlkopfhälfte stärker die Vokale und Konsonanten auszusprechen, stärker die Laute auszusprechen; dann wird das, was wir da tun, auch mit der linken Gehirnhälfte stärker empfunden. Und von dem rührt dann das her, daß das Gehirn, das ursprünglich ein Brei ist, mehr ausgebildet wird. Die linke Hälfte lassen wir mehr unbenützt; daher wird die rechte Gehirnhälfte weniger ausgebildet, bleibt breiartig. Aber wenn einer ein Linkshänder ist, geschieht es umgekehrt.

Daraus folgen allerlei wichtige Sachen für die Pädagogik. Denken Sie sich, bei linkshändigen Kindern – wenige linkshändige Kinder hat man ja schon auch in der Schule – muß man sich sagen: Während bei allen anderen sehr künstlich ausgebildet ist die linke Schläfenwindung im Gehirn, ist bei diesen Linkshändigen in voller Bildung begriffen, bildet sich aus die rechte Schläfenwindung. Und unterrichte ich die Kinder im Schreiben, da verwende ich die rechte Hand. Diejenigen Kinder, die rechtshändig sind, die werden nur dasjenige verstärken in ihrer linken Stirnwindung, was sie schon angefangen haben auszubilden beim Sprechenlernen. Diejenigen Kinder aber, die linkshändig sind, die werden, wenn ich sie nun zwinge mit der rechten Hand zu schreiben, dasjenige wieder ruinieren, was sie in der rechten Schläfenwindung sich eingebildet haben durch die Sprache. Die ruinieren sich das wieder, und ich habe daher die Aufgabe, da es mit dem Schreiben doch nicht so sein soll, daß man die Linkshänder links schreiben läßt, ich habe zunächst die Aufgabe, bei denjenigen Kindern, welche linkshändig sind, langsam und allmählich dasjenige, was sie mit der linken Hand tun, in die rechte Hand herüberzuleiten, damit sie zuerst lernen, mit der anderen Hand so etwas zu arbeiten, und sie dann erst viel langsamer als die anderen Kinder ins Schreiben hineinkommen. Das macht nichts, wenn die etwas später schreiben lernen.

Wenn ich einfach Kinder, die linkshändig sind, so schnell schreiben lernen lasse wie diejenigen, die rechtshändig sind, so mache ich diese Kinder dümmer, weil ich ihnen wiederum dasjenige ruiniere, was sie in der rechten Gehirnhälfte ausgebildet haben. Also ich muß beachten, daß ich die Kinder, die linkshändig sind, in einer anderen Weise im Schreiben unterrichte als diejenigen Kinder, die rechtshändig sind. Sie werden dadurch eben für das spätere Leben nicht dümmer, sondern gescheiter, wenn ich langsam hineinleite die Linkshändigkeit in die Rechtshändigkeit, und nicht durch Schreiben mit der rechten Hand einfach das ganze Gehirn konfus mache.

Nun, sehen Sie, wenn man überhaupt durch Schreiben den ganzen Menschen behandeln will, dann erreicht man pädagogisch überhaupt das Gegenteil von dem, was man erreichen will. Es ist jetzt eine große Tendenz vorhanden, den Menschen immer mit beiden Händen alles zu lehren, ihn mit beiden Händen alles machen zu lassen. Da bringe ich in seinem Gehirn alles durcheinander. Und es zeigt nur, wie wenig die Leute wissen, wenn sie eine solche Tendenz haben, den Menschen links und rechts dasselbe machen zu lassen. Man könnte schon das anstreben; da muß man aber vorher etwas anderes machen. Und was müßte man machen? Ja, meine Herren, da müßte man vorher den ganzen Menschen umändern! Da müßte man langsam die eine Tätigkeit von der linken Seite auf die rechte Seite übergehen lassen und die Tätigkeit auf der rechten Seite langsam schwächer machen. Was würde dann geschehen?

Ja, sehen Sie, was dann geschehen würde, das ist dieses, daß unter dieser Oberfläche der linken Schläfenwindung (es wird gezeichnet) die linke Schläfenwindung künstlicher ausgebildet sein würde, und außen, an der Außenseite, da bliebe es Brei. Und das würde dann auch an der rechten Schläfenwindung eintreten. Statt daß ich dann die zwei Tätigkeiten verteile auf die linke und rechte Seite, mache ich jede Schläfenwindung zu einer Hälfte, zu einer äußeren und zu einer inneren Hälfte. Und die innere Hälfte, die ist dann mehr zum Sprechen geeignet, die äußere ist mehr bloß, um die Selbstlaute und Mitlaute hineinzuschreien. Aber alles Sprechen ist ja eine Zusammensetzung von Schreien und Artikulieren. Das bleibt so das ganze Leben hindurch.

Sie sehen also, man darf nicht so ohne weiteres am Menschen herumpfuschen, sondern man muß, wenn man Pädagogik, auch nur Volksschulpädagogik treiben will, den ganzen Menschen kennen. Denn mit allem, was man tut, verändert man nämlich den Menschen. Und das ist das wirklich Sündhafte, daß heute bloß nach Äußerlichkeiten herumgepfuscht wird und nicht darauf gesehen wird, wie sich die Dinge stellen, wenn man wirklich in den Menschen eindringt.

Nun, bei den wenigsten Menschen sind beide Stirnwindungen brauchbar, sondern die rechte Stirnwindung ist mehr durchsetzt mit Blutströmungen, die linke hat weniger Blutströmungen und ist mehr durchsetzt mit Nerven. Und das ist überhaupt bei unserem ganzen Gehirn der Fall, daß das Gehirn rechts mehr zum Blut-Erzeugen, also zum Blut-Auseinanderrinnen da ist, während die linke Hälfte mehr zum Bemerken, zum Wahrnehmen da ist.

Sobald wir dazu kommen, einmal das zu wissen, daß das Gehirn sich ausbildet unter den äußeren Einflüssen, dann werden wir erst einen Begriff bekommen, wie stark diese äußeren Einflüsse sind. Diese äußeren Einflüsse sind natürlich dann ungeheuer stark, wenn wir wissen, daß durch die äußeren Einflüsse alles dasjenige bewirkt wird, was da im Gehirn eigentlich vor sich geht. Also dadurch, daß man gelernt hat, was eigentlich im Gehirn geschieht, wenn der Mensch spricht, dadurch kann man sich nun eine Vorstellung davon bilden, wie es überhaupt mit diesem menschlichen Gehirn ist. Sehen Sie, wenn wir dieses Gehirn nun weiter untersuchen, dann stellt es sich so heraus, daß immer an der

Außenwand, da wo das Gehirn seine Außenwand hat, daß da überhaupt mehr Blutgefäße sind als im Inneren. So daß wir also sagen können: Außen ist das Gehirn blutreicher, im Inneren ist es nervenreicher. Im Inneren haben wir es also nervenreich; da sind solche Nervenstränge darinnen.

Wie wird denn also jetzt, sagen wir, bei einem Kind, das in gewöhnlicher Weise sprechen lernt, das also ein Rechtshänder ist, wie wird denn bei einem solchen Kinde eigentlich das Gehirn ausgebildet? Nun, sehen Sie, wenn man ein ganz junges Gehirn nimmt vom Kind, da ist es ja so, daß es ringsherum seinen blutreichen, ich möchte sagen, Mantel hat (es wird gezeichnet). Das ist von vorne angeschaut. Das soll rechts sein vom Menschen aus –, also von Ihnen aus gesehen ist es links –, das soll links sein vom Menschen aus. Da bilden sich nun alle diese Nervenstränge. Weil das so ist, meine Herren, weil da drinnen Nervenstränge sind, sieht, wenn man sie herausnimmt, die innere Gehirnmasse weißlich aus, während die blutreichere, ringsherum liegende Gehirnmasse, wenn man sie herausnimmt, rötlich-grau ausschaut. Rötlich-grau schaut sie aus.

Wenn nun das Kind sich weiter so entwickelt, daß es sprechen lernt, daß also seine linke Schläfenwindung gegliedert wird, was geschieht da? Ja, sehen Sie, da geschieht das, daß sich diese Nervenstränge mehr da hineinziehen; dahier weniger, dahier mehr das Blutsystem sich ausbildet (es wird gezeichnet). Also es rückt gewissermaßen der innere Teil des Gehirnes bei dem normal sich entwickelnden Kind mehr nach links; der andere schiebt sich nach. Das Gehirn schiebt sich so herüber nach der linken Seite, und es wird gegen die linke Seite immer weißlicher und weißlicher. Es schiebt sich so herüber. Auf solchen künstlichen Dingen beruht eben die ganze menschliche Entwickelung.

Nun, gehen wir von der Sprache weiter aus. Sehen Sie, es gibt Sprachen, welche, sagen wir, sehr viele Mitlaute haben, und es gibt Sprachen, welche sehr viele Selbstlaute haben: A, E, I und so weiter. Es gibt andere Sprachen, welche alles so herausquetschen: S, W, daß man fast die Selbstlaute gar nicht bemerkt. Nun, was liegt da eigentlich vor?

Wenn irgend jemand in einer Gegend lebt – denn das hängt von den Gegenden ab, die Sprachen sind ja nach den Gegenden der Erde verschieden –, in der sich mehr die Mitlaute ausbilden, was bedeutet das? Das bedeutet, daß er mehr in der Außenwelt lebt, denn die Mitlaute, die müssen am Äußeren ausgebildet werden. Wenn also jemand mehr in der Außenwelt lebt, so schiebt sich sein weißer Gehirnteil mehr nach links herüber. Wenn jemand mehr in seinem eigenen Inneren lebt, in einer solchen Gegend sich entwickelt, wo der Mensch mehr in seinem eigenen Inneren lebt, da schiebt sich weniger diese weiße Gehirnmasse herüber. Der Mensch wird mehr dazu veranlaßt, wohllautende Selbstlaute aus seinem Inneren hervorzubringen. Aber das ist nach Gegenden der Erde verschieden.

Nehmen wir also folgendes, meine Herren. Denken Sie sich, da ist die Erde (es wird gezeichnet) und an den verschiedenen Punkten der Erde stehen Menschen. Ich will es ganz schematisch zeichnen, da ein Mensch und da ein Mensch. Da stehen also verschiedene Menschen auf der Erde. So stehen wir ja immer auf der Erde, wenn das auch natürlich viel zu unverhältnismäßig gezeichnet ist, aber so stehen wir auf der Erde. Und der Mensch hier, sagen wir, bekommt eine selbstlautende Sprache, der andere bekommt eine mitlautende Sprache.

Was muß da geschehen sein in der betreffenden Gegend? Nun kann ja sehr viel geschehen sein, sehr vielerlei, aber ich will Ihnen eines herausheben, was geschehen sein kann. Denken Sie sich einmal, hier befinden sich hohe Gebirge (es wird gezeichnet), und hier ist die Ebene. Also hier hohe Gebirge, dort die Ebene. Nun, in der Tat, wenn irgendwo flache Ebenen sind, dann merkt man, daß dort die Sprache vokalreicher wird. Wenn irgendwo hochaufgetürmte Gebirge sind, dann hat die Sprache die Tendenz, konsonantenreicher, mitlautreicher zu werden.

Aber sehen Sie, so einfach liegt die Geschichte wiederum nicht, sondern wir müssen uns fragen: Ja, wodurch entsteht das Gebirge und wodurch entsteht die Ebene? Das ist so (es wird gezeichnet): Hier ist überall das Erdreich; hier scheint die Sonne. Unsere ganze Erde war ja einmal Brei. Die Gebirge, die müssen ja erst aus dem Breiigen herausgezogen worden sein. Also die Erde ist Brei im Grunde, das Gebirge wird hier herausgezogen.

Meine Herren, was zieht denn da das Gebirge heraus? Das Gebirge ziehen die Kräfte aus dem Weltenall heraus, die da von draußen wirken! So daß wir sagen können: Da wirken gewisse Kräfte herein aus dem Weltenall, welche das Gebirge herausziehen. Diese Kräfte sind stark, deshalb entsteht ein Gebirge. Hier sind schwächere Kräfte aus dem Weltenall hereinkommend, da entsteht deshalb kein Gebirge. Da wurde der Erdboden in uralten Zeiten weniger herausgezogen. Und diejenigen Menschen, die nun auf einem solchen Erdboden geboren werden, wo weniger diese Kräfte wirken, die reden in Selbstlauten, und diejenigen Menschen, die auf einem solchen Erdboden geboren werden, wo mehr diese Kräfte wirken, die reden in Mitlauten. Also das hängt mit den ganzen Kräften des Weltenalls zusammen.

Und wie können wir denn irgend so etwas angeben? Nun, meine Herren, was wir da angeben, das müssen wir so einrichten, wie wir die Uhr anschauen. Wir müssen an die Arbeit gehen oder müssen fortgehen. Aber wir werden keinen Augenblick sagen: Jetzt ist es zuviel! Dieser verdammte große Zeiger, der ist ein gräßlicher Kerl, der peitscht mich jetzt zur Arbeit! – Das fällt uns gar nicht ein. Der Zeiger gibt uns an, wann wir zur Arbeit gehen sollen, aber wir werden ihm gar nicht die geringste Schuld oder Ursache beilegen. Nicht wahr, das tun wir doch nicht. Also der ist höchst unschuldig an der Sache.

Ebenso, meine Herren, können wir hier zur Sonne hinschauen und können sagen: Wenn wir hier stehen, so ist in einem gewissen Moment die Sonne, sagen wir, zum Beispiel vor dem Sternbilde des Widders. Da haben wir die Richtung, wo die starken Kräfte herwirken. Nicht der Widder ist es, aber der gibt uns die Richtung an, wo die starken Kräfte herwirken. Zu derselben Zeit steht hier ein Mensch. Für den kommt erst das so in Betracht: Wenn die Sonne hier herübergerückt ist (es wird gezeichnet), da steht sie hier, meinetwillen in der Jungfrau, im Sternbilde der Jungfrau. Aus der Richtung sind die schwachen Kräfte. Statt daß ich den ganzen Vorgang jetzt erzähle, kann ich also sagen: Wenn jemand in einer Gegend geboren ist, wo zu einer bestimmten Zeit, sagen wir, bei seiner Geburt, die Sonne im Sternbilde des Widders steht, dann lernt er mehr konsonantisch reden; wenn er geboren wird, wo die Sonne im Sternbilde der Jungfrau steht, dann lernt er mehr vokalisch, selbstlautend reden.

Also Sie sehen, ich kann den ganzen Tierkreis so im Sinne einer Uhr, an der ich ablesen kann, was auf der Erde geschieht, benützen. Nur muß ich mir immer klar sein, daß nicht die Sternbilder da dies tun, sondern daß die Sternbilder zum Ablesen da sind. Daraus sehen Sie, daß der Tierkreis uns schon sehr viel sagen kann. Er kann uns soweit etwas sagen, daß wir daraus verstehen können, wie die Sprachen auf der Erde verschieden sind.

Wir können also durchaus sagen: Schauen wir auf die Erde. Denken wir uns, da ist die Erde, und da stellen wir uns einen Stuhl hin – es kann ja nicht sein, aber hypothetisch können wir es annehmen –, einen Stuhl ins Weltenall hinaus, schauen uns da an eine Art Sprachenkarte, die verschiedenen Sprachen auf Erden. Dann kriegen wir ein Bild. Und jetzt kehren wir den Stuhl um, jetzt gucken wir da in das Weltenall hinaus. Da kriegen wir ein Bild von den Sternen, und die entsprechen einander. Wenn einer so die südliche Hälfte der Erde anschauen würde und die Sprachen dort anschaute, und dann den Stuhl umkehrt und den südlichen Sternenhimmel anschaut, so ist der ganz anders, als wenn einer bezüglich der nördlichen Hälfte das macht. So daß einer den Sternenhimmel aufzeichnen könnte, und wer das studiert hat, diesen Zusammenhang, der kann angeben aus einem bestimmten Sternbilde, was unter diesem Sternbilde für eine Sprache üblich ist.

So sehen Sie also, daß gerade dann, wenn wir anfangen das geistige Leben des Menschen zu beobachten, also da, wo sich durch die Sprache sein Verstand ausbildet, wir hinaufsehen müssen in den Sternenhimmel, wenn wir etwas verstehen wollen. Auf Erden kriegen wir keinen Zusammenhang. Sie können noch so sehr nachdenken, warum die Sprachen verschieden sind, und Sie kriegen keine Erklärung.

Sehen Sie, wenn Sie wissen wollen, was in Ihrem Bauch vor sich geht, müssen Sie den Erdboden fragen – das, was da drunten ist. Wenn in einer Gegend hauptsächlich Kohl gebaut wird, so werden Sie sich sagen können: In dieser Gegend müssen fortwährend die getöteten Kohlfrüchte wiederum belebt werden. – Also wenn Sie wissen wollen, wie in einer Gegend ernährt wird, müssen Sie den Erdboden fragen. Wenn Sie wissen wollen, wie in einer Gegend geatmet wird, da müssen Sie das fragen, was rundherum geschieht im Luftkreis. Und wenn Sie wissen wollen, was da drinnen in diesem Kasten, in dem Gehirnkasten vor sich geht, müssen Sie fragen, wie da draußen die Sterne stehen. Und so müssen Sie den Menschen eingliedern können in das ganze Weltenall. Und da werden Sie sehen, daß es allerdings ein Aberglaube ist, wenn aus Überbleibseln von dem, was einmal Menschen gewußt haben, bloß gesagt wird: Wenn die Sonne im Widder steht, wird das und das bewirkt. – Das ist gar nichts. Aber wenn man den ganzen Zusammenhang kennt, dann hört die Sache auf, ein gewöhnlicher Aberglaube zu sein, dann wird sie Wissenschaft.

Und das ist dasjenige, was uns allmählich vom Verständnis der bloßen Umarbeitung der Stoffe bringt zu dem, was geschieht und was in Zusammenhang steht mit dem ganzen Weltenall draußen.

## ZWEITER VORTRAG

Dornach, 5. August 1922

Guten Morgen, meine Herren! Nun werde ich auch heute noch fortsetzen müssen mit dem, was wir besprochen haben, aus dem Grunde, weil ja die Sache nur dann ganz gut verstanden werden kann, wenn man immer weiter und weiter in sie eindringt.

Sehen Sie, es kommt beim Menschen also darauf an, wie Sie gesehen haben, daß er sowohl aus dem Erdreiche seine Nahrung nimmt, dadurch ernährt er sich – daß er aus dem, was die Erde umgibt, aus dem Luftreiche also, seine Atmung besorgt, dadurch lebt er eigentlich erst, dadurch ist er erst imstande, auch ein fühlendes und empfindendes Wesen zu werden –, und daß er aus der ganzen Welt die Kräfte nimmt, wie wir gesehen haben, dadurch ist er ein denkendes Wesen und wird eigentlich erst dadurch ein vollständiger Mensch.

Also der Mensch muß sich ernähren können, der Mensch muß atmen können, dadurch ein fühlendes Wesen werden – und er muß die Kräfte aus dem Weltenall nehmen können, um dadurch ein denkendes Wesen zu werden. Er wird ebensowenig von selbst ein denkendes Wesen, wie er durch sich selber reden kann. Der Mensch kann nicht sich selber denken, ebensowenig wie er sich selber essen kann.

Nun wollen wir einmal näher betrachten, wie diese Dinge eigentlich vor sich gehen. Beginnen wir zunächst einmal damit, daß wir uns klarmachen, wie eigentlich dieser Vorgang geschieht, wenn wir die Nahrungsstoffe aufnehmen, sie gewissermaßen in einem ertöteten, toten Zustande haben innerhalb unseres Gedärmorganismus, und sie dann wiederum belebt werden durch die Lymphdrüsen und durch die Lymphe ins Blut übergeführt werden, das Blut durch die Atmung erneuert wird. Das Blut, respektive die Kraft des Blutes, der Atemstoß, steigt dann durch das Rückenmark in das Gehirn hinein und verbindet sich dort mit demjenigen, was die Gehirntätigkeit ist.

Sie brauchen nur zu betrachten, wie das Kind in einer anderen Weise sich ernährt als der erwachsene Mensch, dann werden Sie daraus schon für die ganze Erkenntnis des Menschen sehr viel entnehmen können.

Das Kind muß, wie Sie wissen, in der allerersten Lebenszeit viel Milch trinken. Zunächst nährt es sich ja ausschließlich von Milch. Was heißt das eigentlich, daß sich das Kind ausschließlich von Milch ernährt? Das können wir uns vorstellen, wenn wir uns klarmachen, woraus die Milch eigentlich besteht.

Die Milch besteht – das bedenkt man gewöhnlich nicht – zu 87 Prozent aus Wasser. Also wenn wir als Kinder Milch trinken, so trinken wir eigentlich damit 87 Prozent Wasser, und nur die letzten 13 Prozent sind etwas anderes. Von diesen letzten 13 Prozent sind nur $4^{1}/_{2}$ Prozent Eiweiß; 4 Prozent sind Fett in der Milch, und dann sind noch einige restierende andere Stoffe, Salze und so weiter. Aber im wesentlichen ist das dasjenige, was das Kind aufnimmt mit der Milch. Es nimmt also in der Hauptsache eigentlich Wasser auf.

Nun habe ich Ihnen ja gesagt, daß der Mensch überhaupt in der Hauptsache aus Flüssigkeit besteht. Das Kind muß diese Flüssigkeit immer vermehren. Es muß ja wachsen und hat daher sehr viel Wasser nötig, nimmt dieses Wasser mit der Milch auf.

Sie können nun sagen: Dann wäre es also ebenso, wenn wir dem Kinde nur diese 13 Prozent Nahrung beibrächten und ihm im übrigen Wasser zu trinken geben würden. – Ja, sehen Sie, darauf ist aber der menschliche Körper nicht eingerichtet. Dasjenige, was wir mit der Milch bekommen, sind ja nicht 13 gewöhnliche Prozente von Eiweiß und Fett und so weiter, sondern das alles, Eiweiß und Fett, das ist in der Milch aufgelöst, im Wasser aufgelöst, wenn es Milch ist. Es ist also schon so, daß, wenn das Kind die Milch trinkt, es die Stoffe, die es braucht, im aufgelösten Zustande bekommt. Und das ist etwas anderes, als wenn der Körper erst diejenigen Arbeiten verrichten müßte, die im Auflösen geschehen.

Wenn Sie sich erinnern, was ich bis jetzt schon über die Ernährung gesagt habe, dann werden Sie sagen: Die Nahrungsstoffe, die wir mit dem Munde aufnehmen, müssen wir ja auch erst auflösen. Wir haben eigentlich von der Natur nur die Erlaubnis, feste Nahrungsstoffe in den Mund zu bekommen; dann lösen wir sie auf durch unsere eigene Flüssigkeit. Der weitere Körper, Magen, Gedärme und so weiter können überhaupt erst das Aufgelöste brauchen. Das Kind muß sich ja erst diese

Fähigkeit erringen, aufzulösen; die muß es erst bekommen. Es kann also nicht vom Anfange an das schon selber besorgen. Es wird ihm also vorher aufgelöst. Das können Sie am besten daraus entnehmen, daß das Kind, wenn es zu sehr mit irgendeiner künstlichen Nahrung, die zusammengesetzt ist, genährt wird, dennoch verkümmert.

Nun könnten Sie sagen: Wenn ich also vielleicht doch in der Lage wäre, künstliche Milch zu erzeugen, wenn ich also die 13 Prozent, die da im Wasser drinnen sind an Eiweiß, Fett und so weiter, so zusammensetzen könnte mit dem Wasser, daß das also äußerlich so ähnlich der Milch wäre, wäre das eine Milch, die dann für das Kind ebensogut wäre wie die Milch, die es gewöhnlich bekommt? – Ja, sehen Sie, meine Herren, das ist eben nicht der Fall. Das Kind würde verkümmern, wenn es solche künstliche Milch bekommen würde. Und da die Menschen nur nach den Bedürfnissen produzieren können, so wird man auch auf das Produzieren solcher Milch verzichten müssen. Es würde ein die Menschheit verderbendes Mittel sein.

Denn wer kann nur dasjenige besorgen als Auflösung, was da das Kind nötig hat? Sehen Sie, das kann wiederum nur das Leben selber. Notdürftig könnten es ja die Tiere, aber nicht einmal alle Tiere. Aber für die allererste Zeit, wo das Kind darauf angewiesen ist – weil es noch nicht selber richtig auflösen kann –, diese Nahrungsstoffe, Eiweiß und Fett, schon in richtiger Weise aufgelöst zu bekommen, kann das Kind eigentlich nur richtig genährt werden mit der Menschenmilch selber.

Und von anderer Milch ist ja Eselsmilch der Menschenmilch am ähnlichsten, und man kann daher, wenn irgendwie nicht die Möglichkeit vorhanden ist, das Kind durch Selbststillen oder Stillen überhaupt zu ernähren, das Kind am weitesten noch mit Eselsmilch bringen. Das ist zwar sehr komisch, aber tatsächlich ist die Eselsmilch der Menschenmilch am allerähnlichsten, so daß also, wenn nicht die richtige Menschenstillung besorgt werden kann, ja die Stillung zur Not auch dadurch besorgt werden könnte, daß man sich einen Eselsstall und eine Eelsstute hält und auf diese Weise das Kind mit Milch versorgt. Das ist aber natürlich nur etwas, was ich als Hypothese sage, damit Sie sehen, wie die Dinge in der Natur zusammenhängen.

Wenn Sie jetzt zum Beispiel die Milch vergleichen, sagen wir mit dem Hühnerei als Nahrungsmittel, so bekommen Sie das heraus, daß das Hühnerei ungefähr 14 Prozent an Eiweiß enthält, also weitaus viel mehr, eigentlich das Vierfache von dem, was die Milch enthält. Wenn man also anfängt, dem Kinde solche Nahrung zu geben, die mehr Eiweiß enthält, dann muß das Kind schon diese Kraft des Auflösens in sich bekommen haben. Es muß schon selber auflösen können.

Sie sehen daraus, wie notwendig es ist, daß das Kind flüssige Nahrung bekommt. Aber was für eine flüssige Nahrung? Eine flüssige Nahrung, die schon durch das Leben gegangen ist, und, da das Kind ja angelegt wird unmittelbar an die Mutterbrust, womöglich noch lebt.

Beim Kinde ist das ganz deutlich zu bemerken, daß, wenn es nun die Milch trinkt und die Milch durch Mund und Speiseröhre bis in den Magen geht – da wird sie erst im menschlichen Körper abgetötet –, daß sie dann wiederum belebt werden kann in den Gedärmen. So daß wir da am Kinde unmittelbar sehen, daß das Leben erst abgetötet werden muß. Und weil das Leben noch wenig verändert ist, hat das Kind zum Wiederbeleben weniger Kraft notwendig, wenn es Milch trinkt, als wenn es etwas anderes genießt. Sie sehen also, wie nahe der Mensch dem Leben steht.

Aber daraus sehen Sie noch etwas anderes. Wenn man jetzt wirklich richtig denkt, worauf kommt man denn da eigentlich? Fangen Sie an, jetzt gerade an diesem Punkte ganz richtig zu denken. Sehen Sie, wenn wir uns sagen: Das Kind muß also belebte Nahrung aufnehmen, die es selber ertöten und wiederbeleben kann, und wir sagen dann: der Mensch besteht zum größten Teil aus Flüssigkeit –, dürfen wir da sagen, der Mensch besteht aus Wasser, aus dem Wasser, das wir draußen in der Natur, in der leblosen Natur finden? – Dann müßte ja dieses Wasser, das wir in der leblosen Natur finden, im Kinde gerade so arbeiten können, wie es im Erwachsenen arbeitet, der schon mehr Lebenskräfte sich gesammelt hat!

Daraus aber sehen Sie, daß das, was wir als unsere fast 90 Prozent Wasser in uns tragen, nicht gewöhnliches, lebloses Wasser ist, sondern daß das belebtes Wasser ist. Also es ist etwas anderes, was der Mensch als Wasser in sich trägt: Er trägt belebtes Wasser in sich. Und dieses belebte Wasser, das ist also Wasser, wie wir es haben draußen in der leblosen Natur, durchdrungen mit dem, was die ganze Welt durchsetzt als Leben, sich nur im leblosen Wasser ebensowenig geltend macht, wie sich das menschliche Denken im toten Leichnam geltend macht. Wenn Sie also sagen: Wasser – da hier habe ich Wasser im Bach und Wasser habe ich im menschlichen Körper, so können Sie sich das verständlich machen, geradeso wie wenn Sie sagen: Da habe ich einen Leichnam und da habe ich einen lebenden Menschen; das Wasser im Bach ist der Leichnam desjenigen Wassers, das im menschlichen Körper ist.

Deshalb sagen wir: Der Mensch hat nicht nur dieses Tote in sich, dieses Physische, sondern er hat auch einen Lebenskörper, einen Lebensleib in sich. Das ist dasjenige, was ein richtiges Denken wirklich gibt: Der Mensch hat diesen Lebensleib in sich. Und wie das nun weiterwirkt im Menschen, das können wir uns klarmachen, wenn wir den Menschen wirklich im Zusammenhang mit der Natur beobachten. Da aber müssen wir uns eigentlich das vor Augen stellen, daß wir zuerst hinausschauen in die Natur, und dann hineinschauen in den Menschen. Wenn wir in die Natur hinausschauen, dann finden wir ungefähr überall die Bestandstücke, die Teile, aus denen der Mensch besteht, nur daß der Mensch diese Teile von der Natur in seiner Art verarbeitet.

Gehen wir also, um das zu verstehen, zu den allerkleinsten Tieren. Sie werden dabei schon, während ich rede, bemerken, wie ich beim Menschen schon ähnlich von demjenigen, was in ihm ist, geredet habe, wie ich jetzt von den kleinsten und von den niedrigsten Lebewesen draußen in der Natur reden muß. Sehen Sie, da gibt es im Wasser, im Meerwasser ganz kleine tierische Wesen. Diese kleinen tierischen Wesen, die sind eigentlich nur kleine Schleimklümpchen, meistens so klein, daß man sie überhaupt nur durch ein starkes Vergrößerungsglas sehen kann. Ich zeichne sie jetzt natürlich vergrößert (siehe Zeichnung, links). Diese kleinen Schleimklümpchen, die schwimmen also im umgebenden Wasser, in der Flüssigkeit.

Wenn nun nichts weiter da wäre als so ein Schleimklümpchen und ringsherum das Wasser, so würde dieses Schleimklümpchen in Ruhe bleiben. Aber wenn, sagen wir, irgendein kleines Körnchen von irgendeinem Stoff heranschwimmt, zum Beispiel solch ein kleines (siehe Zeichnung, rechts) heranschwimmt, dann breitet dieses Tierchen, ohne daß

irgend etwas anderes da ist, seinen Schleim so weit aus, daß jetzt dieses Körnchen in seinem Schleim drinnen ist. Und natürlich muß es diesen Schleim dadurch ausbreiten, daß es da sich wegzieht. Dadurch bewegt sich dieses Klümpchen. Dadurch also, daß dieses kleine Lebewesen, dieser kleine Lebensschleim mit seinem eigenen Schleim ein Körnchen umgibt, dadurch haben wir es zugleich bewegt. Aber das andere Körnchen da, das wird jetzt aufgelöst da drinnen. Es löst sich auf, und das Tierchen hat dieses Körnchen gefressen.

Nun kann aber ein solches Tierchen auch mehrere solcher Körnchen fressen. Denken Sie, da wäre dieses Tierchen, da ein Körnchen, da auch ein Körnchen, da und da auch ein Körnchen (siehe Zeichnung), dann

streckt das Tierchen hierher seine Fühler, daher, daher und daher aus, und wo es sie am meisten ausgestreckt hat, wo das Körnchen also am größten war, da zieht es sich dann nach und zieht die anderen mit. So daß also dieses Tierchen sich auf diese Weise bewegt, daß es sich zugleich ernährt.

Nun, meine Herren, wenn ich Ihnen das beschreibe, wie so diese kleinen Schleimklümpchen da im Meere herumschwimmen und sich zugleich ernähren, dann erinnern Sie sich, wie ich Ihnen die sogenannten weißen Blutkörperchen beschrieben habe im Menschen. Die sind im Menschen drinnen zunächst ganz dasselbe. Im menschlichen Blut schwimmen auch solche kleinen Tiere herum und ernähren sich und bewegen sich auf diese Weise. Wir kommen dadurch zu einem Verständnis, was da eigentlich im Menschenblut herumschwimmt, indem wir uns anschauen, was da draußen im Meere an solchen kleinen Tierchen herumschwimmt. Das tragen wir also in uns.

Und jetzt, nachdem wir uns erinnert haben, wie wir eigentlich in gewissem Sinne solche Lebewesen, die draußen in der Natur ausgebreitet sind, in unserem Blute herumschwimmend haben, die also da drinnen allseitig leben, wollen wir uns einmal klarmachen, wie unser Nervensystem, namentlich unser Gehirn beschaffen ist. Unser Gehirn, das besteht auch aus kleinsten Teilen. Wenn ich Ihnen diese kleinsten Teile aufzeichne, so sind sie so, daß sie auch eine Art von klumpigem, dickem Schleim darstellen. Von diesem Schleim gehen solche Strahlen

aus (siehe Zeichnung), die aus demselben Stoff wie der Schleim bestehen. Sehen Sie, da ist solch eine Zelle, wie man sie nennt, aus dem Gehirn. Die hat eine Nachbarzelle. Die streckt hier ihre Füßchen oder Ärmchen aus, und die berührt sich da mit den anderen. Da ist eine dritte solche Zelle; die streckt hier ihre Füßchen aus, berührt sich da. Sie können sehr lang werden. Manche gehen fast durch den halben Körper. Die grenzt wieder an eine Zelle an. Wenn wir unser Gehirn durch das Mikroskop anschauen, so wirkt es durchaus so, daß es aus solchen Pünktchen besteht, wo die Schleimmasse stärker angehäuft ist. Und dann gehen hier dicke Baumäste aus; die gehen immer wieder ineinander hinein. Wenn Sie sich vorstellen würden einen dichten Wald mit dicken Baumkronen, die weitausladende Äste hätten, die sich gegenseitig berühren würden, so hätten Sie eine Vorstellung, wie das Gehirn unter dem Mikroskop, unter dem Vergrößerungsglas ausschaut.

Aber, meine Herren, Sie können jetzt sagen: Nun hat er uns also beschrieben diese weißen Blutkörperchen, die im Blute leben. Und das, was als das Gehirn beschrieben ist, das ist doch ganz ähnlich; da siedeln sich lauter solche Körperchen an, wie sie im Blut sind. – Wenn ich nämlich das machen würde, daß ich einem Menschen, ohne daß ich ihn dabei töten würde, alle weißen Blutkörperchen wegnehmen könnte und die nun so hübsch, nachdem ich ihm zuerst das Gehirn herausgenommen habe, in die Schädeldecke hineintun könnte, dann hätte ich ihm aus seinen weißen Blutkörperchen ein Gehirn gemacht.

Aber das Merkwürdige ist, daß, bevor wir ihm aus den weißen Blutkörperchen ein Gehirn machen würden, diese weißen Blutkörperchen halb sterben müßten. Das ist der Unterschied zwischen den weißen Blutkörperchen und den Gehirnzellen. Die weißen Blutkörperchen sind voller Leben. Die bewegen sich immer umeinander im menschlichen Blut. Ich habe Ihnen gesagt, sie wallen wie das Blut durch die Adern durch. Da gehen sie heraus. Da werden sie dann, wie ich es ausgeführt habe, zu Feinschmeckern und gehen bis an die Körperoberfläche. Überall kriechen sie herum im Körper.

Wenn Sie aber das Gehirn anschauen, da bleiben diese Zellen, diese Körperchen an ihrem Ort. Die sind in Ruhe. Die strecken nur ihre Äste aus und berühren immer das nächste. Also dasjenige, was da im Körper ist an weißen Blutkörperchen und in voller Bewegung ist, das kommt im Gehirn zur Ruhe und ist in der Tat halb abgestorben.

Denn denken Sie sich dieses herumkriechende Tierchen im Meer, das frißt einmal zuviel. Wenn es zuviel frißt, dann geschieht die Geschichte so: Dann streckt es seinen Arm aus, seinen Ast, nimmt da auf und da, und hat zuviel gefressen. Das kann es nicht vertragen; jetzt teilt es sich in zwei, geht auseinander, und wir haben statt eins zwei. Es hat sich vermehrt. Diese Fähigkeit, sich zu vermehren, haben auch unsere weißen Blutkörperchen. Es sterben immer welche ab und andere entstehen durch Vermehrung.

Auf diese Weise können sich die Gehirnzellen, die ich Ihnen da aufgezeichnet habe, nicht vermehren – unsere weißen Blutkörperchen in uns sind volles, selbständiges Leben –, die Gehirnzellen, die so ineinandergehen, können sich so nicht vermehren; aus einer Gehirnzelle werden niemals zwei Gehirnzellen. Wenn der Mensch ein größeres Gehirn kriegt, wenn das Gehirn wächst, müssen immer Zellen aus dem übrigen Körper in das Gehirn hineinwandern. Die Zellen müssen hineinwachsen. Nicht, daß im Gehirn das jemals vor sich gehen würde, daß die Gehirnzellen sich vermehren würden; die sammeln sich nur an. Und während unseres Wachstums müssen immer aus dem übrigen Körper neue Zellen hinein, damit wir, wenn wir erwachsen sind, ein genügend großes Gehirn haben.

Auch daraus, daß diese Gehirnzellen sich nicht vermehren können, sehen Sie, daß sie halb tot sind. Sie sind immer im Sterben, diese Gehirnzellen, immer, immer im Sterben. Wenn wir das wirklich richtig betrachten, so haben wir im Menschen einen wunderbaren Gegensatz: In seinem Blut trägt er Zellen voller Lebendigkeit in den weißen Blutkörperchen, die immerfort leben wollen, und in seinem Gehirn trägt er Zellen, die eigentlich immerfort sterben wollen, die immer auf dem Weg des Sterbens sind. Das ist auch wahr: der Mensch ist durch sein Gehirn immer auf dem Wege des Sterbens, das Gehirn ist eigentlich immer in Gefahr, zu sterben.

Nun, meine Herren, Sie werden schon gehört haben, oder vielleicht selber erlebt haben – es ist einem das immer unangenehm, wenn man es selber erlebt –, daß Menschen auch ohnmächtig werden können. Wenn

Menschen ohnmächtig werden, so kommen sie in einen solchen Zustand, wie wenn sie fallen würden. Sie verlieren das Bewußtsein.

Was ist denn da eigentlich im Menschen geschehen, wenn er auf diese Weise das Bewußtsein verliert? Sie werden auch wissen, daß zum Beispiel Menschen, die recht bleich sind, wie zum Beispiel solche Mädchen, die bleichsüchtig sind, am leichtesten ohnmächtig werden. Warum? Ja, sehen Sie, sie werden aus dem Grunde ohnmächtig, weil sie im Verhältnis zu den roten Blutkörperchen zuviel weiße haben. Der Mensch muß ein ganz genaues Verhältnis, wie ich es Ihnen auch angegeben habe, zwischen weißen Blutkörperchen und roten Blutkörperchen haben, damit er in der richtigen Weise bewußt sein kann. Also, was bedeutet denn das, daß wir bewußtlos werden? Zum Beispiel in der Ohnmacht, aber auch im Schlafe werden wir bewußtlos. Das bedeutet, daß die Tätigkeit der weißen Blutkörperchen eine viel zu regsame ist, viel zu stark ist. Wenn die weißen Blutkörperchen zu stark tätig sind, wenn also der Mensch zuviel Leben in sich hat, dann verliert er das Bewußtsein. Also ist es sehr gut, daß der Mensch in seinem Kopfe Zellen hat, die fortwährend sterben wollen; denn wenn die auch noch leben würden, diese weißen Blutkörperchen im Gehirn, dann würden wir überhaupt kein Bewußtsein haben können, dann wären wir immer schlafende Wesen. Immer würden wir schlafen.

Und so können Sie fragen: Warum schlafen denn die Pflanzen immerfort? – Die Pflanzen schlafen immerfort einfach aus dem Grunde, weil sie nicht solche lebendige Wesen haben, weil sie also eigentlich überhaupt kein Blut haben, weil sie dieses Leben, das in unserem Inneren da als selbständiges Leben ist, nicht haben.

Wenn wir unser Gehirn mit etwas in der Natur draußen vergleichen wollen, so müssen wir unser Gehirn wiederum nur mit den Pflanzen vergleichen. Das Gehirn, das untergräbt im Grunde genommen fortwährend unser eigenes Leben, und dadurch schafft es gerade Bewußtsein. Also kriegen wir einen ganz widersprechenden Begriff für das Gehirn. Es ist ja widersprechend: Die Pflanze kriegt kein Bewußtsein, der Mensch kriegt Bewußtsein. Das ist etwas, was wir noch erst durch lange Überlegungen erklären müssen, und wir wollen uns jetzt auf den Weg begeben, das erklären zu können.

Wir werden ja jede Nacht bewußtlos, wenn wir schlafen. Da muß also in unserem Körper etwas vor sich gehen, was wir jetzt verstehen lernen müssen. Was geht denn dann da in unserem Körper vor sich? Ja, sehen Sie, meine Herren, wenn alles in unserem Körper geradeso wäre beim Schlafen wie beim Wachen, so würden wir eben nicht schlafen. Beim Schlafen, da fangen unsere Gehirnzellen ein bißchen mehr zu leben an, als sie beim Wachen leben. Sie werden also ähnlicher denjenigen Zellen, welche eigenes Leben in uns haben. So daß Sie sich vorstellen können: Wenn wir wachen, da sind diese Gehirnzellen ganz ruhig; wenn wir aber schlafen, da können diese Gehirnzellen zwar nicht sehr stark von ihrem Orte weg, weil sie schon lokalisiert sind, weil sie von außen festgehalten werden; sie können nicht gut sich herumbewegen, nicht gut herumschwimmen, weil sie gleich an etwas anderes anstoßen würden, aber sie bekommen gewissermaßen den Willen, sich zu bewegen. Das Gehirn wird innerlich unruhig. Dadurch kommen wir in den bewußtlosen Zustand, daß das Gehirn innerlich unruhig wird.

Jetzt müssen wir sagen: Woher kommt denn eigentlich im Menschen dieses Denken? Das heißt, woher kommt es denn, daß wir die Kräfte aus dem ganzen weiten Weltenall in uns aufnehmen können? Mit unseren Ernährungsorganen können wir nur die Erdenkräfte aufnehmen mit den Stoffen. Mit unseren Atmungsorganen können wir nur die Luft aufnehmen, nämlich mit dem Sauerstoff. Daß wir die ganzen Kräfte aus der weiten Welt aufnehmen können mit unserem Kopf, dazu ist notwendig, daß es da drinnen recht ruhig wird, daß also das Gehirn sich vollständig beruhigt. Wenn wir aber schlafen, fängt das Gehirn an, regsam zu werden; dann nehmen wir weniger diese Kräfte auf, die da draußen im weiten Weltenall sind, und da werden wir bewußtlos.

Aber jetzt ist ja die Geschichte so: Denken Sie einmal, an zwei Orten wird eine Arbeit verrichtet; hier, sagen wir, wird eine Arbeit verrichtet von fünf Arbeitern, und da von zwei Arbeitern. Die werden dann zusammengegeben, diese Arbeiten, und jede Partie macht weiter einen Teil der Arbeit. Nehmen wir aber an, es wird einmal notwendig, daß man da ein bißchen die Arbeit einstellt, weil zuviel Teile von der einen Sorte und dort zuwenig von der anderen fabriziert worden sind. Was werden wir dann tun? Da werden wir von den fünf Arbeitern einen bitten, daß er hinübergeht zu den zwei Arbeitern. Nun haben wir dort drei Arbeiter und von den fünfen werden es hier vier. Wir verlegen die Arbeit von der einen Seite nach der anderen, wenn wir nichts vermehren wollen. Der Mensch hat nur eine ganz bestimmte Menge von Kräften. Die muß er verteilen. Wenn also im Schlaf in der Nacht das Gehirn regsamer wird, mehr arbeitet, so muß das nämlich aus dem anderen Körper herausgeholt werden; diese Arbeit muß da herausgeholt werden. Nun, wo wird denn die hergenommen? Ja, sehen Sie, die wird eben dann von einem Teil der weißen Blutkörperchen hergenommen. Ein Teil der weißen Blutkörperchen fängt an, in der Nacht weniger zu leben als am Tage. Das Gehirn lebt mehr. Ein Teil der weißen Blutkörperchen lebt weniger. Das ist der Ausgleich.

Nun aber habe ich Ihnen gesagt: Dadurch, daß das Gehirn das Leben etwas einstellt, ruhig wird, fängt der Mensch an zu denken. Wenn also diese weißen Blutkörperchen ruhig werden, beruhigt werden in der Nacht, dann müßte der Mensch anfangen, überall da zu denken, wo die weißen Blutkörperchen ruhig werden. Da müßte er anfangen, jetzt mit seinem Körper zu denken.

Fragen wir uns nun: Denkt denn der Mensch vielleicht mit seinem Körper in der Nacht? – Das ist eine kitzlige Frage, nicht wahr, ob der Mensch vielleicht in der Nacht mit seinem Körper denkt! Nun, er weiß nichts davon. Er kann zunächst nur sagen, er weiß nichts davon. Aber daß ich von etwas nichts weiß, das ist ja noch kein Beweis, daß das nicht da ist, sonst müßte alles das nicht da sein, was die Menschen noch nicht gesehen haben. Daß ich also von etwas noch nichts weiß, das ist kein Beweis, daß es nicht da ist. Der menschliche Körper könnte in der Tat in der Nacht denken, und man weiß einfach nichts davon und glaubt daher, daß er nicht denkt.

Nun müssen wir untersuchen, ob denn der Mensch vielleicht doch Anzeichen dafür hat, daß er, während er beim Tage mit dem Kopf denkt, in der Nacht mit der Leber und mit dem Magen und mit den anderen Organen anfängt zu denken, sogar vielleicht mit den Gedärmen denkt.

Wir haben dafür gewisse Anzeichen. Jeder Mensch hat Anzeichen, daß das der Fall ist. Denn stellen Sie sich einmal vor, woher das kommt, daß etwas da ist und wir doch nichts wissen davon. Denken Sie sich, ich stehe da, rede zu Ihnen, und ich wende meine Aufmerksamkeit Ihnen zu, das heißt, ich sehe dann nicht dasjenige, was hinter mir ist.

Da kann Kurioses passieren. Ich kann zum Beispiel gewöhnt sein, mich manchmal hier auf den Stuhl zu setzen zwischen dem Reden. Jetzt wende ich meine Aufmerksamkeit auf Sie, und während der Zeit nimmt mir jemand den Stuhl weg. Ich habe das ganze nicht gesehen, aber geschehen ist es doch, und ich merke die Folgen, wenn ich mich jetzt niedersetzen will!

Sehen Sie, die Sache ist so, daß man nicht bloß urteilen muß nach dem, was man so gewöhnlich weiß, sondern man muß urteilen nach dem, was man vielleicht auch auf ganz indirekte Weise wissen kann. Hätte ich mich gerade geschwind umgeschaut, so würde ich mich wahrscheinlich nicht auf den Boden niedergelassen haben. Wenn ich mich umgeschaut hätte, hätte ich das verhindert.

Nun betrachten wir einmal das menschliche Denken im Körper. Sehen Sie, die Naturforscher, die haben das gern, wenn sie reden können von Grenzen der menschlichen Erkenntnis. Was meinen sie eigentlich da? Die Naturforscher meinen bei demjenigen, was sie reden von Grenzen der Erkenntnis, daß das nicht da ist, was sie noch nicht gesehen haben – nicht durch das Mikroskop oder durch das Fernrohr oder überhaupt. Aber mit der Erkenntnis setzen sich die Leute eben fortwährend auf den Boden nieder, weil das gar kein Beweis ist, daß etwas nicht da ist, wenn man es nicht gesehen hat. Das ist schon einmal so.

Nun, dasjenige, was also mir bewußt werden soll, das muß von mir nicht nur erdacht werden, sondern ich muß noch extra das Erdachte beobachten. Das Denken könnte mir ein Vorgang sein, der immer geschieht, manchmal im Kopf, manchmal im ganzen Körper. Aber wenn ich wache, da habe ich meine Augen auf. Die Augen sehen nicht nur nach außen, sondern die Augen nehmen auch nach innen wahr. Ebenso wenn ich etwas schmecke, so schmecke ich nicht nur das, was außen ist, sondern ich nehme auch in meinem Inneren wahr, ob ich zum Beispiel, sagen wir, durch meinen ganzen Körper krank bin, und dasjenige, was irgendein anderer noch als sympathisch schmeckt, das wird mir ekelhaft. Also das Innere bestimmt immer. Das innere Wahrnehmen muß auch da sein.

Denken Sie sich nun, wir wachen so ganz normal auf. Da beruhigen sich langsam unsere Gehirnzellen. Die kommen ganz langsam in Ruhe, und die Sache geht so, daß ich nach und nach meine Sinne gebrauchen lerne, also meine Sinne wieder gebrauche. Es geht das Aufwachen ganz angemessen dem Lebenskreislauf nach vor sich. Das kann der eine Fall sein.

Der andere Fall kann aber auch sein, daß ich durch irgendeinen Umstand zu schnell meine Gehirnzellen beruhige. Viel zu schnell beruhige ich sie. Da geschieht jetzt etwas anderes, wenn ich sie zu schnell beruhige. Sagen wir, wenn einer die Bewegung von den Arbeitern leitet, von der ich gesagt habe, wenn hier fünf sind, nimmt er den fünften weg und stellt ihn dort hinüber, wenn einer das leitet, so wird das unter Umständen sehr glatt vor sich gehen. Nehmen Sie aber an, der eine muß den einen wegnehmen, der andere muß ihn wieder hintun, da kann sich die ganze Geschichte schlimm gestalten, namentlich, wenn die zwei sich streiten, ob es richtig oder nicht richtig ist. Wenn nun in meinem Gehirn die Gehirnzellen zu schnell sich beruhigen, dann werden diejenigen weißen Blutkörperchen, die während des Schlafens jetzt in Ruhe gekommen sind, nicht so schnell wieder in Bewegung kommen können. Und es wird das entstehen, daß, während ich im Gehirn schon beruhigt bin, während ich im Gehirn also schon meine ganze Bewegung beruhigt habe, die im Schlafe da war, da unten im Blut die weißen Blutkörperchen noch nicht werden aufstehen wollen. Die werden da noch etwas in Ruhe beharren wollen. Die wollen nicht aufstehen.

Das wäre ja etwas ganz Wunderbares, wenn wir so ohne weiteres diese noch faulen Blutkörperchen wahrnehmen könnten – ich sage das natürlich nur figürlich –, die noch im Bette liegen bleiben wollen. Da würden sie sich nur erst anschauen, wie sich sonst die ruhigen Gehirnzellen anschauen, und wir würden die wunderbarsten Gedanken wahrnehmen. Gerade in dem Momente, wo wir zu schnell aufwachen, würden wir die wunderbarsten Gedanken wahrnehmen. Das kann man einfach verstehen, meine Herren, wenn man die ganze Geschichte von dem Zusammenhang des Menschen mit der Natur versteht. Würde man, wenn nichts anderes hinderlich wäre, schnell aufwachen, so würde man in seinem Körper die wunderbarsten Gedanken wahrnehmen können. Das kann man aber nicht. Warum kann man das nicht? Ja, wissen Sie, da zwischen diesen faul gebliebenen, noch schlafenden weißen Blutkörperchen, und zwischen dem, womit wir sie wahrnehmen, was wir nur mit dem Kopf können, da geht die ganze Atmung vor sich. Da sind die roten Blutkörperchen drinnen. Die Atmung geht vor sich, und wir müssen durch den ganzen Atmungsprozeß diesen Gedankenvorgang, der da in uns vor sich geht, ansehen.

Denken Sie sich einmal, ich wache auf; dadurch beruhigt sich mein Gehirn. Da unten (es wird gezeichnet), da sind irgendwo die weißen Blutkörperchen im Blut drinnen. Die würde ich auch noch als ruhige wahrnehmen, und ich würde da drinnen die schönsten Gedanken sehen. Ja, jetzt ist aber zwischendrinnen da der ganze Atmungsprozeß. Das ist geradeso wie wenn ich etwas anschauen will, und ich schaue es durch ein trübes Glas an; da sehe ich es undeutlich, da verschwimmt mir alles. Dieser Atmungsprozeß ist wie ein trübes Glas. Da verschwimmt mir das ganze Denken, das da im Körper drunten ist. Und was entsteht daraus? Die Träume. Die Träume entstehen daraus: Undeutliche Gedanken, die ich wahrnehme, wenn in meinem Körper die Gehirntätigkeit sich zu schnell beruhigt.

Und wiederum beim Einschlafen, wenn ich eine Unregelmäßigkeit habe, wenn also das Gehirn beim Einschlafen zu langsam in die Regsamkeit hineinkommt, dann geschieht die Geschichte so, daß ich dadurch, daß das Gehirn zu langsam in die Regsamkeit hineinkommt, also noch die Fähigkeit hat, etwas wahrzunehmen – daß ich dadurch wiederum das Denken, das da unten schon beginnt während des Schlafens, im Einschlafen beobachten kann. Und so geschieht es, daß also der Mensch dasjenige, was eigentlich die ganze Nacht von ihm unbeobachtet bleibt, im Aufwachen und im Einschlafen als Träume wahrnimmt.

Denn Träume nehmen wir eigentlich erst im Moment des Aufwachens wahr. Daß wir Träume erst im Moment des Aufwachens wahrnehmen, das können Sie sich sehr leicht dadurch vergegenwärtigen, daß Sie einmal einen Traum ordentlich anschauen. Nehmen Sie an, ich schlafe und neben meinem Bett steht ein Stuhl. Nun kann ich folgendes träumen: Ich bin ein Student und begegne irgendwo einem anderen Studenten, dem ich irgendein grobes Wort sage. Der andere Student, der muß darauf reagieren – man nennt das «Komment» –, der muß dann reagieren auf dieses grobe Wort, und es kommt ja bis dahin dann, daß er mich fordert. Es kann manchmal eine ganze Geringfügigkeit sein, so müssen Studenten fordern.

Nun, da wird alles jetzt so geträumt: da werden die Sekundanten ausgewählt, da geht man in den Wald hinaus im Traum, und draußen ist man angekommen; man beginnt zu schießen. Der erste schießt. Ich höre noch im Traum den Schuß, wache aber auf und habe bloß mit meinem Arm neben dem Bett den Stuhl umgeschmissen. Das war der Schuß!

Ja, meine Herren, wenn ich den Stuhl nicht umgeschmissen hätte, dann hätte ich den ganzen Traum überhaupt nicht geträumt, dann wäre der Traum nicht dagewesen! Daß also der Traum just ein solches Bild geworden ist, das ist ja erst im Momente des Aufwachens geschehen, denn der umgeschmissene Stuhl hat mich ja erst aufgeweckt. Also in diesem einzigen Moment des Aufwachens ist das Bild entstanden, ist undeutlich geworden, was da in mir vorgeht. Daraus können Sie sehen, daß dasjenige, was bildlich ist im Traume, sich erst bildet im einzigen Moment, in dem ich aufwache, geradeso wie im Einschlafen in dem einzigen Moment sich bilden muß dasjenige, was bildhaft ist im Traume.

Aber wenn sich solche Bilder bilden, und ich mit solchen Bildern wiederum etwas wahrnehmen kann, so müssen eben Gedanken dazu da sein. Wozu kommen wir denn da? Wir kommen dazu, Schlafen und Wachen etwas zu verstehen. Fragen wir uns also: Wie ist denn das nun beim Schlafen? Beim Schlafen ist unser Gehirn mehr in Tätigkeit als beim Wachen, beim Wachen beruhigt sich unser Gehirn. Ja, meine Herren, wenn wir sagen könnten, daß unser Gehirn beim Wachen tätiger wird, dann, sehen Sie, könnten wir Materialisten sein, denn dann würde die physische Tätigkeit des Gehirnes das Denken bedeuten. Aber wenn wir vernünftige Menschen sind, können wir gar nicht sagen, daß das Gehirn beim Wachen regsamer ist als beim Schlafen. Es muß sich gerade beim Wachen beruhigen.

Also die körperliche Tätigkeit kann uns ja gar nicht das Denken geben. Wenn uns die körperliche Tätigkeit das Denken geben würde, so müßte dieses Denken in einer stärkeren körperlichen Tätigkeit bestehen als das Nichtdenken. Aber das Nichtdenken besteht in einer stärkeren körperlichen Tätigkeit. Also können Sie sagen: Ich habe eine Lunge; die Lunge würde faul sein, wenn nicht der äußere Sauerstoff über sie kommen und sie in Tätigkeit versetzen würde. So aber wird mein Gehirn faul bei Tag; da muß also auch etwas Äußeres kommen für das Gehirn, das es in Tätigkeit versetzt. Und so müssen wir anerkennen, daß in der Welt – geradeso wie der Sauerstoff die Lunge in Bewegung versetzt oder in Tätigkeit versetzt – bei Tag das Gehirn durch irgend etwas, was nicht im Körper selber ist, nicht zum Körper selber gehört, zum Denken gebracht wird.

Wir müssen uns also sagen: Treiben wir richtige Naturwissenschaft, dann werden wir dazu geführt, ein Unkörperliches, ein Seelenhaftes anzunehmen. Wir sehen es ja, daß es da ist. Wir sehen es gewissermaßen beim Aufwachen hereinfliegen, denn aus dem Körper kann nicht dasjenige kommen, was da Denken ist. Würde es aus dem Körper kommen, so müßte man gerade in der Nacht besser denken. Wir müßten uns hinlegen und einschlafen, dann würde in unserem Gehirn das Denken aufgehen. Aber das tun wir nicht. Also wir sehen gewissermaßen hereinfliegen dasjenige, was unsere seelische und geistige Wesenheit ist.

So daß man sagen kann: Die Naturwissenschaft hat ja große Fortschritte in der neueren Zeit gemacht, aber sie hat nur dasjenige kennengelernt, was eigentlich nicht zum Leben und nicht zum Denken geeignet ist, während sie das Leben selber nicht begriffen hat, und das Denken noch viel weniger begriffen hat. Und so wird man, wenn man richtig Naturwissenschaft treibt, nicht durch einen Aberglauben, sondern gerade durch diese richtige Naturwissenschaft dazu gebracht, zu sagen: Geradeso wie es zum Atmen einen Sauerstoff geben muß, muß es zum Denken ein Geistiges geben.

Davon das nächste Mal, denn das läßt sich nicht so einfach entscheiden. Es werden noch in vielen von Ihnen allerlei Gegenkräfte sein gegen das, was ich gesagt habe. Aber es muß durchaus gesagt werden, daß derjenige, der eben nicht so redet, sich die ganze Geschichte in dem Menschen einfach nicht klarmacht. Also darum handelt es sich, nicht irgendeinen Aberglauben zu verbreiten, sondern eine vollständige Klarheit erst zu schaffen. Das ist es, um was es sich handelt.

# DRITTER VORTRAG

Dornach, 9. August 1922

*Frage:* Aus den Ferien werden von einem Zuhörer Steine mitgebracht. Es wird gefragt, ob Steine auch Leben haben oder einmal Leben gehabt haben und wie sie geworden seien.

*Dr. Steiner:* An diese Steine kann ich vielleicht ein anderes Mal anknüpfen; aber vielleicht ist es auch möglich, daß ich es in unserer heutigen Betrachtung noch einfügen kann.

Sehen Sie, meine Herren, da will ich folgendes sagen: Wir haben also gesehen, daß eigentlich in uns, im Menschen, eine Art Abtötung des Lebens stattfindet. Wir haben gesehen, daß wir im Blut diese herumkriechenden Tierchen haben, die weißen Blutkörperchen, die durch die Blutadern hindurch bis an unsere Haut kriechen. Ich habe Ihnen gesagt: Es ist für diese Tierchen eine besondere Feinschmeckerei, wenn sie, während sie sonst nur im ganzen menschlichen Körper drinnen sind, an die Oberfläche kommen. Das ist für sie sozusagen das Gewürz des Lebens. Das sind also die lebendigen Zellen, die da herumkriechen. Im Gegensatz dazu habe ich Ihnen gesagt: Die Zellen im Nervensystem, namentlich die, die im Gehirn sind, das sind eigentlich Zellen, die fortwährend abgetötet werden, fortwährend ins Tote hineinkommen. Die Zellen im Gehirn sind so, daß sie eigentlich nur anfangen, etwas lebendiger zu sein, wenn Sie schlafen. Da fangen die an, etwas lebendiger zu sein. Sie können sich dann nicht von ihrem Orte wegbewegen, weil sie sehr eingezwängt sind unter den anderen; sie können sich nicht so bewegen wie die weißen Blutkörperchen, aber sie fangen in der Nacht, während Sie schlafen, etwas zu leben an. Und darinnen liegt es auch, daß dann, wenn diese Zellen etwas mehr Lebens-, Willenskraft vom Körper bekommen, die weißen Blutkörperchen etwas ruhiger bleiben müssen. Und dadurch wird im ganzen Körper, wie ich Ihnen gesagt habe, eigentlich gedacht.

Nun wollen wir uns einmal die Frage vorlegen: Woher kommen denn eigentlich die Gedanken? – Nicht wahr, die Menschen, die da bloß materialistisch denken wollen, das heißt, bequem denken wollen, die sagen: Nun ja, Gedanken entstehen halt im Gehirn oder im Nervensystem des Menschen. Da wachsen die Gedanken wie die Kohlköpfe auf dem Felde. – Aber wenn die Menschen nur das einmal ausdenken würden – «wie die Kohlköpfe auf dem Felde»! Auf dem Felde wachsen keine Kohlköpfe, wenn man sie nicht erst anbaut. Also, es müssen die Sachen zuerst angebaut werden sozusagen. Meinetwillen kann ja jeder im menschlichen Gehirn eine Art Acker sehen für die Gedanken. Aber denken Sie sich doch nur einmal: Wenn Sie einen schönen Acker mit Kohlköpfen haben, und derjenige, der ihn immer angebaut hat, weggezogen wäre und keiner sich finden würde, der weiter anbaut, so würde also auf dem Acker niemals Kohl wachsen.

Also es muß gesagt werden: Gerade wenn man meint, die Gedanken kommen aus dem Gehirn heraus, so muß man zuerst fragen: Woher kommen sie? Nun, so wie der Kohl aus dem Acker kommt! – Also die Frage muß erst richtig aufgefaßt werden. Und da müssen wir uns das Folgende sagen: Das, was Sie da sehen, das ist tatsächlich draußen in der Natur entstanden. Das, was da draußen in der Natur entsteht, das möchte ich Ihnen einmal erklären. Ich habe Ihnen gesagt: Wir finden alles im Menschen drinnen, wenn wir in der Umgebung des Menschen alles begreifen. Als wir auf die Pflanzen hingeschaut haben und so weiter, haben wir manches im Menschen begriffen. Jetzt haben wir da diesen Stein. Schauen wir uns einmal dieses Gestein ordentlich an. Sehen Sie, da ist darunter und dahinter und oben ein sehr weiches Gestein. Das können Sie mit dem Messer herunterkratzen. Das Äußere, was da drumherum ist, ist also einfach so wie eine etwas dichtere Erde. Das ist also so – ich will jetzt nur das Untere hierherzeichnen –: Da ist unten

dieses weiche Gestein, und geradeso wie wenn sie herauswachsen würden, sind da auf diesem weichen Gestein allerlei Kristalle drauf, Kristalle, die wie herauswachsen. Ich müßte viele zeichnen, nicht wahr, aber das ist schon genügend. Da sind also solche kleine Kristalle; die sind da drunten, wie wenn sie herausgewachsen wären, sind aber furchtbar hart. Die können Sie nicht mit dem Messer wegkratzen, die greift das Messer nicht an; höchstens, wenn Sie an eines herankommen, können Sie eines als Ganzes abtrennen, aber hineinkratzen können Sie nicht. Das sind also harte Kristalle, die da eingebettet sind.

Nun wollen wir uns einmal fragen: Wie kommen in das weichere Erdreich, das nur ein bißchen kompakt zusammengebacken ist, solche Kristalle? Solche Kristalle sind also Körper, die sehr schön gestaltet sind; dahier haben sie eine solche Längsgestalt, und oben haben sie ein kleines Dacherl drauf. Unten würde auch noch ein Dacherl sein, wenn das nicht in die Erde hineinragen würde. Wenn das genügend weich wäre, so würde das bei jedem Kristall so sein; aber das geht zugrunde, wenn das hineinkommt ins Erdreich.

Woher kommen sie, diese Kristalle? Nicht wahr, wenn Pflanzen wachsen, dann muß außen, außerhalb der Pflanzen Kohlensäure sein. Die Pflanzen können sonst nicht wachsen. Derselbe Stoff, den wir ausatmen, der muß an die Pflanzen herankommen. Und dann, wenn die Kohlensäure an die Pflanzen herankommt, dann saugen die Pflanzen diese Kohlensäure ein, halten den Kohlenstoff, der in der Kohlensäure drinnen ist, zurück, und den Sauerstoff, den atmen sie wieder aus. Das ist ja der Unterschied zwischen den Menschen und den Pflanzen. Die Menschen atmen den Sauerstoff ein und atmen die Kohlensäure aus; wir halten den Sauerstoff zurück, während wir die Kohlensäure abgeben. Die Pflanze ist mit der Erde verbunden. Wenn die Pflanze abstirbt, so geht dieser Kohlenstoff in den Boden zurück und wird eben zu der schwarzen Steinkohle, die wir nach Jahrhunderten herausgraben aus der Erde.

So gibt es aber auch andere Stoffe. So gibt es einen Stoff, der der Kohle in einer gewissen Beziehung recht ähnlich ist, aber doch wiederum verschieden. Das ist der Kiesel. Nehmen Sie an, Sie haben einen Boden, der kieselreich ist, in dem viel Kiesel drinnen ist. Dann wirkt, weil immer Sauerstoff da ist, der Sauerstoff. Da drüber ist jetzt Sauerstoff. Dieser Sauerstoff wirkt zunächst nicht auf den Kiesel. Aber nach einiger Zeit, im Verlaufe der Erdenentwickelung, da findet man plötzlich, daß der Sauerstoff sich mit dem Kiesel vereinigt hat. Und so wie bei uns Kohlensäure entsteht, wenn wir ausatmen, so entsteht, wenn der Kiesel von der Erde richtig mit dem Sauerstoff zusammenkommt, Quarz, Kieselsäure; da entstehen nämlich solche Kristalle. Es braucht sich nur der Kiesel von der Erde zu verbinden mit dem Sauerstoff, dann entstehen solche Kristalle, wie sie dort sind.

Aber der Sauerstoff hat nicht von selber die Gewalt, sich mit dem Kiesel zu vereinigen. Sie können viel Kiesel haben und darüber Sauerstoff, es würde sich das alles nicht bilden. Warum bilden sich diese schönen Gestalten? Ja, die bilden sich eben, weil von allen Seiten im Weltenall Kräfte hereinwirken und die Erde fortwährend im Zusammenhang mit dem ganzen Weltenall ist. Da wirken fortwährend Kräfte herein, und diese Kräfte, die bringen den Sauerstoff in den Kiesel hinein, und dadurch entstehen solche Kristalle. So daß alle diese Kristalle dadurch entstehen, daß die Erde von allen anderen Gestirnen beeinflußt wird. Wir können also sagen: Diese Kristalle sind eigentlich aus der Welt herein gebildet.

Nun können Sie aber folgendes sagen: Was erzählst du uns da? Das Gestein, das der Erbsmehl uns gegeben hat, beweist ja das Gegenteil! – Das Gestein ist in Wirklichkeit so: Da ist drunten lockere Erde (siehe

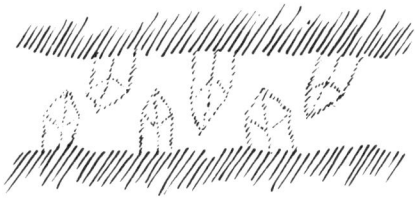

Zeichnung), da drüber ist wieder lockere Erde, und da hinten ist wieder lockere Erde. Es ist ganz umgeben von lockerer Erde, und diese Kristallgestalten hier, die sind nicht nur so, daß sie da von unten nach oben aufwachsen, wie ich sie jetzt beschrieben habe, sondern *da* wachsen schon solche herauf, könnten Sie sagen, wenn nur diese von unten da wären. Aber das sind jetzt solche, die von oben entgegenwachsen. Jetzt könnten Sie sagen: Aber das kann man doch nicht vom Weltenall herein erklären, denn da müßte man ja annehmen, daß dieselben Kräfte vom Inneren der Erde herauskämen, die dann vom Weltenall hereinkommen müßten, wenn man sie nur von unten nach oben erklären würde.

Ja, sehen Sie, das ist ein scheinbarer Widerspruch. Da muß irgend etwas dahinter sein. Nun will ich Ihnen sagen, was dahinter ist.

Solche Gesteine entstehen ja nicht auf dem freien Erdboden, die entstehen im Gebirge. Und wenn es auf dem freien Erdboden ist, so ist es ja auch so, daß da eben Erdschichten drüber und drunter sind, wie auch im Gebirge. Aber nehmen wir an, wir holen uns das aus dem Gebirge heraus. Denken Sie einmal, wir hätten solch ein Gebirge, und ich will den Abhang des Gebirges zeichnen. Wenn Sie nun da hinauf-

gehen (siehe Zeichnung), gehen Sie so hinauf, und da müssen Sie natürlich da vorbeigehen, der Weg muß da gehen, die Erde oder der Felsen kann ein bißchen überhängen; Sie finden ja überall überhängende Erde, wenn Sie ins Gebirge gehen. Nun denken Sie sich einmal, vor sehr, sehr langer Zeit wäre dieses, was ich hier braun gezeichnet habe, da gewesen, hätte sich da abgelagert gehabt, und das hätte sich da abgelagert (siehe Zeichnung). Nach meiner Erklärung hätten sich jetzt durch die Kräfte aus dem Weltenall herein hier Kristalle gebildet, wie ich es ja erklärt habe, und dahier auch solche Kristalle. Es wären da unten Kristalle gewissermaßen herausgewachsen durch die Kräfte des Weltenalls, und da oben auch.

Dann kam es später so, daß dieses, was da oben ist, herunterstürzte und das zudeckte. Also sehen Sie: Wenn das Obere da herunterstürzt, so fällt es so, daß dann *das* oben ist (siehe Zeichnung), und da unten sind die Kristalle, die ursprünglich nach oben gegangen sind, durch den Heruntersturz so, daß sie da drüber gefallen sind und von denen, die da unten gewesen sind, aufgehalten worden sind und sich so übereinandergelagert haben. Die heruntergestürzten haben sich auf die unteren draufgelegt, so daß das Obere zuunterst gekommen ist.

So ist es in den Gebirgen nämlich fortwährend gegangen. Wer studiert, findet, daß in den Gebirgen fortwährend solche Erdrutsche geschehen sind, wo sich das Obere auf das Untere daraufgelegt hat. Das ist gerade das Interessante beim Gebirgsstudium. Wenn man in der Ebene geht, so hat man das Gefühl, weil das erst in den letzten Jahrtausenden geschehen ist, daß immer eine Schicht über die andere gelagert ist. Das könnten wir von den Alpen niemals sagen. Die Alpen sind allerdings vor langer Zeit auch auf diese Weise entstanden; aber dann haben sich die höheren Partien über die niederen Partien gestürzt, und die Alpen sind ganz durcheinandergeschmissene Erdschichten.

Deshalb ist es auch so schwer, die Alpen zu studieren, weil man überall nachdenken muß, ob dasjenige, was oben ist, auch so entstanden ist. Es ist oftmals nicht so entstanden, sondern so, daß da unten eine Schichte war, da eine Schichte oben, und dann hatte man durch einen Stoß das, was oben war, heruntergeschmissen; das hat sich drübergedeckt über dasjenige, was unten war. Und so sind diese Ineinanderfaltungen, wie man sie nennt, im Gebirge im Laufe von Jahrtausenden und Jahrtausenden entstanden und haben solche Dinge zustande gebracht. So daß man diese Dinge erst klären muß dadurch, daß sich wiederum die Gebirge übereinandergeschmissen haben. Man müßte also sagen: Das Untere ist an einem solchen Abhange entstanden (siehe Zeichnung), das Obere an einem solchen Abhange, und dahinter ist natürlich das Gebirge gewesen, so daß also das darübergefallen ist; das hat sich darübergelegt. So daß man also solch eine Sache, wo von unten und von oben Kristalle einander gegenüberstehen, erst erklären kann, wenn man weiß, daß auf der Erde nach und nach im Laufe von Jahrtausenden alles durcheinandergeschmissen worden ist.

Da haben wir also im ganzen leblosen Reich immer Kräfte, die aus dem Weltenall hereinwirken, und die auch in uns so wirken, daß wir ja eigentlich nun etwas tun müssen in uns, damit diese Kräfte uns nicht stören.

Denn sehen Sie, meine Herren, den Kiesel, der da in der Erde häufig ist, den haben wir nämlich auch in uns. Es ist allerdings nicht allzuviel, aber wir haben solche Stoffe in uns, aus denen so furchtbar harte Steine entstehen können. Aber wenn solche harte Gesteine in uns entstehen würden, wie Herr Erbsmehl hier einen mitgebracht hat, dann ginge es uns schlecht! Wenn zum Beispiel das Kind, das schon Kiesel in sich hat, nicht anders sich helfen könnte und überall solche, wenn auch ganz kleine – sie würden ja kleinwinzig sein – Kristalle entstehen würden, das wäre schon eine ganz schlimme Sache! Sie entstehen ja zuweilen bei einer Krankheit.

Auch der Zucker – das wissen Sie ja – kann Kristalle bilden. Wenn Sie Kandiszucker ansehen, so ist er ja auch aus Kristallen bestehend, die übereinandergelagert sind. Nun, Zucker haben wir sehr viel in uns. Die Menschen auf Erden essen nicht alle durchaus die gleiche Menge Zucker. Das ist also verschieden. Zum Beispiel in Rußland essen die Menschen sehr wenig Zucker, in England sehr viel Zucker – durchschnittlich natürlich. Danach unterscheiden sich aber auch wieder die Menschen. Der russische Charakter ist verschieden von dem englischen Charakter. Die Russen sind ganz andere Leute als die Engländer. Das kommt vielfach davon her, daß die Russen wenig Zucker bekommen in den Nahrungsmitteln. Die Engländer essen solche Sachen, die sehr viel Zucker enthalten, viel Zucker enthaltende Nahrungsmittel.

Das hängt mit dem zusammen, was ich schon gesagt habe. Es wirken herein auf alles mögliche die Kräfte des Weltenalls. Der Mensch hat also viel Zucker in sich. Der Zucker, der will immer Kristall werden. Was können wir denn tun, damit er nicht Kristall wird?

Sehen Sie, ich habe Ihnen ja erzählt, daß viel Wasser in uns ist, lebendiges Wasser: das löst den Zucker auf. Das wäre eine schöne Geschichte, wenn das Wasser nicht fortwährend den Zucker auflösen würde! Da würden sich solche kleinen Kristalle, wie Kandiszuckerkristalle bilden, und wir würden solche kleinen spießigen Kristalle in uns haben, wenn der Zucker nicht fortwährend aufgelöst würde. Wir Menschen brauchen Zucker zu unserer Nahrung, aber nur dann können wir ihn brauchen, wenn wir ihn fortwährend auflösen. Wir müssen ihn haben. Warum müssen wir ihn haben? Weil wir das ausführen müssen, daß wir ihn auflösen! Wir leben nicht allein davon, aber das gehört zu unserem Leben dazu, daß wir den Zucker auflösen. Also wir müssen ihn in uns hereinkriegen.

Aber wenn wir nun zu wenig Kraft haben, um diesen Zucker aufzulösen, dann bilden sich diese ganz kleinen Kriställchen, und die gehen dann mit dem Urin ab. Und da kommt dann die Zuckerkrankheit, Diabetes. Und das ist dann die Erklärung dafür, warum Menschen zuckerkrank werden: Sie haben zu wenig Kraft, um den Zucker, der gegessen wird, wieder aufzulösen. Sie müssen Zucker kriegen, aber wenn sie zu wenig Kraft haben, den Zucker aufzulösen, kommt die Zuckerkrankheit. Der Zucker darf nicht so weit kommen, daß er dann in kleinen Kriställchen abgeht, sondern er muß aufgelöst werden. Der Mensch muß die Kraft haben, den Zucker aufzulösen. Darin besteht sein Leben.

Wenn man so etwas bedenkt, so kann man ja auch daraus erkennen, daß wir nicht nur die Kraft haben müssen, den Zucker aufzulösen, sondern wir müssen auch die Kraft haben, diese kleinen Kristalle, die sich als Quarzkristalle immer in uns bilden wollen – es sind ja wenige, aber sie wollen sich bilden, diese Quarzkristalle –, fortwährend aufzulösen. Die dürfen sich nicht in uns bilden. Wenn sie sich schon beim Kind bilden würden, dann würde das Kind kommen und würde sagen: Es ist entsetzlich, mich sticht es überall! Überall sticht es!

Was ist denn da geschehen, wenn es das Kind überall sticht? Ja, sehen Sie, da sind die kleinen Kieselkristalle, die in den Nerven entstanden sind, nicht aufgelöst worden. Die sind liegengeblieben. Sie müssen sich nicht vorstellen, daß das Riesenmassen sind. Es sind ganz wenige, winzige, die man nicht einmal mit dem Mikroskop so leicht finden kann; viel kleiner als ein Zehntausendstel eines Millimeters. Wenn sich viele ganz winzige Kristalle in dem Nervensystem angesammelt haben, dann bekommt der Mensch überall kleinwinzige

Stiche, die er sich nicht erklären kann. Es sticht ihn überall. Und außerdem werden kleine Entzündungen hervorgerufen dadurch, daß das geschieht; ganz kleine Entzündungen werden hervorgerufen. Und dann ist der Mensch rheumatisch oder er hat Gicht. Die Gicht ist nichts anderes, als daß sich solche kleinen winzigen Kristalle absetzen. Diese Schmerzen, die der Mensch hat, die kommen davon. Und daß der Mensch bei der Gicht die Gichtknoten bekommt, das kommt von den Entzündungen. Wenn Sie sich einen Nagel einstoßen, entsteht eine Entzündung. Diese kleinen Spießchen, die kommen von innen heraus, drängen sich an die Oberfläche. Da entstehen innere kleine Entzündungen, und da bilden sich dann durch diese Entzündungen diese Gichtknoten.

Das sind also lauter Vorgänge, die im Inneren des Menschen wirken können. Daraus aber sehen Sie, daß wir eigentlich immer in uns Kräfte haben müssen, die, sagen wir, gegen die Gicht wirken müssen, sonst würden wir als Menschen fortwährend Gicht kriegen. Die dürfen wir aber nicht fortwährend kriegen. Also es muß fortwährend da dahinter sein das, daß wir entgegenarbeiten können.

Was heißt denn nun das? Ja, sehen Sie, das heißt: Da vom Weltenall herein wirken Kräfte. Die wollen eigentlich nicht zu große, aber mikroskopisch kleinwinzige Kriställchen in uns bilden. Wenn diese Kräfte da hereinkommen und diese Kristalle hier bilden, wirken sie auch in uns herein, so daß wir von diesen Kräften fortwährend durchsetzt sind, und wir müssen in unserem Inneren diejenigen Kräfte entwickeln, die diese Sache fortwährend ins Nichts bringen. Wir müssen fortwährend diesen Kräften entgegenarbeiten. Wir müssen also in uns Kräfte haben, die diesen Kräften entgegenarbeiten. In uns kommen auch diese Kräfte des Weltenalls hinein; aber denen wirken wir entgegen – und besonders stark in den Nerven. In den Nerven würden fortwährend ganz mineralische Substanzen entstehen, wenn wir ihnen nicht entgegenarbeiten würden.

Die mineralischen Substanzen müssen entstehen, denn, sehen Sie, es gibt Kinder, die blöde bleiben und die früh sterben. Wenn man solche blöde gebliebenen Kinder dann seziert, so findet man oftmals, daß sie zu wenig von dem haben, was man Gehirnsand nennt. Ein bißchen

Gehirnsand muß jeder in sich haben. Der muß entstehen, der Gehirnsand, und er muß immer wieder aufgelöst werden.

Nun kann aber auch zu viel liegen bleiben, wenn wir zu wenig Kraft haben, um ihn aufzulösen. Aber, meine Herren, dasjenige, was Sie fortwährend tun in Ihrem Gehirn, das ist, daß sich fortwährend Sand im Gehirn absetzt, wenn Sie die Nahrungsmittel in Ihr Blut hineinkriegen. Damit wird er fortwährend abgelagert. Und der Gehirnsand, der da drinnen ist (es wird gezeichnet), ist den Kräften des Weltenalls geradeso ausgesetzt, wie das, was in der Natur draußen ist, so daß sich also da drinnen fortwährend winzige Kristalle bilden wollen. Die dürfen sich aber nicht bilden. Wenn wir keinen Gehirnsand haben, werden wir blöde. Wenn sich die Kristalle bilden würden, würden wir fortwährend in Ohnmacht fallen, weil wir gewissermaßen Gehirnrheumatismus oder Gehirngicht kriegen würden. Denn im übrigen Körper tut es einem bloß weh; wenn aber das Gehirn diese Kriställchen in sich enthält, kann man nichts mehr machen und fällt in Ohnmacht. Also Gehirnsand braucht man, aber man muß ihn fortwährend auflösen. Das ist ein fortwährender Prozeß, daß Gehirnsand abgelagert wird, aufgelöst wird, abgelagert wird, aufgelöst wird.

Wenn zu viel abgelagert wird, kann er manchmal auch die Wände von den Blutadern im Gehirn verletzen. Dann tritt das Blut aus. Dann kommt der Schlag, nicht nur die Ohnmacht, sondern der Schlag, der Gehirnschlag.

Also gerade wenn man die Krankheitsprozesse studiert, sieht man ein, was der Mensch eigentlich in sich hat. Denn in der Krankheit ist auch alles das in uns, was in einem gesunden Menschen ist, nur zu stark. Kranksein heißt nichts anderes, als daß wir irgend etwas zu stark ausbilden.

Das geschieht ja im Leben auch, meine Herren. Sie haben schon gesehen, daß wenn ein kleines Kind da ist und man berührt es an der Wange mit der Hand, und zwar sanft, schwach; dann ist es eine Liebkosung, man streichelt es. Und man kann ja auch dieselbe Berührung mit der Hand zu stark machen; dann ist es nicht mehr eine Liebkosung, dann ist es eine Ohrfeige.

Nun, sehen Sie, so ist es überhaupt in der Welt. Die Dinge, die auf der einen Seite Liebkosung sein können, können auf der anderen Seite Ohrfeige sein. Und so wird im Leben auch dasjenige, was da sein muß im Gehirn, diese sanfte Arbeit im Gehirnsand, zu einer Lebensohrfeige, wenn sie zu stark wird, wenn also die Kraft in uns zu schwach ist, daß wir dieses Mineralische, das wir in uns haben, nicht auflösen können. Dann würden wir also fortwährend ohnmächtig werden oder wenn es zu stark wird, wenn diese Kriställchen uns die Blutadern immer durchstoßen, würden wir einen Gehirnschlag kriegen. Es müssen also fortwährend diese Kriställchen von uns aufgelöst werden. Diese Sache, die ich Ihnen jetzt erzählt habe, die geht fortwährend in Ihnen vor sich.

Ich will Ihnen jetzt noch etwas anderes sagen. Wir wollen einmal die Dinge ganz anschaulich machen. Nehmen wir an, Sie haben hier den Menschen – ich will es ganz schematisch zeichnen –, hier haben Sie

sein Gehirn, hier sein Auge, und hier will ich etwas herzeichnen, das Sie irgendwie anschauen, also, sagen wir, es steht vor Ihrem Auge meinetwillen eine Pflanze.

Jetzt wenden Sie Ihre Aufmerksamkeit dieser Pflanze zu. Sehen Sie, wenn Sie Ihre Aufmerksamkeit dieser Pflanze zuwenden – Sie können das natürlich nur, wenn da ringsumher Tag ist – und die Pflanze wird beschienen von den Sonnenstrahlen, dann ist sie hell, dann bekommen

Sie die Lichtwirkung in Ihr Auge hinein. Durch den Sehnerv aber, der da vom Auge nach rückwärts geht, geht das, was Lichtwirkung ist, in Ihr Gehirn hinein. Wenn Sie also eine Pflanze anschauen, so sind Sie durch Ihr Auge auf die Pflanze gerichtet, und von der Pflanze aus geht die Lichtwirkung durch Ihr Auge nachher ins Gehirn hinein.

Meine Herren, wenn Sie auf diese Weise die Pflanze anschauen, zum Beispiel eine Blume, da sind Sie auf die Blume aufmerksam. Das heißt aber sehr viel: man ist auf eine Blume aufmerksam. Wenn man auf die Blume aufmerksam ist, dann vergißt man eigentlich auch sich selber. Sie wissen ja, man kann so aufmerksam sein, daß man überhaupt ganz sich selber vergißt. In dem Augenblick, wo man das nur ein ganz klein bißchen vergißt, daß man da hinguckt auf die Blume, entsteht gleich irgendwo im Gehirn die Kraft, welche etwas Gehirnsand absondert. Also hingucken heißt, von innen heraus Gehirnsand absondern.

Dieses Absondern, das müssen Sie sich als einen ganz menschlichen Prozeß vorstellen. Sie werden es schon bemerkt haben, daß man nicht nur schwitzt, wenn man sich sehr anstrengt, sondern auch, wenn man zum Beispiel eine furchtbare Angst vor etwas hat, sondert man nicht gerade Gehirnsand, aber andere Salze, und damit Wasser ab durch seine Haut. Das ist Absonderung. Aber anschauen heißt, fortwährend Gehirnsand absondern. Wenn einer ganz aufmerksam auf etwas hinschaut, dann sondert sich fortwährend Gehirnsand ab. Und da liegt das vor, daß wir diesen Gehirnsand auflösen müssen. Denn würden wir diesen Gehirnsand nicht wieder auflösen, dann würde in uns aus dem Gehirnsand im Gehirn eine winzige kleine Blume entstehen! Die Blume anschauen, das heißt eigentlich, daß sich in uns aus dem Gehirnsand eine ganz kleine, winzige Blume bildet, die dann nur von oben nach unten gerichtet ist, so wie das Bildchen im Auge auch von oben nach unten gerichtet ist. Das ist der Unterschied, meine Herren.

Es ist so: Wenn wir einen Stuhl anschauen – es braucht nicht einmal eine Blume zu sein –, bildet sich durch das Anschauen da drinnen ein bißchen Gehirnsand, und wenn wir uns jetzt nur diesem Anschauen überlassen würden, würden wir da drinnen in uns ein ganz kleines – viel kleiner, als es im Mikroskop sein kann –, ein winziges Bildchen aus Kieselsand von diesem Stuhl kriegen. Und wenn ich da in einem solchen

Raume stehen würde, und ich würde eine gewisse Kraft des Anschauens als Mensch entwickelt haben, würde in mir der ganze Raum umgekehrt, nur mit dem Boden oben, als Bild aus ganz winzig kleinen Kieselsteinen zusammengesetzt sein. Es ist ganz kolossal, wie da in uns fortwährend gebaut wird. Nur sind wir solche Kerle, die das dann nicht entstehen lassen. Ohne daß wir das mit dem Bewußtsein tun, lösen wir die ganze Geschichte wieder auf. In dieser Beziehung sind wir ganz eigentümlich als Menschen eingerichtet. Wir schauen uns die Welt an. Die Welt will fortwährend in uns solche Gestaltungen bilden, welche so sind wie die Welt, nur umgekehrt. Und wenn wir nicht dabei wären, wenn wir gar nicht anschauen würden, so würden sich – namentlich in der Nacht, wenn wir schlafen, wenn wir von innen heraus die Kraft nicht entwickeln würden, aufzulösen – fortwährend durch dasjenige, was im Weltenall ist, solche Gestaltungen bilden. Diese Gestaltungen bilden sich auch hauptsächlich, wenn die Erde nicht von der Sonne, vom Licht beschienen ist, sondern von Kräften, die von viel weiter herkommen, bilden sich diese. Aber diesen Kräften sind wir immer hingegeben. So daß wir also sagen können: Wenn wir schlafen, dann wollen sich in uns fortwährend durch das Weltenall allerlei mineralische, leblose Gestalten bilden, und wenn wir anschauen, dann wollen sich in uns ebenso Gestalten bilden, die nur so sind wie unsere Umgebung. Wenn wir schlafen, bilden wir das Weltenall nach. Im Weltenall ist alles kristallinisch angeordnet. Das, was wir da (in den Kristallen) sehen, ist deshalb so, weil die Kräfte im Weltenall eben so angeordnet sind wie die Kristalle. Die einen gehen so hin, die anderen gehen so hin, so daß die Kristalle aus dem ganzen Weltenall gebildet werden. Das will aber in uns geschehen. Und wenn wir wahrnehmen, wenn wir unsere unmittelbare Umgebung anschauen, will sich das, was in unserer unmittelbaren Umgebung ist, gestalten. Wir müssen fortwährend verhindern, daß das fest wird, müssen fortwährend auflösen.

Nun, meine Herren, da geht ein eigentümlicher Vorgang vor sich. Denken Sie sich, die Blume will da drinnen ein lebloses Kieselbild von sich bilden. Das darf nicht entstehen, sonst würden wir von der Blume nichts wissen, sondern Gicht kriegen im Kopfe. Das muß also erst aufgelöst werden.

Ich will diesen Vorgang, der da fortwährend vor sich geht, Ihnen noch dadurch anschaulich machen, daß ich folgendes sage. Nehmen Sie an, Sie hätten hier einen Topf mit lauwarmem Wasser und einer verbinde Ihnen die Augen, und nachdem er Ihnen die Augen verbunden hat, bringt er irgendeinen Gegenstand, der in diesem lauwarmen Wasser auflösbar ist. Sie sollen mit Ihrer Hand nur in dieses lauwarme Wasser hineingreifen. Den Gegenstand sehen Sie nicht, weil Sie die Augen verbunden haben. Aber der andere kann Sie jetzt fragen: Sieh einmal, du greifst jetzt mit deiner Hand ins Wasser hinein; fühlst du etwas da drinnen? – Ja, das lauwarme Wasser. – Fühlst du noch etwas anderes darinnen? – Ja, es wird um die Finger herum kalt.

Woher kann das kommen? Der andere hat nämlich einen Gegenstand ins Wasser hineingegeben, der sich auflöst! Und dieses Auflösen bewirkt eben um die Finger herum, daß dieses lauwarme Wasser kälter wird. Er spürt dieses Auflösen um seine Finger herum, und er kann sagen: Da drinnen löst sich etwas auf.

Das ist aber fortwährend der Fall, wenn wir hier drinnen den Gegenstand gebildet haben und ihn wieder auflösen müssen. Wir spüren die Auflösung und sagen dann, weil wir die Auflösung spüren: Ja, da draußen ist der Gegenstand, denn der hat uns ein Bild gebildet, und das Bild, das haben wir aufgelöst. Weil wir das aufgelöst haben, wissen wir, wie der Gegenstand ausschaut. Dadurch kommt uns der Gedanke an den Gegenstand, weil wir zuerst das Bild des Gegenstandes auflösen müssen. Dadurch kommt der Gedanke. Wir würden, wenn wir nur das Bild hätten, in Ohnmacht fallen. Wenn wir aber so stark sind, daß wir das Bild auflösen, dann wissen wir davon. Das ist also der Unterschied zwischen In-Ohnmacht-Fallen, wenn wir etwas sehen, oder ein Wissen haben davon.

Betrachten Sie also jemand, der, sagen wir, etwas kränklich ist, und es kommt ein furchtbarer Donner – das kann geschehen. Da wird in ihm von diesem Donner, wenn auch nicht durch das Auge, sondern durch das Ohr Gehirnsand abgelagert, ein Bild gebildet. Er kann das nicht schnell genug auflösen. Er bekommt vielleicht eine Ohnmacht, verliert das Bewußtsein. Wenn er gesund ist, verliert er nicht das Bewußtsein, das heißt, er hat seinen Gehirnsand schnell genug aufgelöst.

Also In-Ohnmacht-Fallen heißt, den Gehirnsand nicht schnell genug auflösen. Nicht-in-Ohnmacht-Fallen heißt, den Gehirnsand schnell genug auflösen. Wir müssen immer, indem wir die Dinge um uns herum anschauen, den Gehirnsand schnell genug auflösen.

Damit kommen wir also zu dem, wie der Mensch zu den Kräften im ganzen Weltenall steht. Ich habe Ihnen das letzte Mal gesagt: Wenn der Mensch so zu den Kräften im Weltenall steht, daß in seinem Gehirn die Gehirnzellen fortwährend sterben wollen, dann sind sie ja total unlebendig, dann muß er sie handhaben. Das ist sein Seelisch-Geistiges, mit dem er sie handhabt. Jetzt finden wir sogar die Kraft, die fortwährend die Gehirnzellen auflöst. Der Gehirnsand macht ja die Zellen fortwährend tot. Daß sich da Gehirnsand hereinmischt, das macht die Zellen fortwährend tot. Und wir müssen dem entgegenarbeiten. Und das, sehen Sie, das ist der Grund, warum wir Menschen sind: Damit wir in einer gewissen Weise dem Gehirnsand entgegenarbeiten können.

Beim Tiere ist das nicht in derselben Weise der Fall. Das Tier kann nicht so stark, wie wir Menschen, dem Gehirnsand entgegenarbeiten. Daher hat das Tier nicht einen solchen Kopf, wie wir ihn haben, höchstens die höheren Tiere. Wir haben einen solchen Kopf, der alles, was fortwährend in uns hereinkommt, auflösen kann. Dieses Auflösen dessen, was in uns hereinkommt, das ist es, was beim Menschen bewirkt, daß der Mensch sich so empfinden kann, daß er sagt: Ich. – Das ist die stärkste Auflösung des Gehirnsandes, wenn wir sagen: Ich. – Da durchdringen wir unsere Sprache mit dem Bewußtsein. Also der Gehirnsand löst sich auf, überhaupt der ganze Nervensand. Beim Tier ist das nicht der Fall. Daher bringt es das Tier zum Schreien oder zu so etwas ähnlichem, aber nicht zu der wirklichen Sprache. Daher hat kein Tier die Möglichkeit, sich selbst zu empfinden, Ich zu sich zu sagen wie der Mensch, weil der Mensch in einem viel höheren Maße den Gehirnsand auflöst.

So daß wir sagen können: Wir arbeiten in uns nicht nur demjenigen entgegen, was auf der Erde ist, sondern wir wirken auch den Kräften des Weltenalls entgegen. Die Kräfte des Weltenalls, die würden uns innerlich kristallisieren. Wir würden innerlich ein Gebirge werden mit allen solchen Übereinanderschichtungen von Kristallen. Wir arbeiten innerlich dem entgegen. Wir lösen das fortwährend auf. Wir wirken fortwährend mit den auflösenden Kräften den Kräften des Weltenalls entgegen.

Und so lösen wir nicht nur Kieselsäure auf – denn das ist Kieselsäure, was diese Kristalle hier bilden –, wir lösen alles mögliche auf; wir lösen die Bestandteile, die der Zucker hat, auf und so weiter.

Man kann ja förmlich diesen Geschichten nachgehen. Nehmen Sie an, ein Mensch weiß gar nichts eigentlich so richtig davon – denn solche Sachen spielen sich wie ein Instinkt im Menschen ab –, aber er spürt doch etwas Unbestimmtes in sich. Denken Sie sich, der Mensch spürt: Ach, ich komme eigentlich nicht richtig zum Denken, ich kann nicht recht meine Gedanken zusammenhalten.

In diese Stimmung kann ja ganz besonders leicht ein Journalist kommen, der jeden Tag einen Artikel schreibt. Ja, meine Herren, jeden Tag einen Artikel schreiben, das heißt furchtbar viel Gehirnsand auflösen – furchtbar viel Gehirnsand auflösen! Das ist eine ganz eklige Geschichte, jeden Tag einen Artikel schreiben, denn das heißt, fürchterlich viel Gehirnsand auflösen. Und da fängt man dann an, wenn man den Artikel schreiben soll – wenigstens früher war das so –, an dem hinteren Teil des Federstiels herumzuknabbern. Das ist ja etwas, was man besonders den Journalisten nachgesagt hat, daß sie hinten ihre Federstiele zerbeißen, um noch die Kräfte in sich heraufzuholen. Nicht wahr, wenn man etwas anbeißt, da holt man noch die letzten Kräfte aus dem ganzen Körper herauf, um sie im Kopf zu haben, um noch diesen Gehirnsand zu bezwingen. Viel Gehirnsand muß man auflösen.

Das alles geht so instinktiv vor sich. Natürlich sagt der Journalist sich nicht: Ich zerbeiße meinen Federstiel, um zu Gedanken zu kommen. – Das kann weitergehen. In diesem Instinkt geht er dann ins Kaffeehaus und trinkt da schwarzen Kaffee. Sie denken sich gar nichts dabei, die Journalisten, weil sie über diese Vorgänge nichts wissen. Aber wenn sie nun schwarzen Kaffee getrunken haben – Donnerwetter, da geht die Geschichte, da können sie wieder schreiben, wenn sie schwarzen Kaffee getrunken haben.

Woher kommt das? Das kommt daher, daß in diesem Falle mit dem schwarzen Kaffee das sogenannte Koffein aufgenommen wird. Das ist ein giftiger Stoff, der sehr viel Stickstoff enthält. Der Stickstoff ist in der Luft. Aber da können wir ihn wieder hereinkriegen. Mit der Atmung kriegen wir immer eine gewisse Menge Sauerstoff und Stickstoff. Derjenige nun, der den Gehirnsand auflösen muß, der braucht gerade zur Auflösung des Gehirnsandes eine Kraft, die ganz besonders im Stickstoff liegt. Aus dem Stickstoff heraus holen wir uns diese Kraft, um uns den Gehirnsand aufzulösen.

Deshalb sind wir in der Nacht, wenn wir schlafen, auch mächtiger dem Stickstoff ausgesetzt, als wenn wir wachen, und wir haben ja gesagt: Dadurch, daß wir mehr Sauerstoff einatmen, leben wir sehr viel schneller; wenn wir mehr Stickstoff einatmen, würden wir viel langsamer leben und würden also mehr da sein. Wir könnten mehr auflösen.

Der Journalist, der Kaffee trinkt, rechnet nämlich ganz unbewußt auf diesen Stickstoff, den er da in sich kriegt, und durch diesen Stickstoff, den er gerade durch das Koffein kriegt, bekommt er die Möglichkeit, mehr Gehirnsand zu bilden und dann auch mehr auflösen zu können. Dann braucht er nicht mehr am Federstiel zu knabbern, sondern kann mit der Feder schreiben, weil seine Gedanken sich wieder mehr aneinanderschließen.

Also Sie sehen, wie da das menschliche Ich arbeitet. Das menschliche Ich befördert, weil Sie ja in den Magen hineinkriegen eine stickstoffreiche Nahrung, das Koffein, befördert ins Gehirn hinein diesen Stickstoff, und dadurch wird uns die Auflösung des Gehirnsandes erleichtert, und wir kriegen dadurch die Möglichkeit, einen Gedanken mit dem anderen zusammenzubringen.

Manche Menschen haben wiederum die Eigentümlichkeit, daß ihnen die Gedanken zu stark zusammenhalten, daß sie nicht loskommen von ihren Gedanken. Die sind so, daß sie veranlagt sind dazu, eigentlich immerfort an ihrem Gehirnsand zu arbeiten. Ja, die tun dann gut, wenn sie den entgegengesetzten Prozeß machen. Während der eine dadurch in seinen Gedanken zusammengehalten wird, daß er irgendeinen zusammenhängenden Gedankengang entwickeln kann, muß der andere sich mit dem Koffein, sich mit dem Kaffee helfen. Wer aber seine Gedanken nicht zu stark zusammenhalten will, sondern sie brillieren, glänzen lassen will, wer, wie man sagt, den Menschen Gedanken an den

Kopf schmeißen will, was sehr geistreich ausschaut, der trinkt dann Tee. Das hat den entgegengesetzten Einfluß. Das treibt die Gedanken auseinander. Und da wird eine andere Auflösung des Gehirnsandes unterstützt.

So daß tatsächlich diese Geschichte, die da im Menschen vor sich geht, eine außerordentlich interessante, komplizierte ist. Jedes Nahrungsmittel wirkt in verschiedener Weise, und wir müssen immer dem, was da eigentlich entstehen will, das Entgegengesetzte hinzufügen. Wir müssen es wiederum auflösen. Das ist eigentlich jetzt unser höchstes Geistiges, durch das wir fortwährend unseren Menschen eigentlich innerlich auflösen.

Und sehen Sie, wenn dann ein Mensch in einer gewissen Weise so ißt, daß er eine Zeitlang zu wenig bekommt von dem, was genügend viel Stickstoff enthält, dann geschieht eben dasjenige, was ihn so leicht zum Schlafen bringt, worüber mich einer der Herren auch gefragt hat.

Also dies beruht darauf, daß wir mit den Nahrungsmitteln zu wenig Stickstoff kriegen. Und deshalb müssen wir in einem solchen Falle, wenn wir zu stark schläfrig werden, versuchen, stickstoffreichere Nahrung in uns aufzunehmen. Das kann natürlich in der verschiedensten Weise geschehen. Aber es geschieht namentlich dann, wenn wir versuchen, etwa, sagen wir, Käsiges oder Eiweiß, also Eier zu uns zu nehmen. Dann wird der Stickstoff in uns immer wieder aufgebessert. So muß man eben im Menschen arbeiten, daß er in der Lage ist, mit demjenigen, was sein Ich ist, in dieser Sache zu arbeiten.

Ich sagte Ihnen heute zum Anfang: Der Acker kann da sein, Kohlköpfe können darauf wachsen; sie wachsen aber nicht, wenn der Mensch nicht da ist, der die Kohlköpfe anbaut. Aber der Acker muß auch richtig zubereitet sein. So muß unser Gehirn die nötigen Stoffe enthalten, damit unser Ich drinnen arbeiten kann. Aber dieses Ich hängt zusammen mit den ganzen weiten Kräften des Weltenalls, die etwas anderes wollen. Diese Kräfte des Weltenalls, die wollen uns immerfort zu ganz harten Steinen machen, und wir müssen uns immer wieder auflösen. Wenn wir uns nicht auflösen könnten, würden wir nicht denken können, würden wir nicht zum Ich-Bewußtsein kommen. In diesem Auflösen besteht dasjenige, was wir unser Ich-Bewußtsein nennen.

Sehen Sie, meine Herren, diese Fragen müssen ja zuallererst vernünftig beantwortet werden, wenn man weitergehen will im Wissenschaftlichen zu einer Weltanschauung, wenn man etwas wissen will vom Menschen in seinem Verhältnis zur Welt. Es ist das Allerwichtigste im Menschen, daß der Mensch etwas begreift, was mit seiner Auflösung zusammenhängt. Wir sehen einen Menschen sterben, das heißt, er löst sich jetzt ganz auf als physischer Mensch. Wenn man nicht weiß, daß in jedem wachen Augenblick eine Auflösung in uns vor sich geht, so können wir niemals begreifen, was die Auflösung bedeutet, die da sich vollzieht, wenn der Mensch sich im Tode auflöst.

Also das muß man zunächst wissen, meine Herren, daß wir uns eigentlich dadurch, daß wir in uns den Weltenkräften entgegenarbeiten können, fortwährend auflösen können in uns. Die Auflösung wird nur fortwährend aufgehoben, weil die Ernährung uns die Stoffe wieder liefert, durch die wir auflösen. Wenn aber der Mensch so geworden ist, daß er die Stoffe, die er in sich hat, nicht mehr auflösen kann, dann löst er sich selber auf. Dann wird der Mensch eine Leiche; dann löst er sich selber auf.

Wenn wir wieder zusammenkommen, müssen wir fragen: Was ist nun dann der Fall, wenn der Mensch sich selber auflöst? – Heute sind wir wenigstens so weit gekommen, daß wir wissen: Es ist fortwährend ein Auflösungsprozeß da, und wenn wir nicht die Kraft haben – dadurch, daß wir zu wenig Stickstoff in uns haben –, die Sachen aufzulösen, die in uns sich bilden wollen aus dem Weltenall heraus, so wird unser Ich zuerst ohnmächtig, oder aber es wird schläfrig. Schläfrig sein bedeutet eben, wir können nicht genug auflösen, es überwältigt uns die Kraft des Ablagerns. Und so, nicht wahr, steigern sich diese Kräfte.

Aber gerade so, wie Sie da sind, wenn Sie einschlafen, denn Sie können wieder aufwachen, so müssen Sie nicht aus dem, was äußerlich im Leibe geschieht, auf das Geistige schließen. Denn geradeso wie an der Maschine nichts geschehen kann, ohne daß der Mensch dabei ist, könnte am Menschen nichts geschehen, ohne daß nicht der Geist dabei ist. Das ist wissenschaftlich, meine Herren, das andere ist unwissenschaftlich. Das ist nicht etwas, was ich Ihnen etwa aufbinden will; das ist etwas,

was derjenige sich erobert, der wirklich die Sache wissenschaftlich ganz ernst nehmen kann.

Anfang September werden wir diese Betrachtungen fortsetzen. Sie werden schon sehen, daß die Sache weit hineinführt in das Verständnis des Menschen, auf allen möglichen Umwegen darauf führt, daß Sie den Menschen im Alltag verstehen können. Sie werden noch ganz anders den Menschen verstehen, wenn wir jetzt weiterreden, auf Grund dessen, was wir jetzt schon eine Zeitlang besprochen haben. Der Mensch wird immer wieder hergestellt, er löst sich auf und so weiter. Das wollen wir in der nächsten Zeit weiter betrachten. Dann werden Sie schon sehen, wie eigentlich der Mensch für einen wirklichen Wissenschafter beschaffen ist.

## VIERTER VORTRAG

Dornach, 9. September 1922

Nun, meine Herren, da eine ziemlich lange Zwischenzeit zwischen unseren Vorträgen war, so möchte ich doch an das anknüpfen, was wir das letzte Mal besprochen haben. Ich habe Ihnen ja dazumal hauptsächlich auseinanderzusetzen versucht, wie im Leben der Schlaf und das Wachen drinnenstehen. Ich habe Ihnen gesagt, daß wir im Gehirn gewisse kleine Gebilde haben, Zellen nennt man sie, und ich habe Ihnen auch die Form aufgezeichnet. Diese Zellen, die haben hier den Eiweiß-

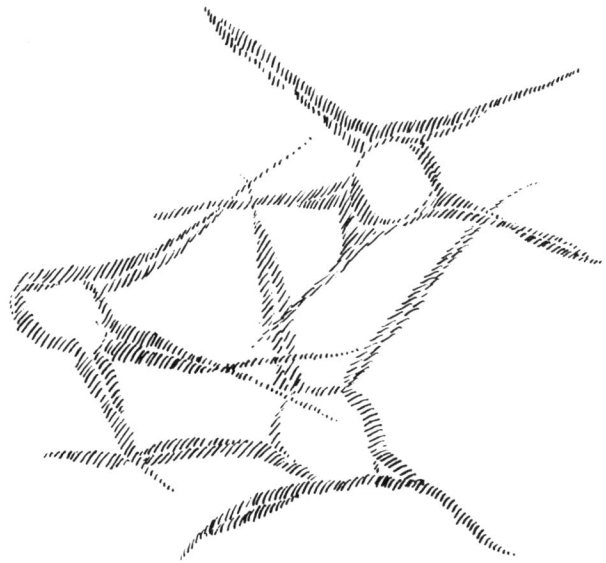

körper (siehe Zeichnung) und dann Fortsätze, sind also sternförmig. Aber diese Fortsätze sind ungleich. Der eine ist lang, der andere ist kurz. Dann ist in der Nähe eine andere solche Zelle, die ihre Fortsätze hat, dann eine dritte, die auch ihre Fortsätze hat, und diese Fortsätze, diese Fäden, die da von den runden Zellen ausgehen, die verstricken sich miteinander, so daß sie ein Netz bilden. So daß das Gehirn eigentlich – man sieht es nicht mit freiem Auge, sondern nur, wenn man starke Vergrößerungen anwendet – ein Netzwerk ist, ein Netz bildet, und in dem Netze hier die kleinen Kügelchen einlagert.

Sehen Sie, diese Gehirnzellen sind im Grunde genommen halb tot. Das ist dasjenige, was eben das Auffälligste ist. Denn solche kleinen Wesen, wie sie die Gehirnzellen sind – wenn sie leben, dann bewegen sie sich auch. Und ich habe ja Ihnen die anderen Zellen auch erklärt, die weißen Blutkörperchen, die schwimmen herum wie kleine Tiere. Sie sind auch kleine Tiere; die sehen geradeso aus. Aber sie schwimmen herum und fressen. Wenn irgend etwas im Blut ist, was sie aufnehmen können, so nehmen sie das auf, strecken ihre Fühlfäden aus und saugen es in ihren eigenen Leib hinein. Und so durchschwimmen, durchströmen sie wie Bäche unseren Körper. So haben wir halb tote und halb lebendige Zellen im Blut herumschwimmend.

Nun ist das so, daß, wenn wir wach sind, diese Gehirnzellen dann wirklich fast ganz tot sind. Und nur dadurch, daß die Gehirnzellen tot sind, können wir denken. Wenn die Gehirnzellen lebendiger wären, könnten wir nicht denken. Und das kann man ja auch sehen. Denn im Schlafe, da fangen diese Gehirnzellen ein bißchen an zu leben; gerade dann, wenn wir nicht denken, wenn wir schlafen, da fangen die Gehirnzellen an zu leben. Und sie bewegen sich nur deshalb nicht, weil sie so nahe beieinanderliegen, weil sie einander nicht ausweichen können. Sonst, wenn sie anfangen würden, sich zu bewegen, würden wir überhaupt nicht mehr aufwachen.

Wenn jemand schwachsinnig wird, also nicht mehr denken kann, und dann stirbt und man untersucht seine Gehirnzellen, dann findet man auch: diese Gehirnzellen bei einem schwachsinnig gewordenen Menschen haben angefangen zu leben, zu wuchern. Sie sind weicher, als sie bei einem normalen Menschen sind. Daher redet man auch von einer Gehirnerweichung bei schwachsinnig gewordenen Menschen, und der Ausdruck «Gehirnerweichung» ist nicht ganz schlecht.

Wenn man wirklich ohne Vorurteil den lebendigen Menschen kennenlernt, so sagt man sich: Das Leben, das in ihm ist, dieses körperliche Leben, das kann nicht sein Denken bewirken, denn das muß ja gerade absterben im Gehirn, wenn der Mensch denken soll. Das ist ja eben die Sache. Wenn die Wissenschaft heute wirklich richtig vorgehen würde, richtig arbeiten würde, dann würde die Wissenschaft nicht materialistisch sein können, weil man dann aus der Körperbeschaffenheit des Menschen selber sehen würde, daß ein Geistiges in ihm gerade dann am lebendigsten tätig ist, wenn das Körperliche abstirbt, wie im Gehirn. Man kann also streng wissenschaftlich Seele und Geist beweisen.

In der Nacht, wenn wir schlafen, sind die Gehirnzellen etwas lebendiger. Deshalb können wir auch nicht denken. Und die weißen Blutkörperchen, die fangen dann an rege zu werden, wenn wir wachen. Das ist der Unterschied zwischen Schlafen und Wachen. Also wir wachen, wenn unsere Gehirnzellen gelähmt sind, fast abgetötet sind; dann können wir denken. Wir schlafen und können nicht denken, wenn unsere weißen Blutkörperchen etwas abgetötet sind, und unsere Gehirnzellen anfangen, ein bißchen Leben zu haben. Der Mensch muß also eigentlich etwas vom Tod in sich haben in bezug auf seinen Körper, wenn er denken soll, das heißt, wenn er seelisch leben soll.

Sehen Sie, meine Herren, es ist gar nicht zu verwundern, daß die heutige Wissenschaft auf solche Sachen nicht kommt, denn diese heutige Wissenschaft, die hat sich ja in ganz besonderer Art entwickelt. Wenn man Gelegenheit hat, so etwas anzusehen, wie ich zum Beispiel jetzt in Oxford angesehen habe – ich konnte ja in Oxford eine Reihe von Vorträgen halten, und Oxford ist ja eine der hauptsächlichsten Hochschulen in England –, so kann einem auffallen, daß diese Oxforder Hochschule ganz anders eingerichtet ist als unsere Hochschulen hier in der Schweiz oder in Deutschland oder in Österreich. Diese Oxforder Hochschule, Universität, die hat noch etwas ganz Mittelalterliches, absolut Mittelalterliches. Sie hat so stark Mittelalterliches, daß diejenigen Menschen, welche dort promovieren, das heißt, den Doktor machen, einen Talar und ein Barett bekommen. Jede solche Universität hat ihren eigenen Schnitt für Talar und Barett. Man kann einen Oxforder Baccalaureus oder Doktor unterscheiden von einem Cambridger, weil er einen anderen Schnitt im Talar und Barett hat. Diesen Talar und dieses Barett müssen aber die Leute anziehen bei irgendwelchen feierlichen Gelegenheiten, damit man weiß: der ist an der und der Universität gewesen und gehört dazu. Das ist gerade so, weil in England sich eben viele solche Dinge aus dem Mittelalter noch erhalten haben, wie zum Beispiel bei den Richtern dort; wenn sie im Amte tätig sind, müssen sie noch die Perücke tragen; die gehört dazu. Nun sehen Sie, da hat sich das Mittelalterliche noch ganz erhalten. Das ist auf dem Kontinente, in der Schweiz, in Österreich, in Deutschland nicht mehr der Fall. Da bekommt man keinen Talar, und man trägt auch als Richter nicht mehr eine Perücke. Ich glaube, das ist auch in der Schweiz nicht mehr der Fall, so viel mir bekannt ist.

Das ist ja von außen sehr spaßig anzuschauen für einen kontinentalen Menschen. Der sagt sich einfach: Nun, da haben sie noch das tiefe Mittelalter. Die Baccalauren, die Doktoren, die gehen herum auf der Straße mit Talar und Barett und so weiter. Aber es bedeutet das doch noch etwas ganz anderes. Sehen Sie, die Wissenschaft wird dort auch noch so betrieben, wie sie im Mittelalter betrieben worden ist. Das heißt, das, was dort getrieben wird, ist außerordentlich sympathisch, ist eigentlich gegenüber einer heutigen Hochschule, die alles das abgeschafft hat – ich möchte nicht, daß der Talar wieder eingeführt wird, mißverstehen Sie mich nicht –, aber gegenüber manchem, was heute alles an anderen Hochschulen ist, ist das eigentlich etwas außerordentlich Sympathisches, denn es hat etwas Ganzes. Es hat das Mittelalter wirklich in allen Formen erhalten. Es hat schon etwas Ganzes. Denn im Mittelalter konnte man ja alles mögliche erforschen, nur durfte man nichts über die Welt erforschen, die die Religion als Monopol genommen hatte. Das ist auch etwas, was Sie in Oxford noch fühlen. Sobald irgend jemand sich aufmachen würde und würde auch über die übersinnliche Welt etwas sagen wollen, dann wären sie dort außerordentlich reserviert.

Nun, die mittelalterliche Wissenschaft hatte, solange wie die Leute sich nicht über das religiöse Leben ausließen, ihre vollständige Freiheit. Das ist ja bei uns verlorengegangen. Bei uns muß man heute an den Hochschulen Materialist sein. Wenn man nicht Materialist ist, dann wird man wie ein Ketzer behandelt – nicht wahr, wenn das, sagen wir, anständig wäre, die Leute zu verbrennen, so würde man sie auch heute noch verbrennen, auch von den Hochschulen aus. Das können Sie ja aus nächster Nähe sehen, wie man behandelt wird, wenn es sich darum handelt, irgend etwas Neues in die Wissensgebiete einzuführen. Die äußeren Perücken sind ja verschwunden, aber die inneren Perücken, die sind auch auf dem Kontinente durchaus noch nicht verschwunden! Es ist nun so, daß auf dem Kontinent zwar eine Wissenschaft sich entwickelt hat, aber diese Wissenschaft hat noch die anderen Gewohnheiten, und die wird deshalb materialistisch, weil sie sich nie angewöhnt hat, sich mit dem Geistigen zu befassen. Im Mittelalter durfte man sich nicht mit dem Geistigen befassen, weil das der Religion überlassen war. In der Weise machen das die Leute heute noch weiter. Sie befassen sich eben nur mit dem Körper, und aus dem Grunde lernen sie gar nichts über dasjenige, was eigentlich am Menschen geistig ist. Also es ist tatsächlich nur eine Vernachlässigung von seiten der Wissenschaft, daß man diejenigen Dinge, die da sind, durchaus nicht wirklich studiert.

Das möchte ich Ihnen gerade heute an einem Beispiel zeigen, damit Sie sehen: Derjenige, der heute wirkliche Wissenschaft treibt, der kann durchaus wissenschaftlich davon sprechen, daß eine Seele oder ein Geist einzieht in den Körper, wenn der Mensch im Mutterleibe seinen Körper entwickelt, und daß im Tode wiederum der Geist den Körper verläßt. Das ist heute wissenschaftlich zu beweisen, aber man muß wirklich die Wissenschaft dann kennen. Man muß sich mit der Wissenschaft sachgemäß abgeben können. Was tut heute die Wissenschaft in einem bestimmten Fall? Sagen wir zum Beispiel, irgend jemand wird als fünfzigjähriger Mensch leberkrank und stirbt an seiner Leberkrankheit. Nun schön! Man legt ihn auf den Seziertisch, schneidet den Bauch auf und untersucht die Leber. Man findet, daß die Leber vielleicht etwas verhärtet ist innerlich, und man denkt nach, woher das kommen kann. Höchstens noch denkt man nach, was der Mensch gegessen haben könnte, daß durch ein falsches Essen die Leber verhärtet sein könnte. Aber so leicht ist unsere Natur nicht zu verstehen, daß wir einfach einen Menschen haben, seine Leber untersuchen können und wissen, wie es nun mit der Leber ist; so leicht ist es nicht. Man kann überhaupt aus der Leber, wenn man nur über die letzten Jahre des Menschen nachdenkt, gar nicht erkennen, warum sie so ist, wie sie ist.

Wenn man einem fünfzigjährigen Menschen die Leber herausschneidet und findet, die Leber ist verhärtet, dann ist in den meisten Fällen – nicht in allen, aber in den meisten Fällen – die Schuld daran, daß der

Mensch als ganz kleines Kind, als Säugling, mit einer falschen Milch ernährt worden ist. Dasjenige, was oftmals erst im fünfzigsten Jahre auftritt als eine Krankheit, das hat seine Ursache in der ganz frühen Kindheit. Denn warum?

Sehen Sie, derjenige, der nun die Leber wirklich untersuchen kann und der weiß, was die Leber im Menschen bedeutet, der kann sich das Folgende sagen. Er weiß, daß die Leber bei einem ganz kleinen Kinde noch frisch ist; sie ist sogar noch in Entwickelung. Nun ist die Leber ein menschliches Glied, das ganz anders ist als alle anderen menschlichen Glieder. Die Leber ist etwas ganz Besonderes. Das kann man auch äußerlich sehen. Sehen sie, wenn Sie irgendein Organ des Menschen nehmen, Herz oder Lunge oder was Sie wollen, so kann man sagen: Dieses Organ gehört eben zum ganzen menschlichen Leibe. Nehmen Sie irgendein Organ, sagen wir zum Beispiel den rechten Lungenflügel, so können Sie sagen: In diesen rechten Lungenflügel, da gehen rote Blutadern hinein – Sie wissen, was das bedeutet – und blaue Blutadern gehen wiederum heraus. Die roten Blutadern, die hineingehen, die haben Sauerstoff – den sehen Sie in den Körper übergehen – und die blauen Blutadern, die haben das Verbrauchte, die haben Kohlensäure, die weg muß, ausgeatmet werden muß (siehe Zeichnung).

Nun, sehen Sie, jedes Organ – Magen, Herz – ist so eingerichtet, daß der Mensch in diese Organe rotes Blut bekommt und blaues Blut herausgeht. Bei der Leber ist es anders. Zwar zuerst schaut es im wesentlichen auch bei der Leber so aus. Wenn Sie da die Leber haben – die Leber liegt unter dem Zwerchfell auf der rechten Seite des menschlichen Körpers –, da haben Sie auch so die Sache zunächst, daß rote Blutadern hineingehen und blaue Blutadern herausgehen. Wenn das der Fall wäre, wäre eben die Leber ein Organ wie die anderen menschlichen Organe.

Aber außerdem geht noch eine große Ader, welche blaues Blut, Kohlensäure enthält, extra in die Leber hinein, was bei keinem anderen Organ der Fall ist. Es geht also eine blaue Ader, die sogenannte Pfortader in die Leber hinein, eine mächtige blaue Ader. Die verzweigt sich überall da drinnen und versorgt die Leber mit blauem Blut, also für alle anderen Organprozesse unbrauchbar gewordenem Blut, das sonst gereinigt wird, indem man die Kohlensäure ausatmet. In die Leber schicken wir fortwährend Kohlensäure herein. Die Leber braucht gerade, was die anderen Organe fortschmeißen müssen.

Woher kommt das? Das kommt daher, daß die Leber eine Art inneres Auge ist. Die Leber ist wirklich eine Art inneres Auge. Die Leber verspürt – besonders, wenn sie frisch ist, beim Kinde – den Geschmack, aber auch die Güte der Milch, die das Kind an der Mutterbrust saugt. Und viel später noch nimmt die Leber alles wahr, was an Nahrungsmitteln in dem menschlichen Körper sich auslebt. Die Leber ist ein Wahrnehmungsorgan, ein Auge, möchte man sagen; ich könnte auch sagen, ein Tastorgan, ein Gefühlsorgan. Die Leber nimmt alles das wahr.

Ein anderes Organ am Menschen, das wahrnimmt, ist das Auge. Aber das Auge nimmt ja deshalb gerade so stark die Außenwelt wahr, weil es fast extra da drinnen sitzt im Kopfe. Es ist ja ganz in dieser Knochenhöhle drinnen, aber es ist fast ein abgesondertes Organ. Man kann es herausnehmen, und es liegt ganz extra, abgesondert vom Körper da drinnen in dieser Knochenhöhle. Die anderen Sinne führen uns nicht so in die Außenwelt wie das Auge. Wenn Sie hören, so erleben Sie innerlich noch. Die Musik ist daher innerlicher als das Sehen. Das Auge, das ist so eingerichtet, damit es eben nicht so sehr dem menschlichen Leibe angehört, sondern der Außenwelt angehört.

Dadurch aber, daß in die Leber hineingeht blaues Blut, das sonst die Kohlensäure rausschmeißt in die Außenwelt und wieder rot gemacht wird, dadurch ist die Leber fast so abgesondert vom anderen menschlichen Leibe wie das Auge. Es ist also die Leber ein Sinnesorgan. Das Auge nimmt Farben wahr. Die Leber nimmt wahr, ob der Sauerkohl, den ich esse, dem Körper nützlich oder schädlich ist, ob die Milch, die ich trinke, dem Körper nützlich oder schädlich ist. Die Leber nimmt das fein wahr, und die Leber gibt die Galle ab, und die Galle wird abgegeben – das ist wirklich so – wie das Auge die Tränen abgibt. Wenn der Mensch traurig wird, fängt er an zu weinen. Die Tränen kommen nicht umsonst aus dem Auge. Mit dem Wahrnehmen, mit dem Bemerken von den Dingen hängt das Traurigwerden zusammen. Und ebenso hängt das Absondern der Galle damit zusammen, daß die Leber wahrnimmt, ob irgend etwas dem Körper schädlich oder nützlich ist. Sie sondert mehr oder weniger Galle ab, je nachdem wie schädlich es ist, was der Mensch bekommt. Also wir haben in der Leber ein Wahrnehmungsorgan.

Nun denken Sie sich: Wenn das Kind ungesunde Milch bekommt, dann ärgert sich die Leber fortwährend. Und wenn der Mensch doch so gesund ist, daß er dann nicht gleich die Gelbsucht kriegt durch zu starke Gallenabsonderung, so ist ein fortwährendes Drängen da nach Gallenabsonderung beim Kind. Und dann wird die Leber schon beim Kind krank. Der Mensch kann viel aushalten. Er kann vierzig, fünfundvierzig Jahre diese kranke Leber, die er sich als Säugling erworben hat, mit sich herumschleppen; aber zuletzt, im fünfzigsten Jahre, kommt es zum Ausbruch: Die Leber ist verhärtet.

So also ist es wirklich nicht, daß man bloß den Menschen, der fünfzig Jahre alt ist, auf den Seziertisch legt, ihm den Bauch aufschneidet, die Organe herausnimmt, sie anguckt und etwas darüber sagt. Da kann man eben nichts sagen. Der Mensch ist nicht bloß dieses Augenblickswesen, sondern der Mensch ist ein Wesen, das sich eben durch eine bestimmte Anzahl von Jahrzehnten entwickelt. Und was manchmal fünfzig Jahre zurückliegt, das kommt nach fünfzig Jahren zum Ausdruck. Da muß man aber den Menschen vollständig kennen, wenn man das verstehen will.

Nun nehme ich an, Sie seien jetzt einmal Materialisten. Aber wenn Sie Materialisten sind, dann sagen Sie sich das Folgende. Ich habe Ihnen gesagt, die Leber ist ein Organ, dessen Krankheit beim Säugling verursacht sein kann und im fünfzigsten Lebensjahre zum Ausbruch kommen kann. Ja, meine Herren, wie ist die Geschichte aber mit dem Menschen? Nehmen wir einmal ganz schematisch an, der Mensch ist ein Wesen aus Fleisch, aus Blut, aus Muskeln und so weiter bestehend. Er hat Blutgefäße in sich, er hat Adern in sich, Nerven – das alles sind Stoffe natürlich, richtige Stoffe. Aber glauben Sie, daß die Stoffe, die zum Beispiel in der Leber sind beim kleinen Kinde, das gesäugt wird, noch im fünfzigsten Jahre vorhanden sind? Nein, das ist nicht der Fall. Denn, nehmen Sie nur das Allereinfachste: Sie schneiden sich die Fingernägel. Wenn Sie sich die Nägel nicht schneiden, so wachsen sie wie die Habichtskrallen fort. Da schneiden Sie ja fortwährend ein Stückchen Stoff von sich ab! Und wenn Sie sich die Haare schneiden, schneiden Sie auch ein Stückchen Stoff von sich ab. Aber Sie werden schon manchmal bemerkt haben, daß das nicht nur beim Haare- und Fingernägelschneiden stattfindet, daß Stoff weggeht, sondern wenn Sie sich manchmal kratzen und längere Zeit den Kopf nicht gewaschen haben, dann kratzen Sie Schuppen mit ab. Das sind Stückchen Haut. Und wenn Sie sich nicht ganz waschen würden, wenn nicht der Schweiß kleine Schuppen vom Körper fortschwemmen würde, könnten Sie einen ganz geschuppten Körper kriegen. Das heißt, an der Außenseite des Körpers, da fällt fortwährend der Stoff weg.

Nun denken Sie sich einmal, Sie schneiden sich da ein Stück Fingernagel weg. Das wächst wieder nach. Das kommt von innen nach. Ja, so ist es nämlich mit dem ganzen menschlichen Körper. Dasjenige, was am allerinnersten ist, das ist nach ungefähr sieben Jahren an der Außenfläche, und wir können es als Schuppen wegtun. Sonst macht das nur die Natur, und wir bemerken nicht, wie wir die feinen Schuppen immer loskriegen. Der Stoff nämlich, die Materie des Menschen, die geht immer von innen nach außen und schuppt sich äußerlich ab. Dasjenige, was Sie heute da ganz drinnen haben, das wird nach sieben Jahren außen sein und sich ganz abgeschuppt haben, und dasjenige, was Sie dann in sich drinnen haben, das ist neugebildet, ganz neugebildet. Je nach sieben Jahren werden nämlich die weichen Teile des menschlichen Stoffes neu gebildet. Wenn man ein kleines Kind ist, so gilt das sogar noch für gewisse äußere Knochenorgane. Daher haben wir die Milchzähne nur so ungefähr bis zum siebenten Jahre; dann werden sie abgestoßen und neue Zähne bilden sich aus dem Inneren heraus. Die bleiben nur dann, weil man nicht mehr die Kraft hat, die Zähne abzustoßen; wie man die Fingernägel abstößt, so kann man sie eben nicht abstoßen. Aber sie haben eigentlich beim modernen Menschen doch nicht die Neigung, sich länger zu halten! Nun, der Mensch kann viel aushalten. Die Zähne halten sich, aber wie lange? Sie werden ja, besonders in der Schweiz, furchtbar schadhaft nach einiger Zeit. Es hängt mit dem Wasser zusammen, das Schadhaftwerden der Zähne, besonders in dieser Gegend.

Aber daraus sehen Sie, daß Sie den Stoff, den Sie heute in sich haben, nach sieben Jahren nicht mehr in sich haben. Sie haben ihn ausgeworfen und neu gebildet. Wenn es auf den Stoff ankäme, dann wäre zum Beispiel heute der Herr Dollinger nicht derjenige, der da sitzt; denn die Stoffe, die er dazumal gehabt hat, die sind fort, die sind verflogen. Er ist seit der Zeit ein ganz neuer geworden dem Stoff nach. Nun hat man ihn ja aber dazumal auch schon mit demselben Namen angeredet. Er ist heute noch derselbe; ja, aber der Stoff ist es nicht, der Stoff ist es gar nicht. Dasjenige, was den Stoff fortwährend als eine Kraft zusammenhält, was also, wenn der Stoff von irgendeiner Stelle hier fortgeht, da wiederum einen neuen hinträgt – den Stoff kann man sehen, wenn man den Menschen auf den Seziertisch legt, aber das, was da als Kraft im Menschen ausgedehnt ist, das kann man nicht sehen –, das ist das sogenannte Übersinnliche.

Ja, meine Herren, wenn also die Leber beim Säugling ruiniert wird und im fünfzigsten Jahre eine Leberkrankheit herauskommt, so ist ja das Stück Leber, das da drinnen liegt, ganz ausgewechselt. Der Stoff ist längst fort. Am Stoff liegt es nicht, daß wir uns eine Leberkrankheit erworben haben, sondern es liegt an den Kräften, die unsichtbar sind. Die haben sich angewöhnt, während der Säuglingszeit die Leber nicht ordentlich tätig sein zu lassen. Die Tätigkeit, nicht der Stoff, die Tätigkeit ist in Unordnung gekommen. Also wenn wir uns klar sind darüber, daß es sich mit der Leber so verhält, müssen wir sagen: Es ist ja ganz offenbar auch klar, daß der Mensch, da er den Stoff immer auswechselt, etwas, was nicht Stoff ist, in sich trägt.

Wenn man diesen Gedanken nur ordentlich faßt, so kommt man ja dazu, aus wissenschaftlichen Gründen unmöglich Materialist sein zu können. Nur diejenigen Leute, welche glauben, daß der Mensch mit fünfzig Jahren derselbe Stoff ist, wie er als Kind war, die sind Materialisten. Das ist es also, was aus rein wissenschaftlichen Gründen es notwendig macht, daß man dem Menschen ein Geistiges zugrunde liegend denkt, daß also der Mensch ein Geistiges in sich trägt.

Aber, meine Herren, Sie werden doch nicht glauben, daß diese Leberstoffteilchen, die mit fünfzig Jahren längst fort sind, die Leber aufbauen, daß die etwas tun können dazu, daß die Leber aufgebaut wird. Die gehen ja eben fort, die verlassen ja eben die Leber. Für diese Stoffteilchen bleibt eigentlich nichts dort als der Raum. Dasjenige, was die Leber fortwährend neu bildet, das ist Kraft, das ist etwas Übersinnliches. Das bildet die Leber fortwährend neu.

So neugebildet muß der ganze Mensch werden, wenn er überhaupt zur Welt kommen will. Die Kräfte, die da in der Leber sind, die müssen ja schon da sein, wenn der Mensch überhaupt im Leibe der Mutter gebildet wird.

Nun, Sie können sagen: Im Leibe der Mutter kommen die weibliche Eizelle und die männliche Samenzelle zusammen, und aus dem entsteht der Mensch. Ja, meine Herren, aus dieser Stoffmischung kann ebensowenig der Mensch entstehen, wie die Leberkrankheit im fünfzigsten Jahre entstehen kann aus dem Stoff, der verdorben worden ist im ersten Lebensjahre. Dieser Stoff, der muß da sein. Derjenige, der behauptet, im mütterlichen Leibe bilde sich der Mensch aus Stoff, der soll nur auch gleich behaupten, ich lege da Holz zusammen und setze mich ein paar Jahre nieder, und dann wird nach ein paar Jahren eine sehr schöne

Bildsäule daraus. Natürlich, der Stoff muß dem Geist zur Verfügung gestellt werden. Das geschieht im mütterlichen Leibe. Aber der Mensch wird nicht im mütterlichen Leibe gebildet, sondern dieser Stoff, der wird, wie der Stoff von einem Bildhauer, von dem Geiste eben bearbeitet, und dadurch bildet sich das im Menschen, was ihn immer wieder neu bildet, wenn ein physischer Stoff ausgeworfen wird. Wir brauchten wirklich viel weniger zu essen, als wir essen müssen, wenn der Stoff eine größere Bedeutung hätte. Da würden wir, wenn wir ein kleines Kind sind, allerdings essen müssen, damit wir größer werden können. Wenn wir aber dann mit zwanzig Jahren ausgewachsen wären und der Stoff immer derselbe bliebe, so brauchten wir nachher gar nichts mehr zu essen. Es wäre eine wunderbare Geschichte für den Arbeitsunternehmer, denn Kinder sind heute verboten zu verwenden, und die Arbeiter brauchten nichts mehr zu essen. Es würde also eine wunderbare Geschichte sein! Aber daß wir fortwährend noch essen müssen, wenn wir ausgewachsen sind, das beweist, daß dasjenige, was bleibt, was im Menschen noch während des Lebens ist, eben nicht der Stoff, sondern das Geistig-Seelische ist. Und das muß da sein, bevor überhaupt die menschliche Empfängnis stattfindet, ist auch da, und bearbeitet den Stoff von allem Anfange an, wie es ihn auch weiter bearbeitet.

Wenn nun der Mensch geboren wird, dann kann man sehen, wie er da in der allerersten Kindheit fast fortwährend schläft. Er schläft fortwährend. Gesund ist es eigentlich für den Menschen nur, wenn er in der allerersten Säuglingszeit höchstens ein bis zwei Stunden wach ist; sonst sollte der Säugling fortwährend schlafen, hat auch das Bedürfnis, fast immer zu schlafen.

Was heißt denn aber das: der Säugling hat das Bedürfnis, fortwährend zu schlafen, und er soll schlafen? Das heißt, sein Gehirn soll dann noch etwas lebendig sein. Die weißen Blutkörperchen sollen noch nicht zu lebhaft durch den Körper schießen; die sollen sich da noch beruhigen, diese weißen Blutkörperchen, und das Gehirn soll noch nicht tot sein. Deshalb muß der Säugling schlafen. Er kann aber auch noch nicht denken. Sobald er anfängt zu denken, so fangen auch die Gehirnzellen an, immer mehr und mehr tot zu werden. Solange wir im Wachsen sind, treibt immerfort die Kraft, die uns größer macht, auch noch diejenigen Vorgänge zum Gehirn hin, die das Gehirn recht weich erhalten können. Aber wenn wir nicht mehr wachsen, wenn das Wachsen stockt, dann wird es immer schwerer, daß dasjenige, was ins Gehirn kommen soll, auch während des Schlafes hinaufkommt. Und die Folge davon ist, daß wir zwar immer besser denken lernen, je älter wir werden, daß aber unser Gehirn viel mehr die Neigung zum Totsein erhält, und wir sterben eigentlich im Gehirn, wenn wir einmal ausgewachsen sind, fortwährend ab.

Nun kann der Mensch eben viel aushalten. Er hält sein Gehirn noch sehr lang so, daß es in der Nacht weich genug wird. Aber es kommt eben doch einmal die Zeit, wo die Kräfte, die nach dem Kopf hinauftreiben, das Gehirn nicht mehr ordentlich versorgen können, und dann nähert es sich dem Alter.

Woran stirbt denn eigentlich der Mensch in Wirklichkeit? Natürlich, wenn irgendein Organ zugrunde geht, dann kann der Geist nicht mehr arbeiten, wie man an einer Maschine, die nicht in Ordnung ist, nicht mehr arbeiten kann. Aber abgesehen davon wird ja sein Gehirn immer steifer und steifer, und er kann sein Gehirn nicht mehr ordentlich herstellen. Bei Tag wird ja das Gehirn fortwährend ruiniert, weil der Körper nicht dasjenige ist, was das Gehirn wieder herstellt, sondern es ist das Geistig-Seelische. Aber das ist, wenn man es so ausdrücken darf, wie ein Gift; das Geistig-Seelische ruiniert das Gehirn im Wachen. Daher müssen wir schlafen, damit das Gehirn wieder hergestellt werden kann. Wenn das Gehirn nicht denken könnte, dann würde ja das Gehirn nicht abgetötet werden, sondern immer stärker werden. Denn der Arm, der nicht denkt, der arbeitet, wird immer stärker und stärker. Aber das Gehirn wird immer schwächer und schwächer beim Denken. Das Gehirn ist nicht ein solches Organ, das durch sein Leben denkt, sondern dadurch, daß es abstirbt, denkt es, und dadurch wird der Körper für den Menschen einmal unbrauchbar. Der Geist ist da, aber der Körper wird einmal unbrauchbar.

Das zeigt sich auch, wenn Sie wiederum sich erinnern, was ich gesagt habe: Die Leber ist wie ein Sinnesorgan, wie eine Art Auge da drinnen. Ja, meine Herren, das ist eine Leberkrankheit, wenn bei einem fünfzig

Jahre alten Menschen die Leber so versteift und so verhärtet ist, wie ich es vorhin angenommen habe. Aber etwas verhärtet ist die Leber im späteren Alter immer. Beim kleinen Kind ist sie frisch und weich. Da sind diese rotbraunen Gewebe-Inselchen – die Leber besteht ja daraus, daß da solche Gewebe-Inselchen sind – so verbunden durch ein solches Netz wiederum. Das ist das Lebergewebe.

Nun, diese Leber ist ganz weich und elastisch im Kindheitsalter. Aber sie wird immer steifer und härter, je älter man wird. Denken Sie, dieselbe Geschichte tritt beim Auge auf. Wenn man älter wird, dann wird das Innere des Auges immer steifer und steifer. Wenn es krankhaft sich versteift, dann kommt der Star. Wenn die Leber krankhaft sich versteift, dann kommt die innere Leberverhärtung mit Leberabszessen und so weiter.

Aber auch im gesunden Zustande wird die Leber ebenso abgebraucht als Sinnesorgan, wie abgebraucht wird das Auge. Und die Leber nimmt immer weniger wahr, wie da drinnen die Nahrungsmittel nützlich oder schädlich sind, weil sie abgebraucht worden ist. Wenn also einer alt geworden ist, dann dient ihm die Leber nicht mehr so gut, diese Dinge, die in den Magen kommen, zu beurteilen, ob sie nützlich oder schädlich sind. Da wird nicht mehr so gut abgehalten. Die Leber bewirkt, wenn sie gesund ist, daß die nützlichen Stoffe im Körper verbreitet und die schädlichen abgehalten werden. Wenn aber die Leber schadhaft geworden ist, dann kommen auch die schädlichen Stoffe in die Darmdrüsen, in die Lymphe, und gehen dann im Körper herum und erzeugen allerlei Krankheiten. Und das macht es, daß derjenige, der alt geworden ist als Mensch, seinen Körper innerlich nicht mehr so wahrnehmen kann wie er ihn früher durch die Leber wahrnehmen konnte. Er ist, ich möchte sagen, für seinen eigenen Körper innerlich blind geworden. Wenn man äußerlich blind ist, kann einen ein anderer führen, kann einem helfen. Wenn man aber innerlich blind wird, dann gehen die Vorgänge nicht mehr ordentlich vor sich, dann kommt sehr bald der Darmkrebs, oder Magen- oder Pförtnerkrebs, oder irgend etwas, wo die Leber nicht in Ordnung ist. Dann ist der Körper nicht mehr zu gebrauchen. Dann können aber auch die neuen Stoffe, die fortwährend abgestoßen werden müssen, nicht mehr ordentlich in den

Körper eingefügt werden. Die Seele kann nicht mehr so mitmachen mit dem menschlichen Körper, und die Zeit ist da, wo der Körper ganz weggeworfen werden muß.

Ja, meine Herren, man sieht, wie der Körper schon von Jahr zu Jahr weggeworfen wird, denn wenn Sie sich am Kopf abschuppen oder die Nägel schneiden, dann werfen Sie das unbrauchbar Gewordene weg. Aber dasjenige, was als Kräfte drinnen ist, bleibt. Wenn aber das Ganze unbrauchbar wird, dann kann dasjenige, was drinnen arbeitet, nichts mehr ersetzen. Dann wird, so wie sonst die Nägel und die Schuppen und anderes vom Körper abgeworfen wird, jetzt der ganze Körper abgeworfen, und dasjenige, was vom Menschen zurückbleibt, ist eben das Geistige. So daß Sie sagen können: Wenn ich den Menschen verstehe, so verstehe ich ihn eben nach Leib und Geist, und es ist nicht wahr, daß der Mensch nur irgend etwas Körperliches ist.

Ja, sehen Sie, man könnte sagen, das ist nur eine religiöse Sache. Aber es ist nicht bloß eine religiöse Sache. Hier in dieser Goetheanumwissenschaft, da tritt es eben hervor, daß es sich nicht bloß um eine religiöse Sache handelt. Durch die Religion soll der Mensch beruhigt werden, daß er nicht stirbt, wenn sein Körper stirbt. Das sind im Grunde genommen egoistische Gefühle, und die Prediger rechnen auch damit. Die sagen den Menschen so etwas, daß sie nicht sterben. Hier handelt es sich nicht um eine religiöse Sache, sondern um eine wirkliche praktische Sache.

Derjenige, der bloß den Menschen auf den Seziertisch legt, den Bauch aufschneidet und die Leber anschaut, der wird nicht auf den Gedanken kommen, wie man sich Mühe geben müsse, damit das Kind als Säugling ordentlich ernährt wird. Wer aber weiß, wie das vor sich geht, der wird darauf kommen, wie das Kind erzogen werden soll, damit es ein gesunder Mensch werden kann. Gesundheit herstellen in der Kindheit ist viel wichtiger, als später Krankheit heilen. Aber man weiß ja nichts davon, wenn man den Menschen nur wie einen Stoffklotz ansieht.

Nun, an diesem Beispiel ist es leicht ersichtlich, was ich da gesagt habe. Aber nehmen Sie ein anderes Beispiel. Nehmen Sie an, ich habe ein Kind in der Schule, und ich füttere es fortwährend mit allem möglichen Zeug, lasse es lernen, daß sein Gedächtnis überlastet wird, daß das Kind gar nicht recht zu sich kommt. Ja, meine Herren, da strengt man den Geist an in Wirklichkeit. Aber es ist nicht wahr, daß man bloß den Geist anstrengt, denn der Geist arbeitet fortwährend an dem Körper. Und wenn ich das Kind falsch unterrichte und falsch erziehe, auch nur, sagen wir, dem Gedächtnis nach, dann verhärte ich bei ihm ganz bestimmte Organe, weil dasjenige, was im Gehirn verwendet wird, den anderen Organen verlorengeht. Und wenn Sie das Kind gar zu stark dem Gehirn nach belasten, so werden seine Nieren krank. Das heißt, Sie können nicht nur durch körperliche Einflüsse das Kind krank machen, sondern durch die Art, wie Sie unterrichten und erziehen, das Kind gesund oder krank machen.

Sehen Sie, da wird die Geschichte praktisch. Kennt man den Menschen wirklich, so bekommt man eine ordentliche Pädagogik in der Schule. Kennt man den Menschen so, wie die heutige Wissenschaft ihn kennt, so kann man an den Universitäten den Leuten vortragen, wie wir gesehen haben: Die Leber schaut so aus, wir haben rotbraune Leber-Inselchen und so weiter. – Und was ich Ihnen da aufgezeichnet habe, kann man natürlich an der Universität beschreiben. Aber nachher verstummt man.

Eine solche Wissenschaft ist nicht praktisch, weil sie nicht in die Schulen hineingetragen werden kann. Der Lehrer kann nichts anfangen mit einer solchen Wissenschaft. Der Lehrer kann erst etwas damit anfangen, wenn er weiß: Wenn die Leber im dreißigsten Jahre so ausschaut, muß ich, damit sie sich ordentlich entwickelt, im achten oder neunten Lebensjahre das tun, damit sie sich ordentlich entwickelt, nicht von dem Kinde verlangen, daß es Anschauungsunterricht treibt, sondern im achten oder neunten Jahre dem Kinde etwas beibringen, was seine Organe in der richtigen Weise führt. Also ich muß ihm zum Beispiel etwas erzählen und mir nacherzählen lassen, und muß das Gedächtnis nicht überlasten, sondern es sich selber überlassen. Das bringt man heraus, wenn man den Menschen kennt nach Leib, Seele und Geist. Dann aber kann man auch ordentlich erziehen.

Nun frage ich Sie, ist das nicht das Allerwichtigste, daß man nicht bloß mit einer Geschichte vom Überirdischen den Menschen beruhigt durch Kanzelreden, daß er nicht stirbt, wenn sein Leib stirbt? Das tut man gewiß nicht – ich habe es Ihnen ja bewiesen –, aber man wirkt dadurch nur auf den Egoismus der Menschen, die eben wünschen fortzuleben, und diesen Wünschen kommt man entgegen. Die Wissenschaft hat es nicht mit Wünschen zu tun, sondern mit Tatsachen, und diese Tatsachen, wenn man sie kennt, machen die ganze Geschichte praktisch. Da hat man etwas in die Schule hineinzutragen, wenn man den Menschen wirklich kennt.

Und das ist dasjenige, wodurch sich diese Goetheanumwissenschaft von einer anderen Wissenschaft unterscheidet. Hier möchte man allmählich einen Zustand herbeiführen, der anwendbar ist nicht nur für ein paar Leute, die eben gerade dem Wissenschaftsstande angehören, sondern wo die Wissenschaft ganz allgemein menschlich ist, der Menschheit zugute kommt, an der Entwickelung der Menschheit arbeitet.

Die heutige Wissenschaft arbeitet nur in der Technik praktisch, manchmal noch auf dem oder jenem anderen Gebiete, zum Beispiel der Medizin, aber auch nicht sehr stark. Ja, meine Herren, da wird zum Beispiel Theologie gelehrt oder Geschichte gelehrt – ja, fragen Sie, ob das im Leben irgendwo angewendet wird. Nicht einmal auf der Kanzel kann der Theologe seine Wissenschaft anwenden; er muß so reden, wie die Leute es hören wollen. Oder fragen Sie den Juristen, den Advokaten, den Richter! Der lernt seine Sachen, damit er sie eingepaukt hat und nachher im Examen die Sachen weiß. Aber nachher vergißt er sie so schnell wie möglich, denn draußen richtet er sich nach ganz anderen Gesetzen. Es wird nichts angewendet auf den lebendigen Menschen. Kurz, wir haben eine Wissenschaft, die gar nicht mehr lebenspraktisch ist. Und das ist das Schlimme.

Daraus können Sie auch sehen, daß wirklich sich Klassen von Menschen bilden. Im Leben ist es so, daß, was im Leben steht, auch angewendet werden muß. Wenn also eine Wissenschaft da ist, die nicht angewendet werden kann, eine unnützliche Wissenschaft da ist, dann sind die Leute, die diese Wissenschaft treiben, auch in einem gewissen Sinne unnützlich, und dann entsteht eine unnützliche Menschenklasse. Da haben Sie die Klassenunterschiede.

Das habe ich in meinen «Kernpunkten» versucht darzustellen, daß eigentlich mit dem geistigen Leben auch die Klassenunterschiede zusammenhängen. Aber wenn man auf die Wahrheit hindeutet, wird man ja von allen Seiten als Phantast erklärt. Aber Sie können sich hier überzeugen, daß es sich nicht um Phantastisches handelt, sondern um ein wirkliches, tatsächliches Erkennen und um ein Praktischmachen der Wissenschaft, die wirklich eingreifen kann ins Leben. Dann beruhigen die Menschen sich auch über den Tod.

Es ist ja natürlich so manches für Sie schwierig, gerade aus dem Grunde, weil die Schulerziehung nicht so ist, wie sie sein sollte. Aber Sie werden schon allmählich die Dinge verstehen. Und Sie können sicher sein, so recht verstehen es auch die anderen nicht. Wenn man so mit der heutigen Wissenschaft unter all diese mittelalterlichen Verhältnisse kommt, so sieht man, was das für eine Wissenschaft ist. Wenn ich die Wissenschaft des Goetheanums in Oxford vortrage, so unterscheidet sich das ganz beträchtlich von dem, was sonst in Oxford vorgetragen wird. Das ist eben ein ganz anderer Zug und wird erst allmählich verstanden werden.

Und so möchte ich, daß Sie ein Verständnis bekommen, wie schwer es ist, damit durchzudringen. Es ist schwer, aber es wird werden und muß werden, denn sonst geht einfach die Menschheit zugrunde.

## FÜNFTER VORTRAG

Dornach, 13. September 1922

Meine Herren! Die Dinge, die wir in den letzten Betrachtungen besprochen haben, sind so wichtig auch zum Verständnisse dessen, was ich noch weiter zu sagen haben werde, daß ich wenigstens mit ein paar Worten diese wichtigen Dinge noch einmal vor Augen stellen will.

Nicht wahr, wir haben gesehen, daß im wesentlichen das menschliche Gehirn aus kleinen Gebilden besteht, die sternförmig sind. Aber die Strahlen der Sterne sind sehr weit verlaufend. Die Ausläufer dieser kleinen Wesenheiten, die verschlingen sich ineinander, verweben sich ineinander, so daß das Gehirn eben eine Art von Gewebe ist, auf die Art entstanden, wie ich es Ihnen gesagt habe.

Solche kleinen Wesen, wie sie im Gehirn sind, sind auch im Blut, nur mit dem Unterschiede, daß die Gehirnzellen – so nennt man ja diese kleinen Gebilde – nicht leben können, nur in der Nacht, beim Schlafen, etwas leben können. Sie können dieses Leben nicht ausüben. Sie können sich nicht bewegen, weil sie wie in einem Heringsfaß zusammengepfercht, zusammengeklumpt sind. Aber die Blutkörperchen, die weißen Blutkörperchen im roten Blute da drinnen, die können sich bewegen. Die schwimmen im ganzen Blut herum, bewegen ihre Ausläufer und kommen nur von diesem Leben etwas ab, ersterben etwas, wenn der Mensch schläft. So daß also der Schlaf und das Wachen zusammenhängen mit dieser Tätigkeit oder auch Untätigkeit der Gehirnzellen, überhaupt der Nervenzellen, und der Zellen, die als weiße Blutkörperchen im Blute herumschwimmen, sich darinnen herumbewegen.

Nun habe ich Ihnen auch gesagt, daß man gerade an einem solchen Organ, wie es die Leber ist, beobachten kann, wie der menschliche Körper im Laufe seines Lebens sich verändert. Ich habe Ihnen das letzte Mal gesagt, daß wenn beim Säugling etwa die Leber nicht in ordentlicher Weise wahrnimmt – es ist ja eine Art Wahrnehmungstätigkeit, die Leber nimmt wahr und ordnet die Verdauung –, wenn also die Leber gestört wird in ihrer Wahrnehmung, so daß sie eigentlich eine unrichtige Verdauung wahrnimmt während des Säuglingsalters, so zeigt sich das oftmals erst im allerspätesten Leben, ich sagte Ihnen, beim fünfundvierzig-, fünfzigjährigen Menschen. Der menschliche Organismus kann eben viel aushalten. Also wenn die Leber auch schon während des Säuglingsalters gestört wird, hält sie dies noch durch bis zum fünfundvierzigsten, fünfzigsten Lebensjahre. Dann zeigt sie sich innerlich verhärtet und es entstehen die Leberkrankheiten, die manchmal eben so spät beim Menschen auftreten und die dann eine Folge sind von dem, was während des Säuglingsalters verdorben worden ist.

Am besten wird daher der Säugling mit der Milch der eigenen Mutter ernährt. Nicht wahr, das Kind geht ja hervor aus dem Leibe der Mutter. Man kann also begreifen, daß es in seinem ganzen Organismus, in seinem ganzen Leib verwandt ist mit der Mutter. Es muß daher am besten dann gedeihen, wenn es nicht gleich, wenn es zur Welt kommt, etwas anderes bekommt als dasjenige, was auch aus dem Leib der Mutter kommt, mit dem es also verwandt ist.

Allerdings, es kommt ja vor, daß die Muttermilch nicht geeignet ist durch ihre Zusammensetzung. Manche Menschenmilch ist zum Beispiel bitter, manche zu salzig. Da muß dann eine andere Ernährung, durch eine andere Persönlichkeit am besten, einsetzen.

Nun kann ja die Frage entstehen: Kann das Kind nicht gleich vom Anfange an mit Kuhmilch ernährt werden? – Nun, da muß man sagen: In den allerersten Zeiten des Säuglingsalters ist die Ernährung mit der Kuhmilch nicht sehr gut. Aber man braucht auch nicht zu denken, daß nun gleich eine furchtbar große Sünde gegen den menschlichen Organismus verrichtet wird, wenn man das Kind mit einer Kuhmilch nährt, die man in der entsprechenden Weise verdünnt und so weiter. Denn es ist ja natürlich die Milch bei den verschiedenen Wesen verschieden, aber nicht so stark, daß man nicht auch Kuhmilch statt der Menschenmilch zur Ernährung einführen könnte.

Aber wenn nun diese Ernährung vor sich geht, so geht sie ja so vor sich, daß noch nichts, wenn das Kind nur Milch trinkt, zerkaut zu werden braucht. Dadurch sind gewisse Organe im Körper wesentlicher in Tätigkeit als später, wenn die feste Nahrung zubereitet werden muß. Die Milch ist im wesentlichen so, daß sie, ich möchte fast sagen, noch lebt, wenn das Kind sie bekommt. Es ist fast flüssiges Leben, was das Kind in sich aufnimmt.

Nun wissen Sie ja, daß in den Gedärmen eine ganz wichtige Sache für den menschlichen Organismus vor sich geht, eine ganz außerordentlich wichtige Sache. Diese außerordentlich wichtige Sache ist diese, daß alles, was durch den Magen in die Gedärme hineinkommt, abgetötet werden muß, und wenn es durch die Darmwände dann in die Lymphgefäße und ins Blut kommt, muß es wieder belebt werden. Das ist schon einmal das Allerwichtigste, was man verstehen muß, daß der Mensch die Nahrung, die er aufnimmt, zuerst abtöten muß und nachher wiederum beleben muß. Das äußere Leben, unmittelbar vom Menschen aufgenommen, ist im menschlichen Leibe drinnen nicht brauchbar. Der Mensch muß alles, was er aufnimmt, durch seine eigene Tätigkeit ertöten und dann wieder beleben. Das muß man nur wissen. Das weiß die gewöhnliche Wissenschaft nicht, und daher weiß sie nicht, daß der Mensch die Kraft des Lebens in sich hat. Geradeso wie er Muskeln und Knochen und Nerven in sich hat, so hat er eine belebende Kraft, einen Lebensleib in sich.

Bei dieser ganzen Verdauungstätigkeit, bei der also abgetötet und wieder belebt wird, bei der das Abgetötete im neuen Leben innerlich aufsteigt und ins Blut hineingeht, schaut die Leber zu, so wie den äußeren Dingen das Auge zuschaut. Und wie im späteren Alter das Auge vom Star befallen werden kann, das heißt, dasjenige undurchsichtig wird, was früher durchsichtig war, wie sich das verhärtet, so kann auch die Leber sich verhärten. Und die Leberverhärtung ist eigentlich in der Leber dasselbe, was die Starkrankheit im Auge ist. Der Star kann auch in der Leber sich bilden. Dann entsteht eben am Ende des Lebens eine Leberkrankheit. Mit fünfundvierzig, fünfzig Jahren, auch später, entsteht eine Leberkrankheit. Das heißt, die Leber schaut nicht mehr das Innere des Menschen an. Es ist wirklich so: Mit dem Auge schauen Sie die Außenwelt an, mit dem Ohre hören Sie das, was in der Außenwelt klingt, und mit der Leber schauen Sie zuerst die eigene Verdauung an und dasjenige, was sich an die Verdauung anschließt. Die Leber ist ein inneres Sinnesorgan. Und nur wer die Leber als ein inneres Sinnesorgan erkennt, der versteht dasjenige, was im Menschen vor sich geht. So daß man also die Leber mit dem Auge vergleichen kann. Gewissermaßen hat der Mensch innen in seinem Bauch einen Kopf. Nur schaut der Kopf nicht nach außen hin, sondern der schaut nach innen. Und deshalb ist es, daß der Mensch mit einer Tätigkeit, die er sich nicht zum Bewußtsein bringt, im Inneren arbeitet.

Aber das Kind fühlt diese Tätigkeit. Im Kind ist das ganz anders. Das Kind guckt noch wenig nach der Außenwelt, und wenn es nach der Außenwelt guckt, kennt es sich nicht aus. Aber um so mehr guckt es nach innen im Fühlen. Das Kind fühlt ganz genau, wenn in der Milch etwas ist, was nicht hineingehört, was herausgeworfen werden muß in die Gedärme, damit es abgeführt wird. Und wenn etwas in der Milch nicht in Ordnung ist, so nimmt die Leber die Krankheitsanlage für das ganze spätere Leben in sich auf.

Nun, sehen Sie, Sie können sich ja denken, daß zum Auge, wenn es nach außen hin guckt, ein Gehirn gehört. Mit dem bloßen Anschauen der Außenwelt wäre uns als Menschen nicht gedient. Wir würden die Außenwelt anglotzen, rundherum anglotzen, aber wir würden nichts denken können über die Außenwelt. Es wäre geradeso wie ein Panorama, und wir säßen mit einem leeren Kopf davor. Wir denken mit unserem Gehirn, und denken über dasjenige, was draußen in der Welt ist, mit unserem Gehirn.

Ja, aber, meine Herren, wenn die Leber eine Art inneres Auge ist, das die ganze Darmtätigkeit abtastet, dann muß die Leber ja auch eine Art Gehirn haben, so wie das Auge das Gehirn zur Verfügung hat. Sehen Sie, die Leber kann zwar das alles anschauen, was im Magen vor sich geht, wie im Magen der ganze Speisebrei durchmischt wird mit Pepsin. Die Leber kann dann, wenn der Speisebrei durch den sogenannten Magenpförtner in den Darm eintritt, sehen, wie im Darm der Speisebrei weiterrückt, wie er in diesem Speisebrei aber immer mehr die brauchbaren Teile absondert durch die Wände des Darmes, wie dann die brauchbaren Teile in die Lymphgefäße übergehen und von diesen Gefäßen dann ins Blut eindringen. Aber von da ab kann die Leber nichts mehr tun. Geradesowenig wie das Auge denken kann, so wenig kann die Leber die weitere Tätigkeit tun. Da muß zu der Leber ein anderes Organ kommen, wie zum Auge das Gehirn kommen muß.

Und geradeso wie Sie in sich die Leber haben, die fortwährend Ihre Verdauungstätigkeit anguckt, so haben Sie in sich auch eine Denktätigkeit, von der Sie im gewöhnlichen Leben gar nichts wissen. Diese Denktätigkeit – das heißt, Sie wissen von der Denktätigkeit nur nichts, von dem Organ wissen Sie schon –, diese Denktätigkeit, die geradeso hinzugefügt wird der Wahrnehmungstätigkeit, der Auffassungstätigkeit der Leber, wie durch das Gehirn der Wahrnehmungstätigkeit des Auges das Denken hinzugefügt wird, die haben Sie nämlich, so sonderbar es Ihnen scheint, durch die Niere, das Nierensystem.

Das Nierensystem, das sonst für das gewöhnliche Bewußtsein nur das Urinwasser absondert, ist gar kein so unedles Organ, wie man es immer anschaut, sondern die Niere, die sonst eben nur das Wasser absondert, die ist dasjenige, was zur Leber gehört und was eine innere Tätigkeit ausübt, ein inneres Denken. Die Niere steht auch mit dem anderen Denken im Gehirn durchaus in Verbindung, so daß, wenn die Gehirntätigkeit nicht in Ordnung ist, auch die Tätigkeit der Niere nicht in Ordnung ist. Nehmen wir an, beim Kinde schon fangen wir an, das Gehirn nicht ordentlich arbeiten zu lassen. Es arbeitet nicht ordentlich, wenn wir zum Beispiel das Kind veranlassen, zu viel zu lernen – ich habe schon das letzte Mal darauf hingedeutet –, zu viel mit dem bloßen Gedächtnisse arbeiten zu lassen, wenn wir es zu viel auswendig lernen lassen. Etwas muß es auswendig lernen, damit das Gehirn beweglich wird; aber wenn wir es zu viel auswendig lernen lassen, dann muß sich das Gehirn so anstrengen, daß es zu viel Tätigkeit ausübt, die im Gehirn Verhärtungen hervorbringt. Dadurch entstehen Gehirnverhärtungen, wenn wir das Kind zu viel auswendig lernen lassen. Wenn aber im Gehirn Verhärtungen entstehen, dann wird durch das ganze Leben hindurch es so sein können, daß das Gehirn nicht ordentlich arbeitet. Es ist eben zu hart.

Aber das Gehirn steht mit der Niere in Verbindung. Und dadurch, daß das Gehirn mit der Niere in Verbindung steht, arbeitet dann auch die Niere nicht mehr ordentlich. Der Mensch kann eben viel aushalten; es zeigt sich erst später: Es arbeitet der ganze Leib nicht mehr ordentlich, es arbeitet auch die Niere nicht mehr ordentlich, und Sie finden im Urin Zucker, der eigentlich aufgearbeitet werden soll. Aber der Leib ist zu schwach geworden, um den Zucker zu verbrauchen, weil das Gehirn nicht ordentlich arbeitet. Er läßt den Zucker im Urinwasser. Der Körper ist nicht in Ordnung, der Mensch leidet an der Zuckerkrankheit.

Sehen Sie, das möchte ich Ihnen ganz besonders klarmachen, daß von der geistigen Tätigkeit, zum Beispiel von dem Zuviel-Auswendiglernen, eben etwas abhängt, wie der Mensch später ist. Haben Sie nicht gehört, daß die Zuckerkrankheit gerade so häufig ist bei reichen Leuten? Die können für ihre Kinder außerordentlich gut sorgen, auch materiell, auf physischem Gebiete; aber sie wissen nicht, daß sie dann auch für einen ordentlichen Schullehrer sorgen müßten, der das Kind nicht so viel auswendig lernen läßt. Sie denken: Nun, das macht ja der Staat, da ist alles gut, da braucht man sich nicht zu kümmern darum. – Das Kind lernt zu viel auswendig, wird später ein zuckerkranker Mensch! Man kann eben nicht durch die materielle Erziehung allein, durch dasjenige, was man durch Nahrungsmittel dem Menschen beibringt, den Menschen gesund machen. Man muß Rücksicht nehmen auf dasjenige, was sein Seelisches ist. Und sehen Sie, da fängt man allmählich an zu fühlen, daß das Seelische etwas Wichtiges ist, daß der Körper nicht das einzige ist am Menschen, denn der Körper kann von der Seele aus ruiniert werden. Denn wir können noch so gut essen als Kind und noch so stark nach dem essen, was der Chemiker im Laboratorium an den Nahrungsmitteln studiert – wenn das Seelische nicht in Ordnung ist, das Seelische nicht berücksichtigt wird, geht der menschliche Organismus doch kaputt. Da lernt man sich allmählich durch eine wirkliche Wissenschaft, nicht die heutige bloß materielle Wissenschaft, hineinleben in das, was beim Menschen schon vorhanden ist, bevor die Empfängnis kommt, und vorhanden ist nach dem Tode, weil man eben das kennenlernt, was sein Seelisches ist. Das muß man gerade in solchen Dingen besonders in Betracht ziehen.

Aber nun denken Sie, woher kommt denn das eigentlich, daß die Menschen heute nichts wissen wollen von dem, was ich Ihnen da erzählt habe? Nun, Sie können heute an die Menschen mit einer sogenannten Bildung herankommen; da ist es «ungebildet», wenn man von der Leber redet, oder gar von der Niere redet. Es ist etwas Ungebildetes. Woher kommt es denn, daß es etwas «Ungebildetes» ist?

Sehen Sie, die alten Juden im hebräischen Altertum – und schließlich kommt ja unser Altes Testament von den Juden –, die alten Juden haben noch nicht das Reden von der Niere als etwas so furchtbar Ungebildetes angesehen. Denn die Juden sagten zum Beispiel nicht, wenn der Mensch in der Nacht quälende Träume hatte – das kann man im Alten Testament lesen; die heutigen Juden sind schon so gebildet, daß sie das nicht wieder vorbringen, was im Alten Testament steht, wenn sie in anständiger Gesellschaft sind, aber im Alten Testament steht es –, sie sagten nicht, wenn der Mensch böse Träume hatte in der Nacht: Meine Seele ist gequält. – Ja, meine Herren, das kann man leicht sagen, wenn man keine Vorstellung von der Seele hat; dann ist «Seele» bloß ein Wort – das ist ja nichts. Aber das Alte Testament sagte, wie es richtig ist aus einer Weisheit heraus, die einmal die Menschheit gehabt hat, wenn der Mensch böse Träume in der Nacht gehabt hat: Die Niere quält ihn. – Was da im Alten Testament schon gewußt worden ist, darauf kommt man wieder durch die neuere Anthroposophie, das neuere Forschen: Da ist die Nierentätigkeit nicht in Ordnung, wenn man böse Träume hat.

Dann kam das Mittelalter, und im Mittelalter hat sich allmählich das herausgebildet, was bis heute noch gilt. Denn im Mittelalter, da war die Neigung, alles nur zu loben, was man nicht wahrnehmen kann, was irgendwie außer der Welt ist. Am Menschen läßt man ja den Kopf frei; das andere bedeckt man. Man darf nur von dem reden, was eben frei ist. Allerdings, manche Damen gerade der gebildeten Welt gehen ja heute so herum, daß sie so viel frei lassen, daß man von dem Freigelassenen noch lange nicht reden darf. Aber immerhin, dasjenige, was dann im Inneren des Menschen ist, das ist für eine gewisse Sorte von Christentum im Mittelalter – in England hieß es später das Puritanertum – etwas geworden, wovon man nicht reden darf. Von der bloß materiellen Sinneswissenschaft darf man darüber nicht reden. Das ist nichts Geistiges, davon darf man nicht reden. Und damit hat man allmählich überhaupt den ganzen Geist verloren. Natürlich, wenn man nur redet von dem Geist, wo der Kopf sitzt, da kann man ihn nicht so leicht erhaschen. Aber wenn man ihn erhascht, wo er im ganzen menschlichen Leibe sitzt, da kann man das wohl.

Und sehen Sie, die Nieren, die sind dann dasjenige, was denkt zu der Wahrnehmungstätigkeit der Leber dazu. Die Leber schaut an, die Nieren denken; und die können dann denken die Herztätigkeit und können überhaupt alles das denken, was die Leber nicht angeschaut hat. Die Leber kann noch anschauen die ganze Verdauungstätigkeit und wie der Speisesaft ins Blut kommt. Aber dann, wenn es anfängt, im Blut zu kreisen, dazu muß gedacht werden. Und das tun die Nieren. So daß also der Mensch in sich tatsächlich so etwas wie einen zweiten Menschen hat.

Nun aber, meine Herren, werden Sie doch unmöglich glauben können, daß diejenigen Nieren, die Sie aus dem toten Körper herausschneiden und die Sie dann auf den Seziertisch legen – oder wenn es eine Rinderniere ist, so essen Sie sie sogar; die können Sie ja ganz bequem anschauen, bevor Sie sie essen oder kochen –, aber Sie werden doch nicht glauben, daß das Stück Fleisch mit all den Eigenschaften, von denen der Anatom spricht, daß das Stück Fleisch denkt! Das denkt natürlich nicht, sondern das vom Seelischen, was in der Niere drinnen ist, das denkt. Daher ist es auch so, wie ich Ihnen das letzte Mal gesagt habe: Das Stoffliche, das zum Beispiel an der Niere ist, sagen wir im Kindesalter, das ist nach sieben, acht Jahren ganz ausgewechselt. Da ist ein anderer Stoff drinnen. Geradeso wie Ihre Fingernägel nach sieben, acht Jahren nicht mehr dasselbe sind, sondern Sie immer das Vordere abgeschnitten haben, so ist in der Niere und Leber alles weggegangen, was da war und ist von Ihnen neu ersetzt worden.

Ja, da müssen Sie fragen: Wenn der Stoff gar nicht mehr da ist, der vor sieben Jahren in der Leber, in der Niere da war, und dennoch die Leber nach Jahrzehnten noch krank werden kann durch das, was man als Säugling an ihr versäumt hat, dann ist eben eine Tätigkeit da, die man nicht sieht, denn der Stoff pflanzt sich nicht fort. Das Leben pflanzt sich fort vom Säuglingsalter bis ins fünfundvierzigste Jahr. Krank werden kann nicht der Stoff – der wird ausgeschieden –, aber es pflanzt sich fort die nicht sichtbare Tätigkeit, die da drinnen ist und die beim Menschen durch das ganze Leben durchgeht. Da sehen Sie, wie der menschliche Körper eigentlich ein kompliziertes, ein ungeheuer kompliziertes Wesen ist.

Nun möchte ich Ihnen noch etwas anderes sagen. Ich habe Ihnen gesagt: Die alten Juden haben noch etwas davon gewußt, wie die Nierentätigkeit beteiligt ist an einem solchen dumpfen, finsteren Denken, wie es die Träume sind in der Nacht. Aber in der Nacht ist es ja nun so, daß unsere Vorstellungen fort sind; da nimmt man wahr, was die Niere denkt. Bei Tag hat man den Kopf voll mit den Gedanken, die von außen kommen. Geradeso wie wenn ein starkes Licht da ist und ein schwaches Kerzenlicht, so sieht man das starke Licht, und das schwache Kerzenlicht verschwindet daneben. So ist es beim Menschen, wenn er wach ist: er hat den Kopf voll mit den Vorstellungen, die von der Außenwelt kommen, und was da unten die Nierentätigkeit ist, das ist eben das kleine Licht; das nimmt er nicht wahr. Wenn der Kopf aufhört zu denken, dann nimmt er das, was die Nieren denken und die Leber anschaut im Inneren, noch wahr als Träume. Deshalb schauen auch die Träume so aus, wie Sie sie manchmal sehen.

Denken Sie sich einmal, da ist im Darm etwas nicht in Ordnung; das schaut die Leber an. Bei Tag beachtet man das nicht, weil eben stärkere Vorstellungen da sind. Aber in der Nacht beim Einschlafen oder Aufwachen, da beachtet man das, wie die Leber das Nicht-in-Ordnung-Sein der Gedärme wahrnimmt. Nun aber ist die Leber nicht so schlau und die Niere auch nicht so schlau, wie der menschliche Kopf ist. Weil sie nicht so schlau sind, können sie nicht gleich sagen: Das sind die Därme, die ich da sehe. – Sie machen ein Bild daraus, und der Mensch träumt, statt daß er die Wirklichkeit sieht. Wenn die Leber die Wirklichkeit sehen würde, so würde sie die Därme brennen sehen. Aber sie sieht nicht die Wirklichkeit, sie macht ein Bild daraus. Da sieht sie züngelnde Schlangen. Wenn der Mensch von züngelnden Schlangen träumt, was er sehr häufig tut, dann schaut die Leber die Gedärme an, und daher kommen sie ihr wie Schlangen vor. Manchmal geht es ja dem Kopf geradeso wie der Leber und der Niere. Wenn der Mensch irgend etwas, zum Beispiel ein gebogenes Stück Holz in der Nähe sieht und noch dazu in einer Gegend, wo Schlangen sein könnten, so kann sogar der Kopf dieses gebogene Stück Holz für eine Schlange halten, wenn es fünf Schritte vorn ist. So hält das innere Anschauen und das Denken der Leber, der Niere die gewundenen Gedärme für Schlangen.

Manchmal träumen Sie von einem Ofen, der fest eingeheizt ist. Sie wachen auf und haben Herzklopfen. Was ist da geschehen? Ja, die Niere denkt nach über das stärkere Herzklopfen, aber sie denkt sich das so aus, als wenn das ein warm eingeheizter Ofen wäre, und Sie träumen von einem kochenden Ofen. Das ist dasjenige, was die Niere denkt von Ihrer Herztätigkeit.

Da drinnen im menschlichen Bauche also – trotzdem es wieder «nicht gebildet» ist, davon zu reden – sitzt ein seelisches Wesen. Die Seele ist ein kleines Mäuschen, das irgendwo einschlüpft in den menschlichen Körper und da drinnen hockt. Nicht wahr, so haben es früher die Leute gemacht. Die haben nachgedacht: Wo ist der Sitz der Seele? – Aber man weiß schon überhaupt nichts mehr von der Seele, wenn man frägt, wo der Sitz der Seele ist. Sie ist ebenso im «Ohrwaschel» wie in der großen Zehe, nur braucht die Seele Organe, durch die sie denkt, vorstellt und Bilder macht. Und in einer solchen Tätigkeit, die Sie sehr gut kennen, macht sie das durch den Kopf, und in der Art, wie ich es Ihnen beschrieben habe, wo das Innere angeschaut wird, macht sie es durch Leber und Niere. Man kann überall sehen, wie die Seele am menschlichen Körper tätig ist. Und das muß man sehen.

Dazu gehört allerdings eine Wissenschaft, die nicht einfach tote Menschenleiber aufschneidet, auf den Seziertisch legt, Organe herausschneidet und sie materiell anschaut; dazu gehört, daß man wirklich sein ganzes inneres Seelenleben im Denken und in allem etwas tätiger macht, als die Leute haben wollen, die bloß anschauen. Natürlich ist es bequemer, Menschenkörper aufzuschneiden, die Leber herauszuschneiden und nachher aufzuschreiben, was man da findet. Da braucht man die innere Grütze nicht stark anzustrengen. Dazu hat man die Augen, und da braucht man bloß ein bißchen Denken dazu, wenn man die Leber nach allen Richtungen zerschneidet, kleine Stücke macht, unter das Mikroskop legt und so weiter. Das ist eine leichte Wissenschaft. Aber fast alle Wissenschaft ist heute eine leichte Wissenschaft. Man muß eben viel mehr das innere Denken in Tätigkeit bringen, und man muß vor allen Dingen nicht glauben, daß man von dem Augenblick an, wo man den Menschen auf den Seziertisch legt, ihm seine Organe ausschneidet und beschreibt, den Menschen kennenlernen kann. Denn da schneidet man eben die Leber einer fünfzigjährigen Frau oder eines fünfzigjährigen Mannes aus und weiß nicht, wenn man das anschaut, was beim Säugling schon geschehen ist. Man braucht eben eine ganze Wissenschaft. Das ist eben dasjenige, was eine wirkliche Wissenschaft anstreben muß. Das ist das Bestreben der Anthroposophie, eine wirkliche Wissenschaft zu haben. Und diese wirkliche Wissenschaft führt nicht bloß zum Körperlichen, sondern sie führt, wie ich Ihnen gezeigt habe, zum Seelischen und zum Geistigen.

Ich habe Ihnen das letzte Mal gesagt: In der Leber ist es so, daß die blauen Blutadern, also die Adern, in denen das Blut nicht als rotes Blut fließt, sondern als blaues Blut, also mit Kohlensäure in sich, daß solche besonderen Blutadern in die Leber hineingehen. Bei allen anderen Organen ist das nicht der Fall. Die Leber ist in dieser Beziehung ein ganz ausgezeichnetes Organ. Sie nimmt blaue Blutadern auf und läßt das blaue Blut geradezu in sich verschwinden.

Das ist etwas außerordentlich Bedeutsames, Wichtiges. Wenn wir uns also die Leber vorstellen, so gehen natürlich die gewöhnlichen roten Adern auch in die Leber. Es gehen die blauen Adern aus der Leber heraus. Aber außerdem geht noch eine besondere blaue Ader, die Pfortader, also ganz kohlensäurehaltiges Blut, in die Leber hinein (siehe Zeichnung S. 70). Nun, die Leber nimmt das auf und läßt es nicht wieder heraus, was dann an Kohlensäure in die Leber durch dieses besondere blaue Blut hineinkommt.

Ja, nicht wahr, die gewöhnliche Wissenschaft sieht, wenn sie die Leber herausgeschnitten hat, diese sogenannte Pfortader, denkt nun nicht weiter darüber nach. Aber derjenige, der zu einer wirklichen Wissenschaft kommen konnte, der vergleicht doch.

Nun gibt es noch Organe am Menschenkörper, die etwas sehr Ähnliches haben, und das sind die Augen. Es ist bei den Augen etwas ganz klein, leise nur angedeutet, aber dennoch, es ist beim Auge auch so, daß nicht alles Blut, alles blaue Blut, das in das Auge hereingeht, wiederum zurückgeht. Es gehen da Adern hinein, es gehen rote Adern hinein, blaue heraus. Aber nicht alles blaue Blut, das in das Auge hineingeht, geht auch wiederum zurück, sondern es verteilt sich geradeso wie in der Leber. Nur, in der Leber ist das stark, im Auge ist das sehr schwach.

Ist das nicht ein Beweis, daß ich die Leber mit dem Auge vergleichen darf? Natürlich kann man auf alles hindeuten, was da ist im menschlichen Organismus. So kommt man eben darauf, daß die Leber ein inneres Auge ist.

Aber das Auge ist nach außen gerichtet. Das guckt nach außen und verbraucht das blaue Blut, das es bekommt, um nach außen zu schauen. Die Leber verbraucht es nach innen. Daher läßt sie es im Inneren verschwinden, das blaue Blut, und verbraucht es zu etwas anderem. Nur manchmal, sehen Sie, da kommt das Auge auch so in die Neigung hinein, seine blauen Adern so ein bißchen zu verwenden. Das ist dann, wenn der Mensch traurig wird, wenn er weint; da quillt der bitter schmeckende Tränensaft aus den Augen heraus, aus den Tränendrüsen. Das kommt von dem bißchen blauen Blut her, das in dem Auge bleibt. Wenn das besonders belebt wird durch Traurigkeit, so kommen die Tränen als Absonderung.

Aber in der Leber ist fortwährend diese Geschichte drinnen! Die Leber ist fortwährend traurig, weil so wie der menschliche Organismus schon einmal ist im Erdenleben, man traurig werden kann, wenn man ihn von innen anschaut, denn er ist zum Höchsten veranlagt, aber er schaut eben doch nicht so besonders gut aus. Die Leber ist eben immer traurig. Deshalb sondert sie immer einen bitteren Stoff ab, die Galle. Was das Auge mit den Tränen tut, das macht die Leber für den ganzen Organismus in der Gallenabsonderung. Nur – die Träne fließt nach außen und die Tränen sind, sobald sie aus dem Auge draußen sind, verweht; aber die Galle da im ganzen menschlichen Organismus verweht nicht, weil eben die Leber nicht nach außen, sondern nach innen schaut. Da tritt das Schauen zurück, und die Absonderung, die sich vergleichen läßt mit der Tränenabsonderung, die tritt hervor.

Ja, aber, meine Herren, wenn das wirklich wahr ist, was ich Ihnen sage, dann muß sich ja das auf einem anderen Gebiete erst recht zeigen. Es muß sich zeigen, daß diejenigen Erdenwesen, die mehr im Inneren leben, mehr in der inneren Denktätigkeit leben, daß also die Tiere nicht weniger denken als der Mensch, daß die Tiere mehr denken – also im Kopfe weniger als der Mensch, sie haben ein unvollkommenes Gehirn. Aber dann müssen sie mehr das Leberleben und das Nierenleben beachten, müssen mehr mit der Leber nach innen gucken und mit den Nieren mehr nach innen denken. Das ist auch beim Tier der Fall. Dafür gibt es einen äußeren Beweis. Unsere menschlichen Augen sind so eingerichtet, daß eigentlich das blaue Blut, das da hineinkommt, schon sehr wenig ist, so wenig, daß die heutige Wissenschaft gar nicht davon redet. Früher hat sie davon geredet. Aber bei den Tieren, die mehr in ihrem Inneren leben, schauen die Augen nicht bloß an, sondern die Augen denken mit.

Wenn man so sagen könnte, die Augen sind eine Art Leber, so könnte man nun sagen: Beim Tier ist das Auge viel mehr Leber als beim Menschen. Beim Menschen ist das Auge vollkommener geworden und weniger Leber. Es zeigt sich das beim Auge. Da beim Tier läßt sich genau nachweisen, daß da drinnen nicht bloß das ist, was beim Menschen ist: ein glasiger, wäßriger Körper, dann die Augenlinse, wiederum ein glasig wäßriger Körper –, sondern bei gewissen Tieren gehen die Blutadern in das Auge hinein und bilden im Auge einen solchen Körper (siehe Zeichnung). Bis in diesen Glaskörper gehen die Blutadern hinein,

bilden da drinnen einen solchen Körper, den man den Fächer nennt, den Augenfächer. Der ist bei diesen Tieren ... (Lücke in der Nachschrift.) Warum? Weil bei diesen Tieren das Auge noch mehr Leber ist. Und geradeso wie die Pfortader in die Leber hineingeht, so geht da dieser Fächer ins Auge hinein. Daher ist es beim Tiere so: Wenn das Tier etwas anguckt, denkt schon das Auge; beim Menschen guckt es nur, und er denkt mit dem Gehirn. Beim Tier ist das Gehirn klein und unvollkommen. Es denkt nicht so viel mit dem Gehirn, denkt schon im Auge drinnen, und es kann im Auge dadurch denken, daß es diesen Sichelfortsatz hat, also daß es das verbrauchte Blut, das kohlensaure Blut im Auge drinnen verwendet.

Ich kann Ihnen etwas sagen, was Sie wirklich nicht überraschen wird. Sie werden nicht voraussetzen, daß es dem Geier hoch oben in den Lüften mit seinem verdammt kleinen Gehirn gelingen würde, den ganz schlauen Entschluß zu fassen, gerade da herunterzufallen, wo das Lamm sitzt! Wenn es beim Geier auf das Gehirn ankäme, könnte er verhungern. Aber beim Geier sitzt im Auge drinnen ein Denken, das nur die Fortsetzung ist von seinem Nierendenken, und dadurch faßt er seinen Entschluß und schießt herunter und fängt das Lamm ab. So macht es der Geier nicht, daß er sich sagt: Da unten ist ein Lamm, jetzt muß ich mich in Positur setzen; jetzt werde ich gerade richtig in der Linie da herunterfallen, da werde ich auf das Lamm stoßen. – Diese Überlegung würde ein Gehirn machen. Wenn ein Mensch da oben wäre, so würde er diese Überlegung anstellen; nur wäre er nicht imstande, das auszuführen. Aber beim Geier denkt schon das Auge. Da ist die Seele schon im Auge drinnen. Das kommt ihm gar nicht so zum Bewußtsein, aber er denkt doch.

Sehen Sie, ich habe Ihnen gesagt, der alte Jude, der sein Altes Testament verstanden hat, der hat gewußt, was es heißt: Gott hat dich durch deine Nieren in der Nacht geplagt. – Damit wollte er ausdrücken die Wirklichkeit dessen, was der Seele als bloße Träume erscheint. Gott hat dich durch deine Nieren in der Nacht geplagt – so sagte er ja, denn er hat gewußt: Da ist nicht nur ein Mensch, der durch seine Augen hinausguckt in die äußere Welt, sondern da ist ein Mensch, der durch seine Nieren hereindenkt und durch seine Leber hereinschaut in das Innere.

Und das haben die alten Römer auch noch gewußt. Die haben gewußt, daß es eigentlich doch zwei Menschen gibt: den einen, der durch seine Augen so herausguckt, und dann den anderen, der in seinem Bauche seine Leber hat und der in sein eigenes Innere hereinguckt. Nun ist es allerdings so, daß man bei der Leber – man kann das an der Verteilung der ganzen blauen Adern verfolgen –, wenn man den Ausdruck gebrauchen will, sagen muß: Die guckt eigentlich nach hinten. Daher kommt es auch, daß der Mensch so wenig von seinem Inneren wahrnimmt; geradesowenig wie Sie das, was hinter Ihnen ist, wahrnehmen, sowenig nimmt die Leber ganz bewußt wahr, was sie eigentlich anguckt. Das haben die alten Römer gewußt. Nur haben sie es so ausgedrückt, daß man nicht gleich darauf kommt. Sie haben sich vorgestellt: Da hat der Mensch vorn einen Kopf, und im Unterkörper hat er wiederum einen Kopf; der ist aber nur ein undeutlicher Kopf, der guckt nach hinten. – Und dann haben sie die zwei Köpfe zusammengenommen und haben so etwas gebildet (siehe Zeichnung): einen Kopf mit zwei Gesichtern, von denen das eine nach hinten, das andere nach vorne schaut. Solche Bildsäulen findet man heute noch, wenn man nach Italien kommt. Man nennt sie Janusköpfe.

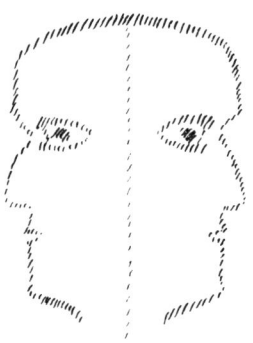

Sehen Sie, die Reisenden, die dazu das Geld haben, gehen mit ihrem Baedeker durch Italien, schauen sich auch diese Janusköpfe an, schauen in den Baedeker herein – da steht aber nichts Vernünftiges drinnen. Denn, nicht wahr, man muß sich doch fragen: Wie sind denn diese alten Römerkerle dazu gekommen, solch einen Kopf auszubilden? So dumm waren sie eigentlich nicht, daß sie geglaubt haben, wenn man irgendwo übers Meer fährt, dann gibt es Menschen mit zwei Köpfen auf der Erde. Aber so ungefähr, nicht wahr, muß es sich der Reisende denken, der durch seine Augen ja nicht belehrt wird, wenn er da sieht, daß die Römer einen Kopf mit zwei Gesichtern ausgebildet haben, eins nach hinten, eins nach vorne.

Ja, nun, die Römer haben eben noch etwas gewußt durch ein gewisses natürliches Denken, was die ganze spätere Menschheit nicht gewußt hat, und worauf wir jetzt kommen, selbständig darauf kommen. So daß man jetzt wieder wissen kann, daß die Römer nicht dumm waren, sondern gescheit waren! Januskopf heißt Jänner, Januar. Warum haben sie ihn denn just in den Zeitanfang des Jahres gesetzt? Das ist auch noch ein besonderes Geheimnis.

Ja, meine Herren, wenn man schon einmal so weit gekommen ist, einzusehen, daß die Seele nicht nur im Kopfe, sondern auch in der Leber und Niere arbeitet, dann kann man auch verfolgen, wie das durch das Jahr hindurch verschieden ist. Wenn nämlich Sommer ist, warme Jahreszeit, da ist es so, daß die Leber außerordentlich wenig arbeitet. Da kommt die Leber und die Niere mehr in eine Art von seelischer Schlaftätigkeit, verrichtet nur ihre äußerlichen körperlichen Funktionen, weil der Mensch mehr an die Wärme der Außenwelt hingegeben ist. Es fängt das im Inneren an, mehr Stillstand zu haben. Das ganze Verdauungssystem ist im Hochsommer stiller als im Winter; aber im Winter fängt dieses Verdauungssystem an, sehr geistig-seelisch zu sein. Und wenn die Weihnachtszeit kommt, die Neujahrszeit, wenn der Januar kommt und anfängt, da ist am stärksten die seelische Tätigkeit in der Leber und in den Nieren drinnen.

Das haben die Römer auch gewußt. Deshalb haben sie den Menschen mit den zwei Gesichtern den Jännermenschen, den Januarmenschen genannt. Wenn man selbständig wieder darauf kommt, was für ein Gescheites eigentlich da hingestellt ist, so braucht man die Dinge nicht mehr anzuglotzen, sondern kann sie wieder verstehen. Man glotzt sie heute nur an, weil die heutige Wissenschaft nichts mehr ist. Sehen Sie, Anthroposophie ist wirklich nichts Unpraktisches. Sie kann nicht nur alles dasjenige erklären, was menschlich ist, sondern sogar das, was geschichtlich ist; sie kann zum Beispiel erklären, warum die Römer diese Janusköpfe gebildet haben! Eigentlich – ich sage das wirklich nicht, um Eitelkeit zu treiben –, eigentlich müßte man schon beim Baedeker, damit die Menschen die Welt verstehen, einen Anthroposophen hinsetzen, sonst gehen die Menschen eigentlich verschlafen durch die Welt, glotzen alles nur an, können nicht nachdenken.

Ja, meine Herren, daraus werden Sie ersehen, daß es wirklich ernst gemeint ist, wenn man sagt, man müsse vom Körperlichen ausgehen, um zum Seelischen zu gelangen. Nun, von diesem Seelischen werde ich Ihnen dann am nächsten Samstag weiterreden. Dann können Sie sich auch überlegen, was für Fragen Sie stellen wollen. Aber Sie werden gesehen haben, daß es wirklich nicht ein Spaß ist, wie man dazu kommen will, aus dem Körperlichen heraus das Seelische zu erkennen, sondern es ist das eine sehr ernste Wissenschaft.

## SECHSTER VORTRAG
Dornach, 16. September 1922

Damit Sie, meine Herren, ein mehr vollständiges Bild bekommen, will ich noch genauer betrachten, was eigentlich im menschlichen Leibe jeden Tag bei gewissen Vorgängen vor sich geht. Denn man kann höhere Vorgänge nur verstehen, wenn man gewisse niedrige Vorgänge wirklich erkennt. Ich will daher heute noch einmal sowohl von der physischen, materiellen Seite her, wie auch von der seelischen Seite her den ganzen Ernährungsvorgang betrachten.

Wir essen; wenn wir essen, dann nehmen wir zunächst die Nahrungsmittel in den Mund. Wir genießen feste und flüssige Nahrungsmittel, die luftförmigen Nahrungsmittel nehmen wir ja durch das Atmen, durch die Lunge auf. Also wir genießen feste und flüssige Nahrungsmittel. Aber wir können in unserem Leib nur Flüssigkeiten brauchen. Daher muß das Feste schon im Munde zu einer Flüssigkeit aufgelöst werden. Das wird zunächst im Munde geleistet. Das kann im Munde, im Gaumen nur dadurch geleistet werden, daß im ganzen Gaumen und überhaupt in der Mundhöhle sich kleine Organe befinden, sogenannte Drüsen, und diese Drüsen, die geben fortwährend den Speichel von sich.

Also Sie müssen sich vorstellen, daß da zum Beispiel an der Seite der Zunge solche kleinen Drüsen sind. Das sind kleine Gebilde, die so angeordnet sind, daß sie, wenn man sie genau unter dem Mikroskop ansieht, so aussehen wie kleine Weintrauben; sie sind so aus Zellen zusammengelagert. Diese Drüsen, die geben den Speichel von sich. Der Speichel löst die Nahrungsmittel auf und durchdringt sie. Die Nahrungsmittel müssen im Munde eingespeichelt werden, sonst taugen sie nichts im menschlichen Organismus.

Nun, da wird eine Tätigkeit ausgeübt – das ist ja eine Tätigkeit, dieses Einspeicheln, dieses Durchdringen der Nahrungsmittel mit dem Speichel –, und diese Tätigkeit nehmen wir wahr, die fassen wir auf im Geschmack. Wir schmecken die Nahrungsmittel während des Einspeichelns durch den Geschmackssinn. So wie wir durch das Auge

Farben wahrnehmen, so nehmen wir durch den Geschmackssinn den Geschmack der Speisen wahr.

Also wir können sagen: Im Munde werden die Speisen eingespeichelt, und sie werden geschmeckt. Mit dem Geschmack bekommt man also ein Bewußtsein von den Speisen. Und durch das Einspeicheln werden sie so hergerichtet, daß sie dann vom anderen Leib aufgenommen werden können. Aber im Speichel des Mundes muß ein gewisser Stoff sein, sonst könnten die Nahrungsmittel nicht so zubereitet werden, daß sie dann brauchbar für den Magen sind. Da muß ein gewisser Stoff drinnen sein. Dieser Stoff, der ist auch wirklich drinnen und den nennt man Ptyalin. Also im Munde wird aus den Speicheldrüsen das Ptyalin herausgetrieben. Und dieses Ptyalin ist derjenige Stoff, der zuerst die Nahrungsmittel bearbeitet, damit sie für den Magen brauchbar werden.

Dann gehen durch die Speiseröhre, durch den Schlund, die eingespeichelten, vom Ptyalin bearbeiteten Nahrungsmittel in den Magen hinein. Im Magen müssen sie weiter bearbeitet werden. Dazu muß es im Magen wiederum einen Stoff geben. Der wird vom Magen ausgesondert, hervorgebracht. So wie im Munde der Speichel mit dem Ptyalin, so wird im Magen auch eine Art Speichel hervorgebracht. Nur ist in diesem Speichel des Magens schon ein etwas anderer Stoff drinnen. Der speichelt im Magen noch einmal die Nahrungsmittel ein. So daß wir sagen können: Im Magen, da ist statt des Ptyalin das Pepsin drinnen.

Nun, sehen Sie, im Magen entwickelt sich beim erwachsenen Menschen und auch schon beim siebenjährigen Kinde kein Geschmack mehr. Aber der Säugling, der schmeckt noch im Magen ebenso die Speisen, wie der Erwachsene im Mund die Speisen schmeckt. Da muß man also schon auf das Seelische des Säuglings eingehen, wenn man den Menschen durchschauen will. Der erwachsene Mensch, der bekommt höchstens einen Begriff von diesem Geschmack im Magen, wenn der Magen schon ein bißchen ruiniert ist und die Geschichte aus dem Magen statt nach unten nach oben geht. Dann kriegt der Mensch schon eine Vorstellung davon, daß es im Magen einen Geschmack gibt. Ich setze voraus, daß wenigstens einige von Ihnen das schon durchgemacht haben, daß wiederum etwas, was im Magen schon war, in den Mund herauf zurückkommt, und die werden wissen, daß das dann wirklich schlechter schmeckt als alles dasjenige oder wenigstens das meiste von demjenigen, was man ißt. Und dasjenige, was so schmecken würde wie das, was vom Magen zurückkommt, würde man gewiß nicht außerordentlich geschmackvoll finden. Man ißt ja solche Dinge nicht, die so schmecken würden wie das, was vom Magen wieder zurückkommt. Aber der Geschmack, der da im Speisebrei ist, der wieder zurückkommt, muß sich doch gebildet haben. Er bildet sich eben im Magen. Nicht wahr, im Munde sind die Speisen bloß einptyalinisiert; im Magen werden sie einpepsinisiert. Und die Folge davon ist, daß sie eben anders schmecken. Mit dem Geschmack ist es überhaupt so eine Sache.

Nehmen Sie einmal an, Sie sind sehr empfindlich und Sie trinken Wasser, so wird das Wasser im allgemeinen, wenn es nicht gerade verdorbenes Wasser ist, keinen schlechten Geschmack haben. Wenn Sie aber – Sie müssen natürlich etwas dafür empfindlich sein – viel Zucker auf der Zunge zerfließen lassen und die Zunge darauf eingerichtet haben, so kann es Ihnen vorkommen, daß das Wasser säuerlich schmeckt. Mit dem Geschmack ist es eine eigene Sache. Aber so, wie ihn der erwachsene Mensch kennt, bildet er sich nicht im Munde aus, sondern im Magen. Das Kind fühlt, denkt aber natürlich noch nicht; daher kennt es den Geschmack nicht so, wie der erwachsene Mensch seinen Mundgeschmack kennt. Das Kind muß daher solche Nahrungsmittel kriegen, die im Magen drinnen nicht allzuschlecht schmecken. Und das ist eben die Muttermilch oder die Milch überhaupt, aus dem Grunde, weil sie einen nicht allzuschlechten Geschmack im Magen bekommt, weil das Kind verwandt ist mit der Milch. Es ist ja aus dem Leibe heraus geboren, der Milch hervorbringen kann. Also das Kind fühlt sich verwandt mit der Milch. Daher bereitet ihm die Milch keinen schlechten Geschmack. Das Kind würde aber, wenn es zu früh andere Nahrungsmittel bekommen würde, diese ekelig finden. Der Erwachsene tut das nicht mehr, weil sein Geschmack vergröbert ist. Aber das Kind würde es ekelig finden, weil es nicht mit ihnen verwandt ist, weil das äußere Nahrungsmittel sind.

Nun, sehen Sie, von dem Magen, nachdem die Speisen eingespeichelt sind in dem Magen mit dem Pepsin, gehen die Speisen in den Darm hinein, in den Dünndarm, Dickdarm und so weiter, und der Speisebrei breitet sich im Darm aus.

Ich kann hierher schreiben beim Magen: Kindlicher Geschmack (siehe Schema Seite 104).

Wenn sich nun da der Speisebrei ausbreitet und es geschähe gar nichts mit ihm, ja, da würde er in den Därmen eine harte, steinige Masse werden und er würde den Menschen zugrunde richten. Da wird etwas anderes mit diesem Speisebrei vorgenommen.

Was da vorgenommen wird, das geschieht zunächst wiederum durch eine Drüse. Im Munde haben wir Drüsen, im Magen Drüsen, und jetzt gibt es eine große Drüse hinter dem Magen. Also wenn der Magen *da* ist, so ist hinter dem Magen, wenn man den Menschen von vorne anschaut, eine ziemlich große Drüse, und vor dieser Drüse ist dann der Magen. Diese Drüse ist also hinter dem Magen. Und diese Drüse, die man die Bauchspeicheldrüse nennt, die sondert nun wiederum eine Art Speichel ab, und der Speichel geht durch feine Kanäle in die Gedärme. So daß also in den Gedärmen die Speisen ein drittes Mal eingespeichelt werden. Und der Stoff, der da in dieser Bauchspeicheldrüse abgesondert wird, der verwandelt sich sogar im Menschen. Zunächst sondert ihn die Bauchspeicheldrüse ab. Da ist er fast so wie das Pepsin des Magens. Dann aber, auf dem Wege in die Gedärme hinein, verändert er sich. Er wird schärfer. Die Speisen müssen ja jetzt schärfer angefaßt werden als früher. Und diese schärfere Art von einem Speichelstoff, der von der Bauchspeicheldrüse abgesondert wird, den nennt man Trypsin. Also wir haben als drittes die Bauchspeicheldrüse. Die sondert ab das Trypsin – wenigstens sondert sie etwas ab, was in den Gedärmen zu dem scharfen Saft des Trypsins wird. Damit wird der Speisebrei ein drittes Mal eingespeichelt. Da geschieht mit ihm also wiederum etwas Neues.

Das kann nicht mehr wahrgenommen werden von dem Bewußtsein des Menschen im Kopfe, wie ich Ihnen das letzte Mal gesagt habe, sondern das, was da aus dem Speisebrei entsteht, das wird jetzt wahrgenommen, geschmeckt oder gefühlt von der Leber und gedacht von den Nieren. Also alles dasjenige, was da drinnen in den Gedärmen vor sich geht, das wird gedacht von den Nieren und wahrgenommen von der Leber. Da sitzt also ein Seelisches drinnen in Nieren und Leber, und das nimmt so wahr, wie der Mensch durch den Kopf wahrnimmt. Nur weiß er nichts davon. Höchstens, wie ich Ihnen das letzte Mal gesagt habe, wenn er träumt; dann kommt eben in einer bildlichen Form die Geschichte zum Bewußtsein. Wie da der Speisebrei sich schlangenartig durchwindet durch die Gedärme und sich immer mit dem Trypsin mischt, das übt einen Reiz aus, und das nimmt der Mensch dann im Traum als Schlangen wahr. Das ist also eine Umsetzung in ein undeutliches, unklares Seelisches, was da der Mensch wahrnimmt.

Nun, die Leber, die nimmt also da die Geschichte wahr mit dem Ptyalin, Pepsin, Trypsin – ich muß das schon so aussprechen, weil die Wissenschaft leider den Sachen so scheußliche Namen gegeben hat, und wenn man schon recht unsympathisch aufgenommen wird von der Wissenschaft, wenn man die Sachen klarlegen will, so würde die Wissenschaft schon ganz kopfstehen, wenn man den Sachen neue Namen geben wollte; man könnte es auch, aber damit die Wissenschaft nicht unnötig kopfsteht, tut man es nicht, gebraucht die alten Namen Ptyalin, Pepsin, Trypsin weiter fort. Es ist also so, daß nun die Sachen zum dritten Mal eingespeichelt werden. Und da liegt ein Leberfühlen zugrunde (siehe Schema Seite 104).

Was das mit diesem Leberfühlen ist, meine Herren, das machen Sie sich dadurch klar, daß Sie sich einmal erinnern, wie es ist – wenn Sie es vielleicht schon einmal getan haben –, wenn man sich eine recht scharfe Zwiebel vor die Nase bringt. Nicht wahr, da kommen die Tränen. Auch wenn Sie Meerrettich vor die Nase bringen, kommen die Tränen. Woher kommt denn das? Das kommt davon her, daß der Meerrettich oder die Zwiebel auf die Tränendrüsen wirken, und die Tränendrüsen sondern dann die bitteren Tränen ab. Ja, sehen Sie, meine Herren, so ungefähr wie die Zwiebel oder der Meerrettich ist dieser in den Gedärmen verlaufende Speisebrei, und die Leber sondert die Galle ab, so wie die Augen die Tränen absondern. Die Zwiebel muß wahrgenommen werden, wenn sie Tränen hervorrufen soll; man muß sie fühlen. So fühlt die Leber diesen Speisebrei und sondert die Galle ab, die ihm zugesetzt wird. Das ist das vierte.

*Mund : Geschmack. Ptyalin*
*Magen : Kindl. Geschmack. Pepsin*
*Bauchspeicheldrüse: Leberfühlen. Trypsin*
*Leber: Galle*

Nun wird in den Gedärmen, nachdem der Mund durch das Ptyalin, der Magen durch das Pepsin, die Bauchspeicheldrüse durch das Trypsin gewirkt hat, von der Leber aus die Galle dem Speisebrei zugesetzt. Und dann kommt erst das Denken durch die Nieren.

Wenn nun der Speisebrei auf diese Weise zubereitet ist, viermal eingespeichelt ist, dann geht er erst durch die Darmwände in die Lymphröhren hinein und von da in das Blut. Also wir können sagen: Im menschlichen Körper ist ein außerordentlich komplizierter Lebensprozeß vorhanden. Vom Mund, bis der Speisebrei in das Blut hineingeht, immerfort wird der Speisebrei umgeändert, damit er in der richtigen Weise nicht nur vom Magen, sondern vom ganzen menschlichen Körper verdaut werden kann.

Jetzt wird aber das wiederum in einer verschiedenen Weise bewirkt. Nicht wahr, Sie können sich sagen, wenn Sie selber – denken Sie nur, meine Herren –, wenn Sie selber im chemischen Laboratorium, selbst wenn Sie ein noch so gescheiter Professor wären, das alles so machen müßten, Sie würden es nicht können, wenn Sie zuerst die Speise mit dem Mundspeichel durchkauen müßten, dann mit dem Magenspeichel, dann mit dem Darmspeichel und zuletzt mit der Galle! Das geschieht alles in Ihnen, Sie machen es fortwährend jeden Tag. Aber wenn Sie es im Laboratorium machen sollten, Sie würden es nicht können. Der Mensch hat zwar einen Verstand, aber dasjenige, was in seinem Bauch verständigerweise zugeht, das geschieht viel gescheiter, als die Menschen überhaupt auf der Erde sind. Und das ist ein sehr weiser, ein sehr gescheiter Prozeß, der sich da abspielt. Den kann man nicht so ohne weiteres nachmachen.

Aber Sie werden noch mehr Respekt kriegen vor diesem Prozeß, wenn ich Ihnen seine Einzelheiten schildere. Was ißt denn der Mensch?

Der Mensch ißt Pflanzenstoffe, Tierstoffe, Mineralstoffe, und dadurch kriegt er ganz verschiedene Stoffe in seinen Mund und seinen Magen und seine Gedärme hinein, die umgewandelt werden müssen, verändert werden müssen durch die Einspeichelung.

Denken Sie sich, Sie essen Kartoffeln. Woraus besteht die Kartoffel? Die Kartoffel besteht hauptsächlich aus dem, was Sie in der Stärke haben. Sie wissen ja auch, Stärke wird aus der Kartoffel bereitet. Also Sie essen eigentlich Stärke, wenn Sie Kartoffeln essen. Das ist also eines von dem ersten, was Sie essen; Stärke essen wir. Es gibt viele stärkeähnliche Dinge. Die Kartoffel besteht fast ganz aus Stärke, nur mit einzelnen Flüssigkeiten ist die Stärke durchsetzt, namentlich mit Wasser. Und dadurch sieht die Kartoffel eben – weil sie außerdem lebendig ist, nicht tot – so aus, wie sie ist. Sie ist eigentlich lebendige Stärke, die Kartoffel. Aber darum muß sie, wie ich Ihnen gesagt habe, abgetötet werden. Da ist sie also reine Stärke. In den Pflanzen ist überall Stärke drinnen; was Sie aus dem Pflanzenreich essen – überall ist Stärke drinnen.

Was essen Sie noch? Ob Sie es aus dem Pflanzenreich oder aus dem Tierreich nehmen, Sie essen Eiweiß. Eiweiß essen Sie in dem gewöhnlichen Ei; da haben Sie es so, wie es ist, nur etwas abgetötet. Sie essen aber Eiweiß, das beigemischt ist dem Muskelfleisch oder den Pflanzen. Sie essen eigentlich fortwährend Eiweiß. Also das zweite ist Eiweiß und eiweißähnliche Stoffe.

Und das dritte, was Sie essen, und was von der Stärke und von dem Eiweiß verschieden ist, das sind Fette. Fette sind andere Stoffe als Stärke und Eiweiß. Fette sind in den Pflanzen weniger als in den Tieren. Es gibt sogenannte Pflanzenfette. Der Mensch braucht entweder aus dem Pflanzenreich oder aus dem Tierreich die Fette, wenn er sich ordentlich nähren soll. Also die Fette sind als drittes da drinnen in dem, was der Mensch als Nahrungsmittel aufnimmt.

Und als viertes sind drinnen die Salze. Der Mensch muß immer entweder schon solche Nahrungsmittel zu sich nehmen, die von Natur aus genügend Salze haben oder Salze wenigstens enthalten, oder Sie wissen ja, die Menschen stellen sich ein Salzfaß auf den Tisch, und je nachdem nehmen sie entweder mit den Fingern oder mit dem kleinen Hornlöffel oder mit der Messerspitze das Salz aus dem Salzfaß und setzen es der Suppe oder den anderen Nahrungsmitteln zu. Das wird gegessen. Das haben wir nötig. Das ist das vierte, was gegessen wird; Salze muß ich schreiben, weil es eben verschiedene Salze sind.

Das kommt eben alles in den Darm hinein, und das wird alles verändert im Darm.

Nun, meine Herren, was entsteht aus dem allem? Dadurch, daß die Speisen gut vorbereitet sind durch den Mundspeichel und Magenspeichel, können sie im Darm zum dritten Male eingespeichelt werden, und sie verhärten nicht, sondern sie verwandeln sich, sie werden etwas anderes.

Stärke: Zucker
Eiweiß: flüssiges Eiweiß
Fette: Glyzerin, Säuren
Salze: Salze

Was wird die Stärke? Die Stärke wird Zucker. So daß Sie also, wenn Sie Stärke essen, daraus in Ihrem Magen Zucker bekommen. Zucker brauchen wir, wenn wir ihn in uns haben wollen, gar nicht zu essen, aus dem einfachen Grunde nicht – wenn wir genügend viel entwickeln würden –, weil wir ihn selbst machen. Aber es ist schon beim Menschen so, daß er nicht alles machen kann, trotzdem die menschliche Natur sehr viel kann. Und so entwickelt sie eben zu wenig Zucker, bei manchen Menschen sogar viel zu wenig Zucker. Und da muß dann noch extra Zucker zugesetzt werden zu den Speisen, oder da wird zugesetzt, damit das schon in die Gedärme vorbereitet hineinkommt, was sonst im normalen Leben die Gedärme selber machen. Und die Gedärme machen aus Stärke Zucker. Das ist eine große Kunst.

Noch eines: Sie wissen ja, es bekommt Menschen mit schwachem Magen besser, wenn sie kernweiche Eier essen, als wenn sie ganz harte Eier essen. Und noch dazu, wenn die Eier schon etwas stinkig geworden sind, bekommen sie erst recht schlecht. Das Eiweiß ist zwar ein gutes Nahrungsmittel, aber wenn wir es in einem belebten Zustand da in die

Gedärme hineinbringen, würde dieses Eiweiß auch in uns stinkig und unbrauchbar. Wir können das Eiweiß in unserem Darm nicht so gebrauchen, wie es da draußen ist. Dieses Eiweiß muß auch umgewandelt werden, und vor allem, es muß aufgelöst werden. Wenn Sie es ins Wasser hineingeben, löst es sich nicht auf. Es muß etwas ganz anderes da sein, damit es sich auflöst. Und ganz besonders stark löst das Trypsin das Eiweiß auf. Also aus Eiweiß entsteht flüssiges Eiweiß.

Und während flüssiges Eiweiß entsteht, bildet sich im menschlichen Organismus noch etwas; durch die Einwirkung dieses Darmspeichels der Bauchspeicheldrüse, da bildet sich noch etwas. So spaßig es ist, aber es bildet sich nämlich Alkohol. Der Mensch entwickelt in sich Alkohol. Man braucht gar keinen Alkohol zu trinken, man hat in sich selber einen Quell von Alkohol. In den Gedärmen entsteht Alkohol. Und wenn die Menschen zum Säufer werden, dann ist das nur aus dem Grunde, weil ihre Leber zu gierig wird. Sie begnügt sich nicht, indem sie wahrnimmt den Alkohol, der da ein bißchen gebildet wird in den Gedärmen; sie verlangt mehr Alkohol, und da werden die Menschen zum Säufer.

Sehen Sie, Leute, die das gewußt haben, die haben das sogar als Grund angeführt für das Wein- und Biertrinken. Sie haben gesagt: Da sind solche Antialkoholiker; aber der Mensch kann gar nicht Antialkoholiker sein, weil er selber Alkohol in seinen Gedärmen macht. – Nun, aber das begründet natürlich nicht, daß man deshalb zum Säufer werden muß und zu viel Alkohol trinken soll. Denn wenn man nun zu viel Alkohol trinkt, das heißt, der Leber nachgibt in ihrer Gier nach Alkohol, dann wird sie krank, dann entartet sie durch das alles, wuchert. Die Leber muß doch tätig sein. Die Leber vergrößert sich und die kleinen Drüsen werden aufgeblasen. Und wenn dann die Leber arbeiten muß in der Gallenerzeugung, so erzeugt sie keine ordentliche Galle. Der Speisebrei wird nicht ordentlich in den Gedärmen mit Galle durchsetzt. Er geht als unrichtiger Speisebrei in die Lymphgefäße und in die Blutgefäße. Das kommt ins Herz und greift auch das Herz an. Deshalb haben diejenigen Menschen, die zu viel Bier trinken, eine krankhafte, eine ganz anders aussehende Leber, als diejenigen, die wenig trinken oder sich gar mit dem bißchen Alkohol begnügen in den menschlichen

Gedärmen selber, das eigentlich in der Hauptsache schon genügt. Die entartete Leber und das entartete Herz sind eine Folge von zu großem Alkoholgenuß. Daher das Bierherz, das eine große Anzahl der Münchner Bevölkerung hat. Aber es ist immer auch die Leber mit entartet. Sehen Sie, man versteht die Entartung und die verschiedenen Krankheiten, wenn man in dieser Weise hineinschaut in den verschiedenen Verlauf des Speisebreies im Organismus.

Nun habe ich Ihnen gesagt, was entsteht, wenn das Eiweiß flüssig gemacht wird. Da dringt Alkohol in das Eiweiß hinein, und er verhindert das Stinkigwerden. Sie wissen ja, wenn man Lebendiges aufbewahren will, bewahrt man es auch in Spiritus auf, weil der Alkohol, wie man sagt, die Sache konserviert. Es kann sich erhalten. Das Eiweiß kann sich auch im Organismus dadurch erhalten, daß es in Spiritus gesetzt wird durch den Organismus selber. Das ist außerordentlich gescheit.

Aber es sind so feine Vorgänge, die da geschehen, daß der Mensch das alles nicht machen könnte. Wenn er, sagen wir, irgendein menschliches Glied oder einen kleinen Organismus bewahren will, ein kleines Lebewesen bewahren will, so setzt er es in Spiritus und stellt es in seinem naturwissenschaftlichen Kabinett auf. Aber in einer viel feineren, geistreicheren Art macht das in dem menschlichen Darm das Trypsin; das setzt Alkohol ab und setzt das Eiweiß in Alkohol.

Und was geschieht mit den Fetten? Ja, meine Herren, die Fette gehen in den Darm hinein und werden wiederum von dem, was von der Bauchspeicheldrüse abgesondert wird, in Verbindung mit der Galle umgewandelt. Und da entstehen aus dem Fett zweierlei Stoffe. Der eine Stoff ist Glyzerin. Glyzerin kennen Sie von außen, aber Sie erzeugen täglich das Glyzerin in sich. Der andere Stoff ist Säure. Also aus den Fetten entstehen Glyzerin und Säuren, allerlei Fettsäuren.

Und nur die Salze, die bleiben ähnlich so, die werden wenig verändert; höchstens aufgelöst werden sie, so daß sie besser verdaulich gemacht werden. Aber die bleiben eigentlich so, wie sie aufgenommen werden. Also die Salze bleiben Salze (siehe Schema Seite 106).

So also essen wir mit den entsprechenden Nahrungsmitteln stärkeartige Stoffe, eiweißartige Stoffe, fettartige Stoffe und Salzstoffe. Und nachdem wir verdaut haben, haben wir in uns statt dieser Stärke und des Eiweißes und der Fette: Zucker, aufgelöstes, flüssiges Eiweiß, Glyzerin, Säuren und Salze.

Und was geht nun mit dem vor sich, was wir da in uns haben? Wir haben etwas ganz anderes, als wir gegessen haben, in uns. Wir haben richtig die Geschichte umgewandelt.

Sehen Sie, es hat noch vor einigen Jahrhunderten in der Schweiz hier – aber er ist weit gewandert gewesen – einen Arzt gegeben, den die Wissenschaft heute ziemlich verachtet, der aber noch eine Ahnung hatte von all diesen Vorgängen. Das war der *Paracelsus*. In Basel war er Professor. Aber die Kerle haben ihn herausgeschmissen, weil er mehr gewußt hat als sie. Er wird heute noch allgemein verschimpft. Es ist ihm ja passiert, trotzdem er ein sehr gescheiter Mensch war, daß er über einen Felsen heruntergefallen ist und sich den Kopf zerschmettert hat. Er hat seine letzte Lebenszeit in Salzburg verbracht. Er war Arzt. Wäre er, wie man es heute nennt, ein ehrenhafter Bürger, Stadtrat von Salzburg gewesen, so hätte man ihm das beste Andenken bewahrt. Aber er war ein Mensch, der mehr gewußt hat als die anderen. Und da haben sie gesagt: Er war ein Säufer, war besoffen und ist über den Felsen heruntergestürzt. – Nun, das ist schon einmal so in der Welt. Der hat also noch etwas gewußt von der Welt und hat immer in starker Weise hingewiesen darauf, wie im Inneren des Menschen eine Umwandlungskraft ist. Aber das ist ja seit jener Zeit für Jahrhunderte vergessen worden.

Und was geschieht nun mit alledem, was da drinnen ist? Da gibt sich die Wissenschaft wiederum einer großen Illusion hin. Denn sehen Sie, die Wissenschaft sagt: Alles das, was da jetzt entsteht als Zucker, flüssiges Eiweiß, Alkohol, Glyzerin, Fettsäuren und Salze, all das geht in die Blutadern hinein und von da ins Herz, und vom Herzen aus durch die Blutadern wird es erst in den übrigen Organismus getrieben. – Gewiß, ich möchte sagen, mit dem Dicksten, was noch da ist – flüssig ist alles, aber auch unter dem Flüssigen sind dickliche Flüssigkeiten –, aber mit dem Dicksten, was da noch ist, kann es so sein, ist es auch so: das geht in die Adern über und versorgt von da aus den Körper. Aber, meine Herren, haben Sie denn nicht schon einmal bemerkt, daß wenn ein Glas Wasser da war und Sie Zucker ins Glas hineingegeben haben und Sie haben es nachher getrunken, daß es nicht bloß unten, wo der Zucker gelegen hat, süß ist? Das ganze Glas Wasser ist süß, nicht wahr! Der Zucker, wenn er flüssig gemacht wird, löst sich ja im ganzen Wasser auf. Und ebenso das Salz. In diesem Wasserglas da drinnen, da sind nicht erst Adern, damit der Zucker oder das Salz in alle Teile hineinkommen können, sondern das wird aufgesogen.

Nun habe ich Ihnen vor einiger Zeit gesagt, daß der Mensch eigentlich zu 90 Prozent aus Wasser besteht, wenigstens aus Flüssigkeit. Es ist lebendiges Wasser, aber es ist Wasser. Nun, brauchen die Stoffe, die da sind, alle erst die Adern, um in den ganzen Körper überzugehen? Wenn da drinnen in den Gedärmen Zucker gemacht wird, hat das die Adern erst nötig, damit es in den ganzen Körper übergehe? Der Mensch besteht aus Wasser, damit sich der Zucker in ihm verbreiten kann.

Ja, da haben die Leute gesagt: Wenn der Mensch ein Säufer wird, dann gehen alle Alkoholmengen, die der Mensch zu sich nimmt, auf dem Weg durch die Gedärme ins Herz und von da aus in den ganzen Körper. – Ich kann Ihnen die Versicherung geben, meine Herren, wenn der ganze Alkoholgehalt, den ein solcher Säufer in sich hineinsäuft, erst durchs Herz hindurchgehen würde, dann würde er am Alkohol nicht nach Jahren zugrunde gehen, sondern nach Tagen. Man kann das nämlich nachweisen, daß dasjenige, was man auf diese Weise flüssig zu sich nimmt, nicht erst durch die Adern in den ganzen Körper übergeht, sondern so in den Körper übergeht, wie der Zucker in einem Glas Wasser ins ganze Glas Wasser übergeht. Wenn jemand, der einen ziemlich gesunden Organismus hat, ein Glas Wasser trinkt und er trinkt es aus Durst, so wird dieses erste Glas Wasser wirklich nun von den Gedärmen verarbeitet, wird dem Speisebrei zugesetzt und geht von da aus tatsächlich in die Adern und durch das Herz in den Körper über. Aber wenn die Adern und das Herz einmal genug haben, dann können Sie Wasser trinken so viel Sie wollen: das geht nicht mehr von den Adern über, weil man das nicht braucht. Wenn Sie ein oder eineinhalb Glas Wasser trinken, nur soviel Sie gerade dem Durst entsprechend brauchen, dann läßt das Ihren Körper ungeschoren; wenn Sie aber zu viel Wasser trinken, schon beim dritten, vierten Glas, da geht das Wasser rasch durch den Urin ab. Das nimmt sich nicht erst Zeit, durchs Herz abzugehen, sondern geht einfach, weil der Mensch eine Wassersäule ist und es zu viel Wasser wäre, durch den Urin ab. Denken Sie nur einmal nach, was da geschieht, wenn die Leute am Stammtisch zusammensitzen und es zum dritten, vierten Glas Bier kommt; da können Sie wahrnehmen, wie da der eine und der andere anfängt zu laufen! Dieses Bier, das hat sich gar nicht Zeit genommen, erst ins Herz hereinzugehen, das geht auf einem viel kürzeren Wege wieder ab, weil der Mensch eben ein flüssiger Körper ist.

So können wir sagen: Der Speisebrei, der jetzt besteht aus Zucker, flüssigem Eiweiß, Glyzerin, Säuren, Salzen, der geht in den ganzen Körper über; nur der dickste Teil geht durch die Adern in den ganzen Körper über. Und so kommt es, daß im Kopf Salze abgelagert werden, daß in allen übrigen Organen Salze abgelagert werden, die gar nicht durchs Blut kommen, sondern die direkt in diese Organe hereingehen.

Nun, sehen Sie, wenn die Geschichte so wäre, daß der Mensch all das Salz, das in seinem Kopfe abgelagert wird, immerfort spüren würde, dann würde er fortwährend Kopfschmerz haben. Zuviel Salze im Kopf gibt Kopfschmerzen. Sie haben vielleicht schon etwas gehört von der Migräne. Ich habe auch schon hier davon gesprochen. Man kann auf den verschiedenen Stufen verschieden über die Dinge aufklären. Worin besteht denn die Migräne? Die Migräne besteht darinnen, daß diese ganze Verteilung nicht in Ordnung ist und im Kopf zu viel Salze, nämlich Harnsäuresalze abgelagert werden. Statt daß die Harnsäuresalze mit dem Harn, mit dem Urin abgingen, bleiben sie im Kopf liegen bei der Migräne, weil die anderen Speisen nicht ordentlich zubereitet sind und die Salze zurückhalten. Die Migräne ist nämlich gar keine so noble Krankheit, obwohl gerade meistens noble Leute sie haben. Die Migräne ist eine recht unanständige Krankheit. Dasjenige, was durch den Urin abgesondert werden sollte, das bleibt auf der rechten Seite des Kopfes liegen, weil es schon im Magen verdirbt. Also dasjenige, was im Organismus auf der linken Seite wirkt, wirkt im Kopf auf der rechten Seite. Ich werde noch in der nächsten Zeit zeigen, warum das so ist.

Und so kommt es dazu, daß die Geschichte, die eigentlich durch den Urin abgehen sollte, da auf der rechten Seite des Kopfes abgelagert wird.

Wieviel Salz kann denn der Mensch ertragen? Nun ja, erinnern Sie sich daran, was ich Ihnen schon einmal gesagt habe. Erinnern Sie sich daran, daß ich gesagt habe: Im Kopf ist ja das Gehirnwasser. Dadurch allein, daß das Gehirnwasser drinnen ist, wird das Gehirn so leicht, daß es überhaupt im Menschen bestehen kann. Denn ein Körper, der einfach in der Luft ist, der hat eine gewisse Schwere, ein gewisses Gewicht. Wenn wir ihn aber ins Wasser hereinsenken, da wird er leichter. Wenn das nicht der Fall wäre, könnte man nicht schwimmen. Und sehen Sie, das Gehirn, das wäre, wenn es nicht im Wasser wäre, ungefähr 1500 Gramm schwer. Ich habe Ihnen das schon einmal gesagt: Dadurch, daß das Gehirn im Wasser drinnen schwimmt, ist es nur 20 Gramm schwer. So viel wird das leichter; 20 Gramm ist es nur schwer! Aber je mehr Salze im Gehirn abgelagert werden, desto schwerer wird es, weil die Salze eben das Gewicht des Gehirnes vergrößern. Es wird dann einfach zu schwer durch die Salze.

Nun können wir also sagen: Beim Menschen ist das so, daß dann, wenn er die Salze im Gehirn ablagert, das Salz leichter gemacht wird – das ganze Gehirn wird (durch den Auftrieb) leichter gemacht. Aber nun denken Sie einmal, wie das beim Menschen anders ist als beim Tier. Sie müssen sich ja denken, daß der Mensch seinen Kopf auf seinen ganzen Organismus draufgesetzt hat. Da hat der Kopf eine ordentliche Unterstützungsfläche. Beim Tier ist das anders. Da hat der Kopf nicht diese Unterstützungsfläche, sondern da ist der Kopf rein nach vorne gerichtet. Was folgt daraus? Nun, beim Menschen wird also der Druck, den der Kopf da ausübt, obwohl er sehr leicht ist, vom Körper aufgefangen. Beim Tier wird er nicht vom Körper aufgefangen. Sehen Sie, darinnen besteht der Hauptunterschied des Menschen vom Tier.

Die Naturforscher denken immer nach, wie sich der Mensch aus den Tieren heraus entwickelt hat. Es ist ja ganz gut, so nachzudenken, aber man kann den Menschen nicht so betrachten. Man kann nicht sagen: Das Tier hat so und so viele Knochen, und der Mensch hat ebenso viele Knochen. Der Affe hat so und so viele Knochen, der Mensch ebenso viele. Also ist das einerlei. – Das kann man nicht sagen. Beim Affen bleibt noch immer vorhanden, daß der Kopf vorne überhängt, wenn er noch so aufrecht geht, selbst wenn er ein Orang-Utan oder ein Gorilla ist. Der Mensch ist schon so eingerichtet, daß der Kopf aufsitzt auf dem Körper, daß der ganze Druck aufgefangen wird vom Körper. Was geschieht da?

Nun, da geschieht etwas höchst Eigentümliches. Wir haben in uns Zucker, flüssiges Eiweiß, Glyzerin, Säuren, Salze. Die Salze, die gehen vom Bauch herauf in den Kopf und lagern sich dort ab, müssen wiederum zurück, gehen dann durch den Körper wieder zurück, wenn sie zu viel sind. Aber in bezug auf die übrigen Stoffe muß noch etwas anderes geschehen im Körper. Und da geschieht, während die Stoffe heraufgehen, eine neue Umwandlung. Die geschieht einfach dadurch, daß der Körper die Schwerkraft abfängt. Die Stoffe werden immer leichter und leichter, ein gewisser Teil; ein anderer Teil setzt sich als Dickliches ab. Wie sich, wenn man etwas auflöst, auch ein Satz absetzt, so bildet sich gewissermaßen überall auf dem Weg vom Bauch zum Kopf Satz; die feinsten Teile, die gehen nach oben und werden durch diese leichter gemachte Schwerkraft umgewandelt. Und was entsteht da, wenn die leichtesten Teile der Speisen, die bis zum Kopfe gehen, umgewandelt werden? Da entsteht aus den Speisen eine Art von Phosphor. Und das ist tatsächlich der Fall, daß aus den Speisen eine Art von Phosphor entsteht, so daß die Speisen nicht einfach in den Kopf hinaufdringen. Es dringt viel herauf, Zucker, Glyzerin und so weiter, alles mögliche dringt herauf, aber ein Teil davon wandelt sich, bevor er heraufkommt, in Phosphor um.

Sehen Sie, meine Herren, so haben wir in unserem Kopfe Salze, die fast unverändert von der Außenwelt aufgenommen sind, heraufgedrungen sind, und so haben wir in luftförmig fein verteiltem Zustande, eigentlich viel feiner noch als die Luft, Phosphor ausgebreitet. Und das sind die hauptsächlichsten Stoffe, die im menschlichen Kopf sind: Salze und Phosphor. Die anderen sind nur da, damit er sich als Lebewesen erhalten kann. Aber die wichtigsten sind Salze und Phosphor. So daß wir also sagen können: Im Kopfe des Menschen ist das Wichtigste Salz und Phosphor.

Nun kann man auf eine Art, die ich Ihnen nächstens auch noch zeigen werde, nachweisen, daß wenn der Mensch nicht eine richtige Menge Salz im Kopfe hat, er dann nicht ordentlich denken kann. Man muß eine richtige Menge Salz im Kopf haben, damit man ordentlich denken kann. Salz im Kopf, das ist dasjenige, dessen man sich bedienen muß zum Denken. Das kommt zu dem noch hinzu, was ich Ihnen schon für das Denken gesagt habe. Die Dinge im Menschen sind eben kompliziert.

Kopf { Salz : Denken
Phosphor : Wille

Und wenn wir einfach zu viel Phosphor in uns haben, das heißt, zu feurige Speisen essen, dann werden wir ein furchtbarer Zappelfritz, der alles angreifen will, der immer wollen will. Dadurch, daß wir den Phosphor haben, ist der Wille da. Und wenn wir zu viel Phosphor haben, dann fängt dieser Wille an zu zappeln. Und wenn dann der Organismus so ist, daß er überhaupt durch seine ganze Zusammensetzung zu viel Phosphor in den Kopf hinaufschickt, dann fängt der Mensch nicht nur an zu zappeln, und wie man sagt, nervös – das hat nichts mit den Nerven, sondern mit dem Phosphor zu tun – herumzuzappeln in der Welt, sondern er fängt an zu toben und wird ein Verrückter, wird tobsüchtig. Wir müssen ein klein wenig Phosphor in uns haben, damit wir überhaupt wollen können. Aber wenn wir zu viel Phosphor machen in uns selber, dann werden wir verrückt.

Nun, meine Herren, denken Sie jetzt einmal darüber nach, wenn Ihnen jemand Salz gibt, wie Sie das zum Denken bringen. Ich möchte Ihnen schon raten, einmal ein Salzfaß zu nehmen und zu versuchen, das zum Denken zu bringen! Sie tun es fortwährend; in Ihrem Kopfe drinnen tun Sie fortwährend das, daß Sie das Salz verwenden zum Denken. Und dann, nicht wahr, bitte reiben Sie ein bißchen Phosphor ab von einem Zündholz, lösen Sie es ein wenig ab, daß er ganz fein wird, dann zünden Sie den unten an und versuchen Sie ihn zu verbrennen. Der soll nun wollen! Verbrennen, das heißt, verflüchtigen tut er sich, aber wollen tut er nicht! Das aber machen Sie fortwährend in sich. Sagen Sie sich jetzt nicht, daß da etwas in Ihnen ist, was wahrhaftig gescheiter ist als unser dummer Kopf, der sehr wenig kann, der nicht aus dem Salz ein Denkwesen machen kann, aus dem Phosphor ein Willenswesen? Und das ist dasjenige in uns, was man das Seelisch-Geistige nennen kann. Das ist das Lebende, Webende, was man das Seelisch-Geistige nennen kann. Das steckt da drinnen in uns, bedient sich des Salzes im Kopfe zum Denken, und bedient sich des Phosphors, der da heraufgeht wie ein Rauch, ganz fein, um zu wollen.

So kommt man aus dem Körperlichen ins Seelische und ins Geistige herein, wenn man richtig betrachtet. Aber was tut die heutige Wissenschaft? Die hört beim Bauch auf. Die weiß höchstens, daß im Bauch Zucker und so weiter entsteht; nachher verliert sie aber die Spuren, wenn die Dinge da weiter sich verteilen, weiß nichts davon, was da weiter geschieht. Deshalb kann die Wissenschaft vom Seelischen und Geistigen nichts erzählen. Diese Wissenschaft muß ergänzt, erweitert werden. Man muß nicht auf den Bauch sich beschränken und den Kopf nur höchstens aufgesetzt sich denken. Aber das sieht man ja nicht, wie da Salze und Phosphor heraufgekommen sind. Da glaubt man, es gehe im Kopfe auch so zu wie im Bauch. Die ganze Sache ist davon abhängig, daß die heutige Wissenschaft nur etwas weiß über den Bauch, aber auch nur, daß da etwas entsteht, aber nicht weiß, daß die Leber wahrnimmt und die Nieren denken. Das weiß sie schon nicht. Das weiß sie aus dem Grunde nicht, weil sie auch vom Kopfe nichts weiß. Da sucht sie es natürlich gar nicht, hält dasjenige schon für vollständig, was auf dem Seziertisch von der Leber liegt. Es ist aber nicht das Vollständige, denn das hat die Seele verloren, als es in dem Zustande war, in dem man es aus dem Leibe einfach herausgeschnitten hat. Solange das Seelische drinnen ist, können Sie es nicht aus dem Leibe herausschneiden. Also Sie sehen, daß eine ernsthafte Wissenschaft da weiter arbeiten muß, wo die heutige Wissenschaft aufhören muß. Das ist das, worauf es ankommt. Deshalb haben wir hier das Goetheanum gebaut, damit die Wissenschaft nicht bloß über den Bauch etwas Unvollständiges weiß, sondern über den ganzen Körper etwas erklären kann. Dann wird das auch eine wirkliche Wissenschaft sein.

## SIEBENTER VORTRAG

Dornach, 20. September 1922

Nun, meine Herren, damit wir den Menschen noch besser verstehen, als wir ihn bisher schon verstehen, wollen wir auch einmal die Erde betrachten. Wenn die Erdenmenschen zusammenkommen, so ist eigentlich das Leben des Menschen als physisch-menschliches Leben nicht für sich zu betrachten, sondern man muß eben auch die Erde betrachten.

Wenn man in das eine oder andere naturwissenschaftliche Museum kommt, da findet man manchmal Überreste von Tieren und auch von Pflanzen, die vor langer Zeit auf der Erde gelebt haben. Sie können sich natürlich vorstellen, daß da in der Erde alles mögliche vor sich geht, bis diese alten Tiere und Pflanzen zerstört sind in einer gewissen Beziehung. Sie können ja auch sich überlegen, daß zum Beispiel von gewissen Tieren in der Erde sich höchstens Knochen erhalten, dagegen die Muskeln, die Weichteile, Herz und andere Gefäße, verlorengehen, sehr bald zerstört werden, und daß man daher nur die versteinerten Knochen, das heißt die Knochen, die sich nach dem Tode der Tiere mit anderem Material ausfüllen, also wenn Schlamm in sie hineinkommt, daß man daher nur diese Verhärtungen, diese Versteinerungen finden kann, ausgraben kann, und daß man sich gewissermaßen aus dem, was man da hat, was zumeist ja nur Knochenreste sind, sich eine Vorstellung machen muß, wie es auf der Erde einmal ausgesehen hat. Denn Sie können sich ja auch denken, daß die heutigen Zustände auf der Erde in der Zeit nicht gewesen sein können, in der ganz andere Tiere und Pflanzen gelebt haben, denn sonst wären die heutigen nicht entstanden. Die Erde muß also einmal ganz anders ausgesehen haben. Das werden Sie gerade aus dem entnehmen können, was ich Ihnen heute erzählen werde.

Sehen Sie, man hat von einem Naturforscher, *Cuvier*, der in der ersten Hälfte des 19. Jahrhunderts gelebt hat, um 1810 herum, gesagt, daß wenn er einen Knochen bekommt, er sich eine Vorstellung machen kann, wie das ganze Tier dann ausgesehen hat. Wenn man wirklich die Form der Knochen studiert, wenn man zum Beispiel nur einen einzigen Unterarmknochen hat, kann man sich eine Vorstellung bilden, wie das

Ganze ausgesehen haben muß, denn jede einzelne Knochenform ändert sich sofort, wenn sich der ganze Körper ändert. Also auch aus den einzelnen Knochen kann man feststellen, wie der ganze Körper ausgesehen hat. Abgesehen davon, daß wir ja manchmal ganze Skelette haben von Tieren, die einmal auf Erden gelebt haben, haben wir solche einzelnen Knochen, und man kann sich daraus eine Vorstellung davon machen, wie es einmal auf der Erde ausgesehen haben muß.

Ich werde jetzt damit anfangen, Ihnen einen Zustand der Erde zu schildern, der in sehr früher Zeit, vor vielen Tausenden von Jahren einmal auf der Erde war. Diesen Zustand will ich Ihnen einmal erzählend schildern. Wir werden dann später die Einzelheiten genauer kennenlernen, aber jetzt will ich einfach erzählen, wie es einmal ausgeschaut hat auf der Erde, auf der wir heute herumgehen. Im heutigen Zustand kennen Sie sie ja alle.

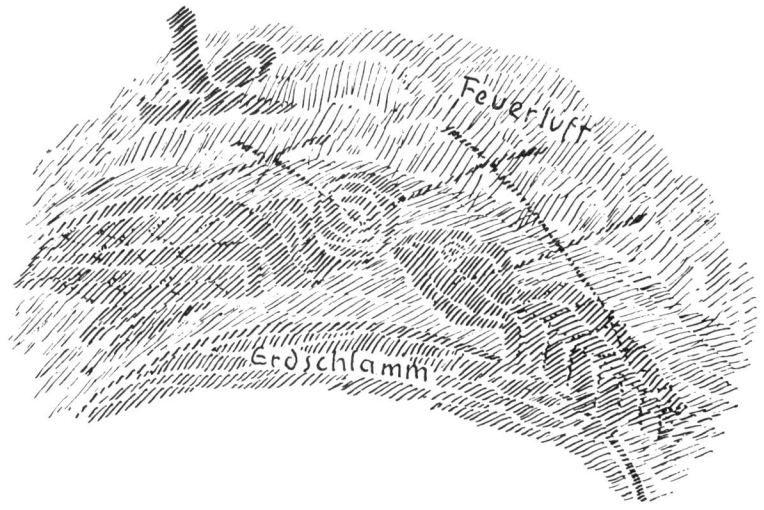

Das war so. Denken Sie sich einmal die Erde, ich will ein Stückchen von ihr hier zeichnen (siehe Zeichnung); aber diese Erde, die hat noch nicht solche festen Gebirge gehabt wie heute, sondern diese Erde war eigentlich so, wie es an der äußersten Oberfläche der Erde ist, wenn es heutzutage wochenlang geregnet hat, ja, noch viel schlammiger. Also es war auf der Oberfläche der Erde nicht so fest, wie es heute ist, sondern es war viel schlammiger. Hätte es dazumal schon Menschen gegeben von der heutigen Art, so hätten diese Menschen entweder schwimmen müssen – da wären sie aber fortwährend schlammig gewesen, also schrecklich dreckig gewesen –, oder sie hätten fortwährend versinken müssen. Also Menschen in der heutigen Gestalt hat es dazumal noch nicht gegeben. Es war eine schlammige, ganz schlammige Erde, und allerlei in der schlammigen Erde da drinnen.

Wenn Sie heute da hinausgehen und einen Stein nehmen, so einen Stein, wie ihn Herr Erbsmehl einmal gebracht hat, oder wenn Sie noch tiefer in die Schweiz hineingehen und noch härtere Steine nehmen, so müssen Sie sich vorstellen: die waren damals alle in der schlammigen Erde drinnen aufgelöst, wie wenn Sie Salz in Wasser auflösen. Denn in dieser schlammigen Erde waren allerlei Säuren, die alles mögliche auflösten. Also kurz, es war ein ganz merkwürdiger Schlamm, aus dem dieser Erdboden bestand. Und über diesem Erdboden, da war nicht schon eine Luft, wie die heutige ist, nicht eine Luft, in der bloß Sauerstoff und Stickstoff enthalten war, sondern in der allerlei Säuren in gasförmigem Zustande waren. Sogar Schwefelsäure war darin, Schwefelsäuredünste und Salpetersäuredünste; das war alles in dieser Luft drinnen. Daraus können Sie auch schon entnehmen, daß der Mensch in seiner heutigen Gestalt da nicht hätte leben können. Natürlich waren diese Dünste schwach, aber sie waren in dieser Luft drinnen. Und diese Luft hat außerdem noch die Eigentümlichkeit gehabt, daß sie ungefähr so war, wie wenn Sie heute in einen alten Backofen hineinschlüpfen würden und da werde dann gerade die Wärme zum Brotbacken hergerichtet, die Sie um sich herum fühlen. Es wäre also etwas ungemütlich für den heutigen Menschen gewesen, wenn er in dieser Luft drinnen gewesen wäre, in der es außerdem nach Schwefelsäure gerochen hat und in der es recht wärmlich war.

Nun, da drüber aber war noch eine andere Luft. Die war noch etwas wärmer als diejenige, die da drunter war, und die hat Wolken gebildet. Diese Wolken, die da gebildet worden sind, die haben fortwährend, weil sie auch allerlei, Schwefelsäure und Salpetersäure und allerlei andere Stoffe in sich enthielten, Blitze erzeugt und riesigen Donner.

So daß es da drinnen fortwährend von riesigen Blitzen gezuckt hat. Das war ungefähr einmal die Umgebung der Erde.

Ich möchte, damit wir Namen haben, das, was da oben war, weil es eine furchtbar warme Luft war, Feuerluft nennen. Sie war nicht etwa glühend – das ist nur eine falsche Vorstellung der heutigen Wissenschaft –, glühend war sie nicht, sie war nicht wärmer als ein solcher Backofen. Solche Feuertemperatur war da oben; die wurde dann etwas kühler, je weiter man herunterkam. Also diese Luft da oben möchte ich eben Feuerluft nennen, und das, was da unten war, Erdschlamm.

Da hat man ungefähr eine Vorstellung von dem, wie es einmal auf der Erde war. Unten war ein grünlich-bräunlicher Schlamm, der manchmal so dick geworden ist wie ein Pferdehuf, dann aber wiederum hat er sich aufgelöst. Was heute Winter ist, das war dazumal das, daß der Schlamm eben so dick geworden ist, fast wie ein Pferdehuf – er verfestigte sich. Und im Sommer, also wenn die Sonne von außen geschienen hat, hat sich das wiederum aufgelöst und ist ein flüssiger Schlamm geworden. Und oben war eben diese warme Luft, die alles mögliche enthalten hat, was später herausgefallen ist. Erst später hat sich die Luft gereinigt.

Nun, aus dem Zustand ist ein anderer entstanden, in dem ganz merkwürdige Tiere gelebt haben. Also sehen Sie, da oben in der Feuerluft, da haben allerlei Tiere gelebt. Die haben so ausgeschaut, daß man sagen kann: Sie haben so einen ganz beschuppten Schwanz gehabt, der aber flach war, so daß der Schwanz ihnen gut zum Fliegen in der Feuerluft diente. Und dann hatten sie solche Flügel wie die Fledermaus, hatten auch solch einen Kopf. Und da flogen sie, als die Feuerluft nicht mehr solche ganz schädliche Dünste in sich gehabt hat, da oben in der Luft herum. Gerade diese Tiere waren merkwürdig geeignet dazu – natürlich, wenn die Stürme ganz besonders groß geworden sind, wenn es furchtbar gedonnert und geblitzt hat, dann wurde es ihnen auch ungemütlich; aber wenn die Sache sanfter geworden ist, wenn nur so ein bißchen Knistern da oben war und so ein leises Wetterleuchten, da lebten sie gerne in diesem Wetterleuchten, in diesem leisen Blitzen drinnen. Da flogen sie herum, und sie waren sogar geeignet, so etwas wie eine elektrische Ausströmung um sich zu verbreiten und weiter auf die Erde herunterzuschicken. So daß dabei, hätte ein Mensch da unten sein können, er sogar wahrgenommen hätte an diesen elektrischen Ausstrahlungen: da ist wiederum so ein Vogelschwarm oben. Es waren kleine Drachenvögel, welche elektrische Ausstrahlungen um sich verbreiteten und eigentlich in der Feuerluft da drinnen ihr Dasein hatten.

Sehen Sie, diese Vögel, diese Drachenvögel, die da waren, die waren wirklich ganz ausgezeichnet fein organisiert. Ganz ausgezeichnet feine Sinne hatten sie. Die Adler, die Geier, die aus ihnen später entstanden sind, nachdem sich diese Kerle da umgewandelt haben, die Adler und die Geier, die haben sich von dem, was diese alten Kerle da hatten, nur die starken Augen bewahrt. Aber diese Kerle spürten alles, namentlich mit ihren fledermausartigen Flügeln, die furchtbar empfindlich waren, fast so empfindlich wie unsere Augen. Mit diesen Flügeln konnten sie wahrnehmen; da verspürten sie alles, was da vorging. Wenn also zum Beispiel der Mond schien, da hatten sie ein solches Wohlgefühl in ihren Flügeln, bewegten sie die Flügel; so wie der Hund, wenn er Freude hat, mit dem Schwanz wedelt, so bewegten diese Kerle da die Flügel. Wohlig war es ihnen im Mondschein. Da zogen sie so herum, und da gefiel es ihnen ganz besonders, so kleine Feuerwolken um sich zu machen, wie es sich heute nur die Leuchtkäferchen im Grase bewahrt haben. Wenn der Mond schien, so waren die da oben wie leuchtende Wolken. Und wenn es dazumal Menschen gegeben hätte, hätte man solche Schwärme von leuchtenden Kugeln und leuchtenden Wölkchen da oben gesehen.

Und wenn die Sonne schien – ja, damals war es so, daß ihnen dann die Lust vergangen ist, um sich Leuchtkörper zu verbreiten! Da haben sie sich mehr in sich zusammengezogen, und da haben sie dann eigentlich dasjenige, was sie so aus der Luft aufgenommen haben – es waren in der Luft noch alle die Stoffe aufgelöst, die sie aufsogen –, verarbeitet. Sie ernährten sich durch Aufsaugen. Das haben sie dann verdaut in der Sonne. Das waren eben merkwürdige Kerle. Und die waren einmal wirklich in der Feuerluft der Erde vorhanden.

Wenn man nun noch weiter herunterkommt, da wo die Erde mit ihrem Erdschlamm schon begann, da finden sich nun schon Tiere, welche sich dadurch auszeichnen, daß sie eine riesenhafte Größe haben, riesenhaft waren... (Lücke im Text), wenn man diese Tiere betrachtet, die da einmal unmittelbar auf der Erde so ein Leben geführt haben, das halb schwimmend und halb watend im Schlamm war. Von diesen Tieren sind nun schon Überreste vorhanden, die auch in naturwissenschaftlichen Museen zu sehen sind. Man nennt diese Riesenkerle, die da einmal vorhanden waren, Ichthyosaurier, Fischsaurier. Diese Ichthyosaurier, das waren nun Tiere, von denen man sagen kann, daß sie schon *auf* der Erde gelebt haben. Diese Ichthyosaurier schauten ganz besonders merkwürdig aus. Sie hatten so eine Art Kopf (es wird gezeichnet) wie ein Delphin, aber die Schnauze war nicht so hart – also einen Delphinkopf. Dann hatten sie einen Körper wie eine riesengroße, aber sehr feine Eidechse, mit furchtbar dicken Schuppen. Und im Kopf drinnen, da hatten sie riesige Zähne wie ein Krokodil. Krokodilszähne hatten sie, wie überhaupt diese merkwürdigen Kerle alle diese merkwürdigen dreieckigen Krokodilszähne gehabt haben. Dann hatten sie so etwas wie Walfischflossen – sie bewegten sich ja halb schwimmend –; die waren sehr weich, mit denen konnten sie auch im Schlamm so dahinwatscheln, dahinwaten.

Also sie hatten so etwas wie Walfischflossen, einen Riesenkörper, dann einen Kopf wie ein Delphin, mit einer spitzen Schnauze nach vorne, Krokodilszähne. Und das Merkwürdigste war, daß sie riesige Augen hatten, die nun leuchteten. Elektrische Punkte da in den Wolken hätte man gesehen. Die leuchtenden Vögel flogen namentlich in der Mondnacht. Und wenn die Dämmerung kam, so hätte man, wenn man es hätte sehen können, die ja für den heutigen Menschen höchst unangenehme Begegnung machen können mit einem Riesenlicht, das einem entgegengekommen wäre, mit einem Körper, größer als die heutigen Walfische, mit Flossen, die in diesem Schlammwasser weiterschwammen und manchmal sich auch aufstellten, wenn es härter war. So hart wie die Hufe von Pferden wurde manchmal dieses Schlammwasser. Da konnte man sich daraufstellen. Da bewegten sie sich so weiter: da bildeten sie sich diese Flossen zu Händen um; die waren so innerlich beweglich. Da überpatschten sie diese hornartigen Schichten, die wie Wüsten waren, schwammen da wieder drüber, wo es weicher war. Dann tappten sie wieder darüber, und nachher, wenn wieder ein Weicheres kam, bewegten sie sich schwimmend fort. Und wenn damals irgendein Mensch mit irgendeinem Boot gefahren wäre – gehen hätte er nicht können, das wäre nicht möglich gewesen –, da hätte er einem solchen Riesentier begegnen können, auf das er mit einer Leiter hätte hinaufsteigen können. Es war, wie wenn man heute auf einen Berg hinaufsteigt. Ein ganzer Berg von Vieh hätte einem begegnen können! Es war eben da einmal etwas ganz anderes.

Das kann man alles erkennen; so wie der Cuvier aus einem Knochen ein ganzes Tier erkannt hat, so kann man heute erkennen, wie diese Ichthyosaurier, von denen ja Überreste noch vorhanden sind, selber dazumal gelebt haben, und was sie dazumal mit ihren Riesenflossen machen konnten, daß sie solch ein riesiges Auge hatten, das wie eine Riesenlaterne schon von weitem geglänzt hat, so daß man hätte ausweichen können. Also die bewegten sich so auf und über der Schlammerde drüber und in der Schlammerde.

Und noch etwas tiefer, so daß sie mit einer wirklichen Lust in dem Schlamm drinnen wateten und badeten und immer furchtbar dreckig ausschauten, so grünlich-bräunlich dreckig, waren andere Tiere. Diese anderen Tiere, die streckten manchmal nur ihren Riesenkopf so heraus in die weichere Schlammerde, aber sonst watschelten sie drinnen und verließen sich namentlich darauf, daß der Schlamm etwas härter geworden war; da lagen sie wie faule Schweine die größte Zeit. Nur manchmal kamen sie an die Oberfläche, streckten ihre Köpfe heraus. Und da war etwas ganz Merkwürdiges.

Diese anderen Tiere, diese da mit dem Riesenauge, die nennt man heute in den Überresten Ichthyosaurier. Aber dann waren diejenigen, die etwas mehr an die Erde gehalten waren, die Plesiosaurier. Die Plesiosaurier hatten auch ungefähr einen bauchartigen, walfischartigen Körper, hatten Köpfe wie Eidechsen, also eine Art Walfischkörper und Köpfe wie Eidechsen; die Augen aber, die hatten sie schon mehr an den Seiten, währenddem die Ichthyosaurier die Augen, die riesig leuchteten, ganz vorne hatten. Die Plesiosaurier hatten einen Walfischkörper, der aber auch ganz mit Schuppen bedeckt war. Und das Merkwürdige war, weil sie schon fauler waren, schon mehr auf das, was da wie etwas festere Riesenboote in der schlammigen Erde schwamm, eigentlich immer sich niederließen, so hatten sie schon vier Beine, so plumpe vier

Beine, mit denen sie sogar schon ganz bequem gehen konnten. Sie hatten nicht mehr Flossen wie die Ichthyosaurier, auf die sie sich aufstützten. Die Ichthyosaurier stützten sich auf die Flossen, wenn sie auf so eine harte Sache kamen, und wo sie sich aufstützten, wurden die Flossen breit; also sie machten sie selber zu Füßen. Aber diese Plesiosaurier, die hatten handartige Füße. Und aus den Überresten sieht man, daß sie furchtbar starke Rippen gehabt haben müssen.

Das war so der Zustand, wie es auf der Erde einmal ausgesehen hat, wie da unten die Plesiosaurier ein faules Leben führten, wie die Ichthyosaurier auf der Erde herumschwammen und flogen – denn die Tiere mit den Flossen konnten auch ganz niedrig fliegen – und darüber diese in der Dämmerung und im Mond immer aufglänzenden Leuchtewolken, die eigentlich Drachenvögelsterne waren. So also schaute es aus.

Nun, die Plesiosaurier waren faule Kerle. Aber wissen Sie, das hatte einen Grund. Die Erde war dazumal selber fauler als heute. Heute dreht sich die Erde in vierundzwanzig Stunden um ihre Achse herum. Dazumal brauchte sie viel länger dazu; sie selber war fauler, die Erde. Sie bewegte sich langsamer um sich selber, und dadurch kam überhaupt alles andere. Denn daß heute die Luft so rein ist, das hängt ganz davon ab, daß unsere Erde in vierundzwanzig Stunden sich um sich selber dreht, daß sie also fleißiger geworden ist im Laufe der Zeit.

Am ungemütlichsten – wenn Sie das vom heutigen Menschenstandpunkte aus beurteilen –, am ungemütlichsten müßte es eigentlich diesen Drachenvögeln geworden sein dazumal, denn denen ging es schlecht. Sie faßten das nicht auf als schlechtgehend, sondern sie hatten eine Riesenlust und Begierde zu dem, was Sie eigentlich, wenn Sie es heute erzählt hören, so auffassen könnten, als ob es diesen Drachenvögeln sehr schlecht gegangen wäre. Das war nämlich so. Denken Sie sich den Ichthyosaurus mit seinem Riesenauge durch die sehr warme Luft dahinkrabbelnd, fliegend, schwimmend, alles mögliche; aber das Auge, das leuchtete sehr stark. Dieses leuchtende Auge, das zog diese Vögel da oben an, wie eine Lampe eine Mücke anzieht. Sie haben da im kleinen dieselbe Erscheinung. Wenn Sie eine Lampe anzünden und eine Mücke im Zimmer ist, fliegt sie hin und verbrennt sich gleich. Nun, diese Vögel da oben, die wurden ganz hypnotisiert durch dieses Riesenauge der

Ichthyosaurier, und sie stürzten sich herunter, und der Ichthyosaurus konnte sie fressen. So daß die Ichthyosaurier von dem lebten, was da über ihnen in der Luft herumschwirrte.

Wenn ein Mensch dazumal auf dieser kuriosen Erde hätte herumgehen können, hätte er gesagt: Das sind Riesenviecher und die fressen Feuer. – Denn so hat es ausgeschaut, richtig so hat es ausgeschaut, wie wenn da Riesenviecher herumgesaust, herumgeflogen wären und Feuer gefressen hätten, das ihnen aus der Luft zugeflogen wäre.

Und diese Plesiosaurier – ich sagte Ihnen, die streckten den Kopf so hervor; da leuchteten die Augen auch noch, und wenn da ein Vogel im Heruntersausen war, so kriegten die auch noch etwas ab.

Also es stimmt alles zusammen, wenn man die Wirklichkeit nimmt. So ein Hund, den Sie recht schlecht füttern, der zeigt Ihnen auch die starken Rippen. Die Ichthyosaurier fraßen den Plesiosauriern schon alles Feuer weg; die Plesiosaurier kriegten nur noch die schlechtesten Feuervögel und hatten daher solche stark hervortretenden Rippen. Das kann man heute noch sehen, daß diese Plesiosaurier schlecht genährt worden sind in uralten Zeiten.

Aber ich sagte, Sie werden denken: Den Vögeln da oben, diesen schönen, leuchtenden Vögeln – denn sie waren schön –, diesen schönen leuchtenden Vögeln, denen erging es ungemütlich. Aber die hatten das gerade gern, und sie hatten ein Wohlgefühl, wenn sie sich in den Rachen eines Ichthyosaurus stürzen konnten. Das haben sie als ihre Seligkeit betrachtet. Geradeso wie die Türken ins Paradies wollten, so haben diese Vögel es als ihre Seligkeit betrachtet, sich in den Rachen eines Ichthyosaurus zu stürzen.

Aber wirklich, meine Herren, ich möchte sagen, fast wurde es ungemütlicher dem Feuerfresser selber – der mußte die fressen, weil er das zur Nahrung brauchte –, aber fast wurde es ungemütlicher dem Feuerfresser selber als den anderen, die da in seinen Bauch kamen. Die Feuervögel, die stürzten sich hinein wie in ihre Seligkeit; aber dem Ichthyosaurus, dem wurde es ganz ungemütlich da drinnen in seinem Bauch, weil sich da drinnen allerlei Elektrizität entwickelte. Und unter dem Einfluß dieser Feuerfresserei und dieser Elektrizität, die sich in dem Riesenmagen entwickelte, der fast den ganzen Ichthyosaurus ausfüllte

– er hatte fast gar nichts anderes an der Oberfläche, hauptsächlich war er ausgefüllt von einem Riesenmagen –, wurden die Ichthyosaurier nach und nach schwach. Es dauerte ja recht lange – auch die Fischnatur kann viel aushalten; ich habe von der Menschennatur neulich gesagt, daß sie viel aushalten kann, aber auch die Fischnatur, namentlich ein Ichthyosaurus kann natürlich noch mehr aushalten –, aber nach und nach wurden die Ichthyosaurier immer mehr und mehr schwach. Sie kamen in allerlei Schwächezustände hinein. Ihre Augen leuchteten nicht mehr so stark. Die Vögel wurden nicht mehr so stark angezogen. Und das Fressen tat ihnen immer mehr und mehr weh. Immer mehr und mehr Bauchweh bekamen diese Ichthyosaurier. Was bedeutete denn das? In der Welt bedeutet alles etwas.

Sehen Sie, während da diese Ichthyosaurier auf der Erde sich entwickelten und dieses Feuer fraßen und in ihrem Magen drinnen dieses Feuer verdaut wurde, da gestaltete sich dieser Magen um; er war schließlich kein richtiger Magen mehr. Und zum Schlusse kam es dahin, daß diese ganzen Ichthyosaurier selber eine andere Gestalt annahmen. Sie verwandelten sich.

Die heutige Naturwissenschaft sagt Ihnen nur: Es hat einmal andere Tiere gegeben, und die haben sich verwandelt. Das ist nicht besser, als wenn man dem Menschen sagt: Es ist einmal ein Herrgott heruntergekommen und hat ein Stück Erde genommen und hat den Adam daraus geformt. – Man kann das eine so gut verstehen wie das andere.

Aber das, was ich Ihnen jetzt vermittle, können Sie gut verstehen. Denn dadurch, daß die Ichthyosaurier und die Plesiosaurier die Drachenvögel gefressen haben, dadurch hat sich ihr ganzes Innere umgestaltet und sie sind zu anderen Tieren geworden. Das war auch schon dadurch der Fall, daß die Erde immer schneller und schneller sich umgedreht hat – nicht so schnell wie heute, aber schneller als vorher, wo sie ganz faul war – und daß außerdem die Luft immer mehr und mehr die für die späteren Wesen schädlichen Stoffe herunter hat fallen lassen, die dann mit der Erde vereinigt wurden. Namentlich alles Schweflige wurde mit der Erde vereinigt. Die Luft wurde immer reiner, nicht so wie die heutige, aber schon wesentlich reiner. Sie wurde nur in dem späteren Zustand eine Art von Wasserluft, immer von dichten Wasserdämpfen, von Nebeldämpfen durchzogen. Früher war die Luft eigentlich viel reiner, weil sie wärmer war. Später kühlte sie sich ab und war furchtbar nebelig. Es war eigentlich ein Nebel über der Erde, der gar niemals recht aufhörte, auch unter dem Einfluß der Sonne nicht ganz aufhörte; es war eine neblige Schichte über der Erde. Der Schlamm wurde allmählich auch etwas dicker, und es fingen schon die späteren Steine an, sich herauszukristallisieren. Der Schlamm wurde dicker, aber er war noch da. Unten war noch so dickliches Zeug, und dazwischen immer dünnliches Zeug, bräunlich-grünliches schlammiges Zeug, und darüber war eine Nebelluft.

In dieser Nebelluft, da zeigten sich riesige Pflanzen, ganz riesige Pflanzen. Wenn Sie in den Wald gehen und heute die Farnkräuter anschauen, so sind sie kleinwinzig heute. Aber vor vielen, vielen tausend Jahren waren, ähnlich wie diese Farnkräuter, riesige Pflanzen da, so schwach wurzelnde, in der schwammig-schlammigen Erde drinnen, Pflanzen, die hoch herausragten und eine Art von Wäldern bildeten dort, wo der Erdschlamm schon etwas dicker geworden war. So daß dann später ein Zustand der Erde kam, der also schon etwas dicker war. Da waren schon allerlei Gesteine – die waren fest geworden, nicht sehr stark, etwas gröber, wie Wachs – und dazwischen war überall Schlamm, und da heraus wuchsen nun diese riesigen Farnbäume, diese Riesenbäume. Wo unten recht viel Gestein war, entstanden solche Riesenwälder mit Riesenbäumen. Dann war wieder frei – dann war es wieder anders. Mit diesen Riesenwäldern mit riesigen Bäumen, die da in der Natur entstanden waren für die Erde, da hätte der Ichthyosaurus und der Plesiosaurus nicht mehr viel anfangen können. Da war es schon für den Plesiosaurus da unten zu hart, und obwohl es noch genügend weich war, war es für den Ichthyosaurus zu hart und der Plesiosaurus wäre noch mehr dreckig geworden: es hätte sich eine Kruste gebildet um die Schuppen. Sie hätten nicht mehr leben können. Aber all diese Tiere hatten sich schon durch ihr Feuerfressen verdorben. Wenn Sie zu dieser späteren Erde gekommen wären – aber das Spätere bedeutet immer Tausende und Tausende von Jahren –, ja, da sah es schon ganz anders aus. Da waren im Schlamm drinnen (es wird gezeichnet) solche Tiere, die auch in Überresten erhalten sind, so daß wir uns eine

Vorstellung machen können, wie diese Viecher ausgeschaut haben. Diese Viecher, die hatten vor allen Dingen erstens auch einen Riesenbauch und einen Riesenmagen, aber sie hatten einen Kopf, der so ausschaut ungefähr, aber noch viel plumper, wie der Kopf von einem heutigen Seehund. Die Augen waren schon schwärzlich geworden, während die Augen der früheren Tiere leuchteten. Sie hatten schon vier Füße, recht plumpe Füße. Aber außerdem waren diese Kerle mit ganz feinen Haaren ganz bedeckt, und die Füße, die waren eigentlich so wie plumpe Hände.

Und diese Viecher, die führten in dieser Erde ein merkwürdiges Leben. Sie waren zu gewissen Zeiten auf der festen Erde, aber tief drunten im Schlamm drinnen, und in diesem Schlamm, da bewegten sie sich. Und hauptsächlich bewegten sich ihre Brüste. Sie hatten nämlich Riesenbrüste, die halb Lungen und halb Brüste waren. Es war, wie wenn die Lungen noch ganz nach außen wären. Zu gewissen Zeiten kamen sie und watschelten und schwammen heran an diese Wälder und fraßen diese Farnbäume auf. Also vom Feuerfresser sind die Tiere zum Pflanzenfresser übergegangen. Es gab diese Tiere hier (es wird gezeichnet), die so ganz bedeckt waren wie von Frauenhaaren, die Riesenköpfe hatten, Köpfe wie plumpe Seehundköpfe. Wenn man damals spazieren gegangen wäre, hätte man diese Tiere sehen können, wie sie sonst immer da unten lebten, unter dem Wasser atmeten, immer hervorkamen, sich an die Ufer setzten, an die Wälder gingen. Da fraßen sie mit ihrem Riesenmaul recht viel von dem, was man heute als Nahrung nicht eben zu einer Mahlzeit hätte auffressen können; sie fraßen hauptsächlich viel weg von diesen Riesenwäldern. Das sind die Tiere, die, wie gesagt, heute durchaus noch erhalten sind und die man heute Seekühe nennt… (Lücke im Text).

Und wodurch sind denn diese Tiere eigentlich entstanden? Ja, sehen Sie, dadurch, daß die früheren Tiere die Lufttiere gefressen haben. Und durch die elektrischen Kräfte hat sich ihr Körper umgestaltet. Nicht gerade aus den Ichthyosauriern, die ich beschrieben habe, aber aus ähnlichen Tieren sind die Seekühe entstanden. Dasjenige, was sie früher gefressen haben, ist zu ihrer äußeren Gestalt geworden. Das, was sie innerlich in sich aufgenommen haben, ist ihre äußere Gestalt geworden. Durchs Fressen haben sich diese Tiere verwandelt.

Das muß man nämlich nun dazu sagen zu der heutigen Naturwissenschaft. Sehen Sie, früher war ja alles auch viel weicher auf der Erde, als es heute ist; diese Tiere haben die Formen angenommen, die sich in ihnen gebildet haben durch das, was sie von den Lufttieren gefressen haben.

Und diese Drachenvögel, die haben ihrerseits wiederum ihre Form ändern müssen, weil ja in der Luft auch nicht mehr diejenigen Stoffe waren wie früher. Sie sind näher zur Erde heruntergefallen, und da sind allmählich die späteren Vögel entstanden.

Aber unten ist durch Fressen immer eine andere Gestalt herausgekommen. So zum Beispiel ist aus solch einem Tier, wie ja dieser Plesiosaurus war, ein Tier entstanden, das hat vier Beine gehabt, so wie vier riesige Säulen (es wird gezeichnet), allerdings darauf auch einen Riesenbauch, einen Kopf, der auch so ähnlich war wie ein Seehundskopf, plump, einen Schwanz hat es gehabt. Es war auch noch ein Riesentier. Es war wirklich sehr groß. Wenn Sie mit Ihren Füßen auf einen ganz kleinen Zaunkönig treten, so ist er natürlich unten drunter. Dieses Tier hat ruhig auf einen Strauß drauftreten können, so groß ist es gewesen, den hat es einfach tottreten können. Die größten Tiere von heute hätten sich zu diesen Tieren verhalten dazumal wie jetzt die Mäuse zu den größeren Tieren. Von diesem Tier sind auch Überreste da. Man nennt dieses Tier Megatherium.

Diese Tiere bewegten sich auch entsprechend ihrer Konstitution langsam, wie man eben auch auf vier Säulen weiterkommt, und sie nährten sich von dem, was ihnen eben jetzt, nachdem sich die Sache in der Luft geändert hatte, ins Maul flog, ins riesige Maul, wo auch noch Krokodilszähne, aber etwas schwächere, drinnen waren. Manche Tiere haben sich noch erhalten, so daß da noch so saurierähnliche Tiere herumkrabbelten wie Krokodile. Aber diese Megatherien, die haben einfach diese totgetreten, wenn sie kamen. Ja, so ist es einmal zugegangen!

Und jetzt erst, nachdem dieses alles geschehen war, kam das, daß sich die Luft von diesen Wasserdämpfen – denn das hat alles in Wasserdämpfen drinnen gelebt – allmählich befreite, und die Zeit kam, wo eigentlich erst die Sonne auf die Erde richtig wirken konnte, denn die Sonnenstrahlen wurden ja früher aufgehalten, weil die Luft wie ein

Meer war, wenn auch wie ein dünnes, aber sie war wie ein Meer; da wurden die Sonnenstrahlen aufgehalten. So daß eigentlich erst in der späteren Zeit die Sonnenstrahlen auf die Erde herunterkamen.

Ja, meine Herren, Sie müssen sich diese Geschichte auch noch ein bißchen innerlich anschauen! Diese Tiere, die da unten waren, Ichthyosaurier, Plesiosaurier – Seekühe später, Megatherien – na, das waren ziemlich dumme Tiere. Der Ichthyosaurus war noch der gescheiteste, aber die anderen waren eigentlich wirklich schweinedumm. Aber das kann man nicht sagen von diesen Drachenvögeln, die da oben waren. Ich habe Ihnen schon gesagt: die hatten eine furchtbar feine Empfindung. Sie können sagen: Wir Menschen sind gescheit, wir würden nicht wie diese Drachenvögel den Ichthyosauriern in den Rachen hineinfliegen. – Aber ich glaube das nämlich nicht. Wenn Sie in der Zeit gelebt hätten als Drachenvögel, dann wären Sie auch einmal hineingeflogen. Aber intelligent waren diese Vögel. Und diese Vögel, die hatten namentlich erstens ein sehr feines Empfinden gegen Mond und Sonne, so wie unser Auge, und so empfanden diese Drachenvögel mit ihrem ganzen Körper, namentlich mit ihren Flügeln, die – nur im kleinen – heutzutage nachgeahmt sind in den Fledermausflügeln, die ja auch außerordentlich empfindlich sind.

Nun, diese Tiere empfanden Sonne und Mond; den Mond so, wie ich schon erzählt habe, daß sie um sich herum so etwas wie eine elektromagnetische Hülle machten, die leuchtend war. Und wenn der Mond so auf diese Feuerluft drauf schien, dann fingen die auch an, mit ihrer eigenen Leuchtkraft so wie ein Johanniswürmchen in der Luft zu erglänzen, zu schimmern, zu flimmern. Aber das spürten sie alles. Und man braucht gar nicht Phantasie anzuwenden, sondern kann ganz wissenschaftlich vorgehen und kann so auch wissen, daß diese Tiere den Sternenhimmel als etwas anderes empfunden haben, als wenn keine Sterne dagewesen wären. Sie haben sich beim Sternenhimmel so empfunden, daß sie sich in ihren Flügeln sehr wohlgefühlt haben, wenn die Sterne drauf schienen, und dadurch sind diese Flügel gesprenkelt geworden.

Man kann diese Geschichte heute sogar bis zu einem gewissen Grade nachweisen, wenn man sehr achtgibt. Natürlich, von diesen Vögeln, die ja ganz weiche Leiber hatten, hat sich sehr wenig erhalten, und in den

Versteinerungen kann man sie fast gar nicht finden; aber Flügelabdrücke kann man finden. Derjenige, der wirklich Versteinerungen, namentlich Kalkversteinerungen, weichere Versteinerungen gut studieren kann, der findet schon solche Flügelabdrücke. Aber man muß natürlich aufgeknöpft sein im Kopfe, nicht so zugeknöpft wie ein Professor. Also wenn das so ein Drachenvogelflügel ist, der sich abgedrückt hat – vom Flügel ist natürlich nichts mehr vorhanden, aber der Abdruck im Kalk –, bei dem findet man schon, wenn man genauer zuschaut, daß da so allerlei Sterne sind, die sich mitabgedrückt haben. Es sind eben die Spuren davon, welchen Eindruck die Sterne in der Nacht auf diese Fledermausflügel gemacht haben. Die haben das gespürt, ob es Tag war oder Nacht.

Jetzt brauche ich Ihnen nicht mehr viel zu beschreiben, so werden Sie sich selber sagen: Ja, die ganze Geschichte hier, die sieht verteufelt ähnlich dem, was ich Ihnen neulich beschrieben habe von der Leber und den Nieren! – Der Mensch trägt in seinem heutigen Bauch noch immer eine Art von Nachbildung in sich, wie es auf der ganzen Erde zugegangen ist. Und diese Drachenvögel, die waren so wie die Augen, die die Erde selber gehabt hat. Das heißt – ich kann Ihnen das heute nur noch zum Schluß sagen –, die ganze Erde war ein Fisch, ein Tier, und diese ganzen Riesentiere, die haben in der Erde gelebt und sind herumgegangen und herumgewatschelt, wie in uns die weißen Blutkörperchen. Wir sind noch eine solche Erde. Die weißen Blutkörperchen, die übrigens, wenn sie auch klein sind, in ihrer Gestalt denen nicht einmal unähnlich sind, sie schauen in ihrer Kleinheit manchmal fast so aus wie diese Tiere dazumal ausgeschaut haben. So daß also die ganze Erde ein Riesenfisch, ein Riesentier war, und diese Drachenvögel, die waren die beweglichen Augen, mit denen die Erde in den Sternenraum, in den Sonnenraum, in den Weltenraum hinausgeguckt und ihn wahrgenommen hat.

Daß die Erde heute tot ist, das ist ja nur später entstanden. Ursprünglich war die Erde lebendig, wie wir lebendig sind. Und was ich Ihnen da als Megatherien, Seekühe, Plesiosaurier, Ichthyosaurier und so weiter beschrieben habe, ja, das sah aber verteufelt ähnlich, nur in Riesengrößen dem ähnlich, was heute als weiße Blutkörperchen in unserem Körper herumgeht. Und das, was ich als Drachenvögel beschrieben habe, sieht wieder verteufelt ähnlich demjenigen, was in unserem Auge vorgeht, nur ist es unbeweglich.

Und so kann man also sagen: Die Erde war einmal ein Riesentier, das seiner Größe gemäß ziemlich faul war, sich langsam nur um die Achse gedreht hat im Weltenraum, das aber hinausgeguckt hat in den Weltenraum durch diese Drachenvögel, die nur bewegliche Augen waren, und sich das alles angeschaut hat. Und das, was ich Ihnen da beschrieben habe, dieses Feuerfressen und so weiter, das sieht nämlich auch ganz verteufelt ähnlich demjenigen, was ja noch im Magen und in den Gedärmen vor sich geht. Und die Drachenvögel, die sehen wieder verteufelt ähnlich dem Gegensatze von den weißen Blutkörperchen, den Gehirnzellen, wie ich sie beschrieben habe, die sich ja in die Augen hinein erstrecken.

Kurz, Sie können die Erde verstehen, wenn Sie sie auffassen als ein gestorbenes Tier. Die Erde ist ein gestorbenes Tier. Und erst als die Erde ihr eigenes Leben verloren hatte, da konnten die anderen Wesen, zu denen, wie ich Ihnen beschreiben werde, auch der Mensch kam, auf der Erde wohnen.

Es ist gerade so, wie wenn wir als Mensch sterben würden und sich die weißen Blutkörperchen verändern würden in selbständige Wesenheiten. So ist es mit diesem Riesenvieh, mit der Erde, einmal ergangen. Und wir stehen heute vor diesem Riesenleichnam. Sie brauchen sich gar nicht zu verwundern, wenn die heutigen Geologen, die nur das Tote studieren können, bloß den Leichnam studieren. Die heutigen Geologen studieren nur den Erdenleichnam. Die Wissenschaft macht es überall so, daß sie nur das Tote studiert. Sie legt den Leichnam auf den Seziertisch. Aber man muß, wenn man etwas erkennen will, wirklich zurückgehen zu dem Lebendigen. Die Erde war einmal lebendig, flog durch den Weltenraum, allerdings sehr träge sich bewegend, als ein Riesentier, und konnte hinaussehen durch die Augen, die sie überall hatte, die die beweglichen kleinen Drachenvögel waren. Mit denen schaute sie hinaus in den Weltenraum.

Das wollen wir dann das nächste Mal weiterbetrachten. Es ist ja eine ganz interessante Sache.

## ACHTER VORTRAG

Dornach, 23. September 1922

Es wird nötig sein, meine Herren, die Sache, die wir besprochen haben, etwas näher noch zu betrachten. Ich habe Ihnen ja das letzte Mal zeigen können, was für merkwürdiges Getier einmal die Erde bevölkert hat, und wie sich dieses wirklich höchst merkwürdige Getier benommen hat. Ich habe Sie zuletzt darauf aufmerksam machen können, daß die ganze Erde selbst einmal ein lebendiges Wesen war.

Sehen Sie, wenn wir alle diese Tiere, die einmal auf der Erde gelebt haben – ich habe Ihnen das letzte Mal von den Ichthyosauriern gesprochen, von den Plesiosauriern, von den Megatherien, von den Seekühen –, wenn wir alle diese Tiere, von denen ja in den verschiedenen Museen noch Überreste vorhanden sind, betrachten, dann finden wir, daß sie eine Eigentümlichkeit haben, nämlich daß sie außen meistens mit einem Schuppenpanzer umgeben sind und mächtige dicke Vorderarme, Pranken haben. So daß man natürlich nicht nur auf einem solchen Tiere hätte spazierengehen können – dazu waren sie auch groß genug –, sondern daß man natürlich auch hätte schlagen können mit einem mächtigen Hammer, und das Tier würde von alledem nicht sehr ungemütlich berührt worden sein, weil eben das ganze Tier rings mit einem solchen Schuppenpanzer umgeben war. Im kleinen allerdings nur, als ganz kleine Zwerge, sind ja von diesen alten Tieren heute nur etwa die Schildkröten oder die Krokodile übriggeblieben. Schildkröten und Krokodile sind, ich möchte sagen, im kleinen Format dasjenige, was diese Tiere einmal in riesiger Größe waren. Also Sie müssen sich vorstellen, daß diese alten Tiere einen solchen hornartigen, aus einzelnen Hornplatten bestehenden Mantel hatten.

Nun müssen wir uns einmal eine Vorstellung davon machen, woher diese Tiere eigentlich diesen hornartigen Mantel hatten. Da müssen wir die Geschichte ganz, ich möchte sagen, von klein auf studieren, nicht als Mensch von klein auf, sondern wie sich die Geschichte von klein auf entwickelt. Denken Sie sich einmal, daß ein Hund sich irgendwo eine Wunde macht. Die Tiere haben merkwürdige Heilungsinstinkte. Sie werden schon gesehen haben, was der Hund tut, wenn er sich irgendwo eine Wunde macht. Wenn der Hund irgendwo eine Wunde hat, dann leckt er sie zuerst einmal ab; er speichelt sie ein. Und dann, wenn er sie eingespeichelt hat, dann legt er sich am liebsten in die Sonne, läßt die Sonne darauf scheinen. Und was geschieht da? Es bildet sich über der Wunde eine Art von Rinde. So daß man sagen kann: Wenn das dahier die Wunde des Hundes ist (siehe Zeichnung), dann speichelt er

sie ein, so daß die Wunde an der ganzen Oberfläche mit Speichel überzogen ist. Dann läßt er die Sonne darauf scheinen, und die Sonne macht aus dem, was sie da braut, mit dem Speichel zusammen eine harte Rinde, und darunter heilt das ab. Der Hund hat also einen ganz merkwürdigen Heilinstinkt. Er macht das Richtige aus seinem Instinkt heraus.

Jetzt können wir das, was wir da betrachtet haben, ein wenig erweitern. Wir können eine andere merkwürdige Erscheinung betrachten, die uns dazu führen wird, daß wir so etwas wie diese Heilung der Wunde hier verstehen lernen. Sie wissen, wir atmen die Luft ein. Wenn wir die Luft einatmen, dann kriegen wir Sauerstoff ins Innere. Der Sauerstoff verbreitet sich in unserem Leib. Und wenn der Sauerstoff sich in unserem Leib verbreitet, da können wir leben. Wir würden sofort ersticken, wenn wir den Sauerstoff nicht kriegen könnten. Aber was tun wir dafür? Wir sind nicht gerade sehr dankbare Leute für die Luft, die uns Sauerstoff gibt. Wir sind eigentlich recht undankbare Wesen gegen die Luft, denn wir verbinden mit diesem Sauerstoff in uns selbst Kohlenstoff, und da wird Kohlensäure daraus, und die atmen wir wieder aus. Das ist eigentlich recht undankbar gegen unsere Umgebung, weil wir die Luft damit fortwährend verpesten. Wenn einer sich in Kohlensäure stellt, so erstickt er auch. Was in unserem Inneren aus der schönen, guten Atemluft gemacht wird, damit verpesten wir unsere Umgebung.

Wir verbreiten fortwährend um uns herum eine Kohlensäureluft, in der kein Wesen – ein Mensch nicht, aber auch nicht ein lebendiges Wesen, das tierartig ist – leben könnte. Also sehen Sie, tierisches Leben besteht eigentlich im Grunde genommen darinnen, daß es selber fortwährend das, was es zum Leben braucht, aus der Umgebung in sich hereinsaugt, aber an die Umgebung den Todesstoff zurückgibt. Darinnen besteht tierisches Leben.

Mit diesem tierischen Leben würde es aber auf der jetzigen Erde bald recht übel stehen, wenn sich alle Wesen so unanständig benehmen würden wie die Menschen und die Tiere. Die Menschen und die Tiere verpesten nämlich die Luft. Und wenn sich alle Wesen so unanständig benehmen würden, wie die Menschen und die Tiere, dann wäre es überhaupt schon längst auf unserer Erde dahin gekommen, daß nichts mehr leben könnte; dann wäre unsere Erde längst ein großer Friedhof. Aber das gute ist, daß sich die Pflanzen nicht so unanständig benehmen. Die machen nämlich das Gegenteil. Denn wie wir den Sauerstoff einsaugen und die Luft ringsumher verpesten, so saugen die Pflanzen die Kohlensäure ein, und die behalten wiederum den Kohlenstoff zurück und geben den Sauerstoff wieder her. So daß eigentlich ganz allein dadurch, daß auf der Erde Pflanzen und namentlich Wälder sind, das Leben auf der Erde bestehen kann. Wenn keine Wälder auf der Erde wären, oder wenn einmal große Gesellschaften – sie tun es ja zum Teil schon – die Wälder abholzen würden, so würde das Leben auf der Erde viel ungesünder werden. Das ist ja eben gerade das, daß wir die Wälder brauchen auf der Erde. Wenn wir nur auf das Holz schauen, dann machen wir natürlich das Leben auf der Erde nach und nach dadurch, daß wir die Wälder abholzen, unmöglich. Wir können also sagen: Auf der Erde ist es so eingerichtet, daß sich die Menschen und Tiere eigentlich recht unanständig benehmen, denn die verpesten alles, und die Pflanzen und die Wälder, die machen wiederum alles ordentlich.

Ja, sehen Sie, meine Herren, das ist *jetzt* so auf der Erde, aber das war nicht immer so auf der Erde. Wir müssen uns eben ganz klar darüber werden, daß sich die Erde verändert hat, daß sie ganz anders war in der Zeit, von der ich Ihnen am letzten Mittwoch geredet habe; das haben Sie ja eingesehen. Denn wenn Sie jetzt spazieren gehen, so begegnet Ihnen nicht, wie es damals hätte geschehen können, da oben auf dem Gempen ein Ichthyosaurus. Das ist jetzt nicht mehr der Fall. Aber die Erde verändert sich fortwährend und wird auch in der Zukunft ganz anders ausschauen, als sie heute ausschaut. Aber was können wir sehen aus alledem, was wir da jetzt gelernt haben? Wir können sagen: Dasjenige, was im Menschen drinnen ist, was er von sich gibt, das kann ihn nicht erhalten. Er muß etwas anderes kriegen; auf der jetzigen Erde muß er das, was ihm die Pflanzen geben, kriegen, damit er leben kann. Von dem allein, was wir in unserem Inneren haben, können wir nicht leben, das zerstört uns.

So daß Sie sich das also ganz klar vor Augen stellen können: Dasjenige, was im Inneren des Menschen nützlich ist, das zerstört uns, wenn es von außen herankommt. Im Inneren, da würden wir recht übel daran sein, wenn man zu viel Sauerstoff hätte. Aber von außen muß der Sauerstoff fortwährend herankommen.

Also was im Inneren schädlich ist – wenn es von außen herankommt, ist es nützlich. Was im Inneren nützlich ist, das ist, wenn es von außen herankommt, schädlich. Sehen Sie, meine Herren, das ist so wichtig, daß man einsieht, daß dasjenige, was im Inneren nützlich ist, schädlich ist, wenn es von außen herankommt, und was im Inneren schädlich ist, das ist nützlich, wenn es von außen herankommt. Das ist so wichtig, daß, wenn man das nicht einsieht, man überhaupt nichts versteht.

Nun können wir sagen: Das wissen wir jetzt von dem Leben der Gegenwart, daß etwas ganz anderes von außen an uns herankommen muß, als wir im eigenen Inneren haben. Etwas ganz anderes muß von außen herankommen.

Gehen wir jetzt wiederum zurück in die alten Zeiten, nachdem wir uns ein paar Begriffe an der Gegenwart erworben haben. Gehen wir wieder zurück und versetzen wir uns einmal in der Phantasie in die Zeit, wo da die Ichthyosaurier auf der Erde herumspaziert sind, halb spaziert, halb geschwommen, wo die Plesiosaurier herumgehupst sind auf der Erde. Wir versetzen uns in diese Zeit. Ja, das war aber auch schon eine Zeit, der eine andere vorangegangen ist. Nun, wie war es denn in dieser alten Zeit auf der Erde, bevor es Ichthyosaurier, Plesiosaurier gegeben hat?

Ja, meine Herren, nach diesen Überresten, die wir aus dieser alten, ganz alten Zeit behalten haben, da waren die Tiere, die da vorhanden waren, dazumal noch ungeschickter als die späteren. Wissen Sie, so ein Plesiosaurier – Sie können das sehen, wenn Sie ihn in irgendeinem Museum angucken, mit seiner riesigen Größe, mit seinem schweren Schuppenpanzer, schwer wie eine Ritterrüstung im Mittelalter, und mit der war es schon ein wenig unbequem, sich zu bewegen, und mit seinen tapsigen Beinen –, das waren furchtbar ungeschickte Wesen. Also wissen Sie, leichtbewegliche Kerle waren das nicht. Aber diese ungeschickten Wesen, die haben immerhin noch so etwas gehabt wie Füße, die flossenähnlich waren, mit denen sie schwimmen konnten, mit denen sie sich sogar anhalten konnten an etwas. Also immerhin, ich möchte sagen, war das schon eine Art moderne Zeit. Aber die Tiere, die früher vorhanden waren, vor diesen ungeschickten Ichthyosauriern, Plesiosauriern, Megatherien, die Tiere, die früher vorhanden waren, die waren noch riesig viel ungeschickter, denn die haben eigentlich gar nicht viel anderes gehabt als einen weichen Körper, in dem alles mögliche zusammen war: vorn so ein bißchen etwas ähnliches wie ein Kopf, hinten ein ziemlich langer Schwanz, und darüber ein riesiger, riesiger Schuppenpanzer.

Wenn Sie zum Beispiel schon einmal eine Auster gesehen haben, dann können Sie sich denken, daß eine Auster so ein ganz kleiner Zwerg ist. Sie hat in ihrem Inneren nur den ganzen schleimartigen Körper, und eine Schale ringsherum. Nun, wenn Sie sich die Schale etwas anders vorstellen, die Schuppen wie bei der Schildkröte und darinnen auch so einen weichen Austernkörper, dann kriegen Sie ungefähr die Tiere, die einmal auf der Erde waren, bevor die Ichthyosaurier und die Megatherien auf der Erde waren.

Da war die Erde ganz dicklich, noch viel dicklicher als die Milch. Alles, was heute als Gebirge draußen ist, das war aufgelöst. Es war also eine ganz dickliche Sache. Da drinnen in dieser dicklichen Sauce – die ganze Erde war eine furchtbar dicke Sauce im Weltenraum – schwamm solch eine Riesenauster. Gegen die wäre unsere ganze Schreinerei hier noch ein Zwerg gewesen. Es waren solche Riesenaustern, daß, wenn man es auf ihrem Rücken abgezeichnet hätte, zum Beispiel das heutige

Frankreich bequem daraufgegangen wäre. Die ältesten dieser Tiere waren so riesige Kerle, weil die Erde auch noch riesig groß war. Also es waren einmal Riesentiere, die eigentlich nur aus einer schleimigen Masse bestanden haben und die ja auch nur so sich bewegen konnten wie die Austern, nur daß die Austern in einem viel dünneren Wasser sein müssen. Und diese schleimigen Tiere, die einen riesigen Schildkrötenpanzer hatten, schwammen in dieser dicklichen Erde drinnen.

Also sehen Sie, die Erde war wirklich so etwas ähnliches, wie wenn Sie sich heute eine riesige dicke Suppe vorstellen und darinnen Klöße. Aber die Klöße müssen Sie sich so vorstellen, daß sie auf der einen Seite ganz dick werden, so daß Sie sich die Zähne ausbeißen würden, wenn Sie auf dieser einen Seite hereinbeißen würden, und auf der anderen Seite ganz weich. Sie könnten dann von diesen Klößen die eine Seite abheben; dann kriegten Sie so etwas heraus wie einen Hut. Und das andere, das wäre ganz weich, das könnten Sie essen. Das ist viel weicher gewesen bei diesen Tieren als dasjenige, in dem sie drinnen schwammen, als diese dickliche Erde. Daher war es bei diesen Tieren auch so, wie es heute nur gewisse ganz kleine Tiere sich erhalten haben. Sie werden schon einmal Schnecken kriechen gesehen haben. Wenn die Schnecken kriechen, dann können Sie die Spur von diesen Schnecken verfolgen; sie ist ganz voll von diesem Schleim – das werden Sie schon gesehen haben –, den läßt die Schnecke zurück. Der Schleim, der wird heute aufgetrocknet von der Sonne. Heute bedeutet er nicht viel. Aber denken Sie, in der alten Zeit, wo die Erde nicht so fest war, da ließen diese Tiere in der dicklichen Erdensuppe auch diesen Schleim zurück, und der vermischte sich mit dieser dicklichen Erdensuppe. So daß diese Tiere fortwährend sehr nützlich gewesen sind in dieser dicken Erdensuppe.

Heute kann man solche Sachen höchstens noch in ganz kleinen Spuren verfolgen, wenn man über den Weg geht und es recht geregnet hat. Besonders hier auch beim Goetheanum können Sie das bemerken: Dann kriechen die Regenwürmer heraus. Sie werden das schon gesehen haben, bei besonderen Regenzeiten kriechen überall die Regenwürmer heraus. Wo sind die Regenwürmer sonst? Die sind sonst in der Erde drinnen, kriechen in der Erde drinnen und machen da solche Löcher, wo sie durchkriechen. Sehen Sie, wenn es diese Regenwürmer nicht geben würde, dann wären unsere Äcker viel weniger fruchtbar. Denn dasjenige, was diese Regenwürmer in der Erde zurücklassen, das macht die Ackererde fruchtbar. Man darf sich eben nicht vorstellen, daß irgend etwas in der Natur unnötig ist.

Und so war es bei diesen Riesenaustern in alten Zeiten. Die haben in der Erdensuppe fortwährend dasjenige abgesondert, was sie da als Schleim von sich gaben, und haben diese Erdensuppe dadurch immer aufgefrischt, immer, immer aufgefrischt.

Aber die Geschichte ist so: In der heutigen Erde – ja, da können die Schnecken und die Regenwürmer noch so viel von dem, was sie absondern, hineinmischen –, in der heutigen Erde stirbt das doch wiederum ab. Man kann das gut gebrauchen, was die Regenwürmer an Mist liefern in der Ackererde, in einem gewissen Sinne sogar kann man das gut gebrauchen in der Ackererde, was die Schnecken als Mist liefern, und nicht nur auf der Ackererde, sondern in den Wiesen ist dasjenige, was auf der Erde ist, indem sich der Schneckenschleim hineinsenkt, ein sehr, sehr gutes Düngemittel. Aber sehen Sie, lebendig wird das nicht, was da in die Erde durch die heutigen Tiere hineingeht.

Aber in der Zeit, von der ich jetzt spreche, wo diese Riesenaustern in die Erdensuppe hinein ihre Produkte abgelagert haben, da war wirklich etwas sehr Merkwürdiges – heute kommt ja auch noch so etwas vor. Nicht wahr, die Befruchtung, die geschieht bei gewissen niederen Tieren, sogar bei ziemlich hohen Tieren nicht so, wie sie bei höheren Tieren und beim Menschen geschieht, sondern die Befruchtung geschieht, sagen wir, bei gewissen fischähnlichen oder selbst bei amphibienähnlichen oder krötenähnlichen Tieren so, daß die Eier abgelegt werden, irgendwohin abgelegt werden, so daß da so ein Batzen Eier irgendwo liegt, den das Weibchen abgelegt hat; und das Männchen, das läßt dann seine Samenflüssigkeit einfach da drauf fallen, außerhalb des Weibchens, und da werden erst die Eier befruchtet, außerhalb des Weibchens. Das geschieht heute auch noch. So daß man also sagen kann: Das Weibchen legt irgendwohin die Eier ab und geht weg. Das Männchen findet diese Eier, befruchtet sie, geht auch weg. Die Befruchtung geschieht also äußerlich. Nur kann sie nicht geschehen, es wird nichts daraus, wenn nicht dann auf diese befruchteten Eier die Sonne scheint. Wenn die Sonne nicht darauf scheint, dann wird nichts daraus, dann sterben sie ab. Aber wenn die Sonne auf diese befruchteten Eier scheint, dann werden neue Tiere daraus. Das geschieht noch heute.

In der Zeit, als diese Riesenaustern in der Erdensuppe herumschwammen, da wirkte dieser Schleim, wenn er in die Erde hineinkam, so, daß aus der Erde selber wiederum solche riesigen Tiere sich immer wieder entwickelten. Die alten starben ab, aber aus der Erde selber entwickelten sich die neuen Tiere heraus. Die Erde gebar fortwährend selber solche ja höchst ungeschickten, aber riesenmäßigen Tiere. Also die Erde war so, daß sie selber befruchtet wurde durch dasjenige, was diese Tiere absonderten. So daß Sie sich also vorstellen können: Einmal war ein Erdenleben vorhanden; die Erde war ganz ein lebendes Wesen. Aber das Leben mußte dadurch unterhalten werden, daß da oben diese Tiere Schleim absonderten. Wenn diese dickliche Erdensuppe allein gewesen wäre, so wären diese dicken Tiere dahier auch bald ausgestorben. Sie sonderten ab, und dadurch war das Leben der Erde fortwährend erhalten worden, so daß die Erde fortwährend aus sich heraus solche Tiere trieb. Die befruchteten dann die Erde selber wiederum, und sie konnte jetzt aus sich heraus wieder solche Tiere wachsen lassen.

Aber diese Tiere da, die hätten diesen Schleim nicht absondern können, wenn nicht etwas anderes dagewesen wäre. Sehen Sie, die Erde war eine furchtbar dicke Suppe; aber ich habe Ihnen gesagt: Der Schleim der Tiere war viel dünner als diese Erdensuppe, viel dünner. Woher ist denn das gekommen, daß die Tiere so dünnen Schleim haben konnten? Das wäre ganz unmöglich gewesen, daß die Tiere einen dünneren Schleim haben konnten als die Erde überhaupt. Die Erde war auch ein Brei, ein Schleim, aber ein ganz dicker; aber immerfort entstanden diese dünneren Schleimklumpen. Wodurch entstanden sie?

Sehen Sie, meine Herren, wenn Sie da nur ein Glas Wasser haben und darinnen eine Flüssigkeit, Wasser, in dem Salz aufgelöst ist, so kann es passieren, daß das Salz da herunterfällt. Das Salz sammelt sich als Satz unten am Boden an; aber dann ist ja das Wasser dünner. Erst als das Salz aufgelöst war, war das Wasser dick. Jetzt ist das Wasser dünner geworden, weil das Salz heraußen ist. Also haben Sie später ein dünneres Wasser oben, und unten ein viel dickeres Salzwasser. Und wenn ich das machen könnte, daß ich jetzt dieses Glas umkehre – nicht wahr, wenn ich das tun würde, so würde natürlich einfach das ganze Salzwasser herausfließen, und die Geschichte bildete sich nicht. Aber bei diesen alten Tieren, da war das so, daß es sich umgekehrt hat. Bei diesen alten Viechern, da war das so: Da war die dickliche Erde; da hat sich nun etwas gebildet. Da war oben der Schuppenpanzer und weiter unten Schleim. Was war denn der Schuppenpanzer? Der war nichts anderes, als was sich herausgesondert hat aus der dicklichen Erdenmasse. Geradeso wie sich das Salz vom Wasser nach unten absondert, so hat sich diese dickliche, ganz dicke Masse, die dann so einen Schuppenpanzer bildete wie bei den Schildkröten, von dem Dicklichen der Erdenmasse, aber nach oben, abgesondert, so daß das Dünnere unten übriggeblieben ist. Und so konnte da dieses umgekehrte Glas, oder der Kopf, sich herausheben aus dem Wasser. Nur das Salz ist nach oben gekommen.

Und was ist denn mit diesem Salz geschehen? Ja, meine Herren, jetzt gehen wir wieder zurück zu dem, was der Hund macht, wenn er eine Wunde hat. Wenn der Hund eine Wunde hat, leckt er sie ab. Dann läßt er die Sonne darauf scheinen; dann wird es dicklich, und dann tötet es das, was da drinnen ist in der Wunde. Sonst würden die Bakterien kommen und die Wunde würde sich vergrößern, und der ganze Hund ginge kaputt. Sehen Sie, da bildet sich eine Kruste, eine Kruste von dem, was im Inneren ist. Der Schleim, den der Hund auf die Wunde bringt, ist etwas Inneres; wenn die Sonne darauf scheint, so verdickt sie den Schleim durch die Wärme.

Geradeso war es bei diesen Tieren in diesen alten Zeiten. Da schien die Sonne darauf auf diese dicke Erdensuppe, und dadurch, daß die Sonne darauf schien, entstanden an einzelnen Stellen solche Verdickungen, wie sie beim Hund auf der Wunde entstehen. Das waren die Schalen. Und darunter war, weil sich eine Verdickung bildete, eine dünnere Schleimmasse. Und so entstanden diese Riesenaustern. Aber, sehen Sie, diese Riesenaustern hätten sich gar nicht bilden können, wenn nicht die Sonne geschienen hätte. Es wäre unmöglich gewesen. Also wir haben jetzt das Merkwürdige, daß wir die Erde haben – ich will das jetzt ganz klein zeichnen –; auf die Erde scheint bei Tag die Sonne, und die Sonne holt aus der Erde heraus diese Riesenaustern. Wir können also sagen: Einmal war die Zeit, wo die Erde eine dicke Suppe war, und dadurch, daß sie von außen von der Sonne beschienen worden ist, bildeten sich solche Tiere.

Aber das alles hätte ja nichts genützt dazumal, daß nun die Erde auch wiederum, wenn diese Tiere ihren dünnen Schleim bei ihrem Schwimmen durch die Suppe zurückgelassen hätten, hätte befruchtet werden können. Das hätte nichts genützt. Ja, es muß also die Erde doch noch etwas anderes gewesen sein in ihrem Inneren. Sie muß so ähnlich gewesen sein wie ein Ei. Nur dadurch hat sie befruchtet werden können. Ist das nicht einzusehen? Die Erde hat einmal sozusagen sein können wie ein Ei. Dadurch nur hat sie befruchtet werden können.

Da müssen wir schon einmal studieren, wie das denn eigentlich mit solch einem Ei ist, damit das befruchtet werden kann, denn wir kommen zu einem Erdenzustand, wo eine dicke Erdensuppe da war. Die Wesen, die befruchten haben können, also ich möchte sagen, die männlichen Wesen, die haben wir da gefunden in der alten Zeit; aber wenn die Erde das allgemein weibliche Wesen hätte sein sollen – das haben wir noch nicht gefunden, das müssen wir jetzt auch wiederum suchen. Wir müssen darauf kommen, wie denn die Erde einmal solch ein riesiges Ei hat sein können.

Sehen Sie, meine Herren, wenn man auf so etwas draufkommen will, da heißt es schon, ein bißchen die Welt betrachten. Und da werde ich Sie jetzt komischerweise auf ein ganz anderes Gebiet zuerst aufmerksam machen müssen, aufmerksam machen auf etwas, was heute zwar noch vorhanden ist, aber wirklich, ich möchte sagen, in so verdünntem Zustande, daß viele Menschen in ihrem Bewußtsein nicht viel davon merken. Aber es ist wirklich nicht bloß aus einem gewissen Geheimtun heraus, daß die Dichter, wenn sie Liebespärchen, die Entwickelung der Liebe haben schildern wollen, dann die Liebenden in den Mondenschein gehen lassen. Der Mondenschein hat etwas, was auf die Phantasie des Menschen in außerordentlicher Weise wirkt.

Sie meinen vielleicht, das gehöre eigentlich nicht dazu; aber es gehört doch dazu. Der Mondenschein, der treibt die Phantasie des Menschen heraus. Und sehen Sie, das ist schon etwas ganz Merkwürdiges, daß der Mondenschein die Phantasie des Menschen heraustreibt. Wenn die Menschen, die gegenwärtig Gelehrte sind, manchmal so eine Anwandelung von Gescheitheit haben, da kommen sie manchmal auf ganz niedliche Sachen, nette Sachen. So hat es vor einiger Zeit in Paris einen Gelehrten gegeben, der hat sich gesagt: Mit alle den Arzneimitteln, die wir jetzt haben in der Medizin, kann man so furchtbar wenig ausrichten beim Menschen, und – wirklich, es ist ganz merkwürdig, daß ein Pariser Gelehrter endlich darauf gekommen ist! – wenn man die Menschen gesünder machen wollte, könnte man etwas anderes machen. Und staunen Sie, meine Herren: Der Gelehrte in Paris hat den Leuten angeraten, sie sollen den «Faust» von Goethe recht viel lesen – da werden sie gesünder davon, als wenn sie all das Zeug aufnehmen, das nur den Verstand anregt –, weil der «Faust» von Goethe die Phantasie anregt, und die Phantasie ist gesund. – Selbst ein materialistischer Gelehrter hat also das Lesen von Goethes «Faust», weil das die Phantasie anregt, so gut gefunden, daß er gesagt hat: Die heutigen Menschen, die sind so gescheit, die strengen den Verstand nur an; aber der Verstand macht einen eigentlich krank. Aber wenn die Leute den «Faust» lesen würden und sich in alle die Bilder hineinversetzen würden, die im «Faust» sind, würden sie viel gesünder sein.

Also der Gelehrte wollte, daß die Menschen sich ein bißchen mit gesunder Wachstumskraft durchdringen. Die Menschen sollen sich ein wenig mit gesunder Wachstumskraft durchdringen! Ja, sehen Sie, das war einmal ein lichter Augenblick, wie die heutige Wissenschaft nur wenige hat. Das war ein gesunder Augenblick, den die heutige Wissenschaft hatte. Das ist gesund, weil es einen dazu anregt, besser zu verdauen. Es ist wirklich wahr: Der Mensch verdaut besser, wenn er den Goetheschen «Faust» studiert, als wenn er alle gelehrten Werke studiert. Da verdirbt er sich den Magen. Mit dem Goetheschen «Faust» wird der Magen immer gesünder und gesünder; aber auch die anderen Organe. Und woher kommt denn das? Nun, weil der Goethesche «Faust» aus der Phantasie stammt, nicht aus dem Verstand.

Denken Sie sich, wenn der Mensch sich durch den Mond anregen läßt, dann wird ja die Phantasie angeregt. Also es werden im Menschen durch den Mond die Wachstumskräfte gerade angeregt. Aber heute ist das in sehr geringem Maß der Fall. Nicht wahr, der Mensch fühlt sich so ein bißchen innerlich durchwärmt, also er fühlt seine Wachstumskräfte innerlich angeregt, wenn er einen Mondspaziergang macht. Das ist schon wahr. Aber es kommt nicht viel in Betracht.

Aber der Mond hängt doch zusammen mit all dem, was beim Menschen das Leben bedeutet. Ich kann Ihnen eine kleine Tatsache angeben, die außerordentlich stark zeigt, wie der Mond mit dem Leben zusammenhängt. Sehen Sie, heute, wo man zum Beispiel aufmerksam macht auf manche Dinge, die die Leute einmal gewußt haben – erinnern Sie sich an dasjenige zum Beispiel, was ich Ihnen hier über den römischen Januskopf mit den zwei Gesichtern gesagt habe –, da werden Sie sich denken können, daß die Leute früher einmal mehr gewußt haben als heute; wenn sie auch nicht «gescheiter» waren, aber mehr gewußt haben sie. Nicht wahr, heute, wo alles durch die Gescheitheit der Menschen begraben ist, was die Menschen einmal gewußt haben, heute sagt man ja: Nun, ein Menschenkind wird neun Monate lang getragen. – Aber die Medizin, die manchmal noch, so wie sie die lateinische Sprache bewahrt hat, auch alte Vorstellungen bewahrt hat – die heutigen Ärzte wollen ja nichts mehr davon wissen, aber sie sind manchmal noch da, diese alten Vorstellungen –, die sagt: Das Kind wird zehn Monate getragen. Woher kommt das, meine Herren? Nun ja, wenn Sie sich ausrechnen: Ein Mondenmonat hat ungefähr 28 Tage; zehn mal 28 = 280 Tage. Ein Monat, wie wir ihn heute haben, zu 30 Tagen gerechnet, wenn Sie das neun mal nehmen, so haben Sie ungefähr dasselbe = 270 Tage. Das heißt: Die neun Monate, die wir heute haben, sind zehn Mondenmonate. Das ist ja dieselbe Zeit. Man hat früher viel nach Mondenmonaten gerechnet, wenn man von der Tragezeit des Kindes im Mutterleibe gesprochen hat.

Woher ist das gekommen, meine Herren? Weil man noch gewußt hat, daß das Ausbilden des Kindes im Mutterleib mit dem Mond zusammenhängt. Es hängt mit dem Mond zusammen. Man hat eben einmal gewußt und kann das heute wiederum durch anthroposophische Studien konstatieren, daß der Mond es ist, der im Menschen bewirkt, daß überhaupt das Kind als Lebendes sich entwickeln kann.

Aber dieser Mond, der wirkt ja nur auf die weiblichen Wesen im Menschenreich und im Tierreich, weil die dazu hergerichtet sind. Auf die Erde wirkt der Mond heute nicht mehr. Da erzeugt er heute keine Eier mehr. Und dennoch, wenn man die Sache ordentlich studiert, so kommt man darauf, daß nicht nur im feinen Sinne die Phantasie angeregt wird und dadurch unsere Wachstumskräfte und wir in eine innerliche Bewegung kommen, wenn wir einen Mondspaziergang machen. Der Mond wirkt in uns belebend, aber er wirkt so stark belebend im menschlichen und tierischen weiblichen Körper, daß er überhaupt das Kind oder das Tier mit Wachstumskräften ausstattet.

Ja, sehen Sie, der Mond, der da vom Himmel herunterscheint, der bewirkt das nicht, daß die Erde selber wachsen kann, denn die Erde ist heute schon viel zu stark erstorben. Also es muß diese Erde, die einmal befruchtet werden konnte, lebendiger gewesen sein.

Und jetzt erinnern Sie sich, daß ich Ihnen gesagt habe, daß dasjenige, was im Inneren des Menschen ist, wenn es von außen hereinkommt, schädlich ist. Also der Mond, der heute auf die Erde herunterscheint, der kann kein Leben mehr hervorrufen. Warum? Weil sein Scheinen von außen kommt, geradeso wie wenn die Luft, die wir selber von uns gegeben haben, von außen kommt. Dann kann sie uns nicht mehr innerlich beleben. Heute kann also der Mond da oben nichts mehr machen mit der Erde selber. Heute kann der Mond nur etwas machen im tierischen und menschlichen Körper, weil das beschützt ist.

Aber wo muß denn der Mond einmal gewesen sein, damit er die Erde selber zum Lebewesen machen konnte? Außer der Erde kann er sie nicht zum Lebewesen machen. Er muß in der Erde drinnen gewesen sein! Geradeso wie die Kohlensäure, wenn sie draußen ist, uns nicht mehr lebendig machen kann, sondern drinnen sein muß, sich selber drinnen lebendig entwickeln muß, so muß also einmal der Mondenschein nicht draußen gewesen sein, sondern drinnen in der Erde.

Also stellen Sie sich vor, meine Herren: Damals, als da diese Wesen waren, da war der Mond überhaupt nicht außerhalb der Erde, sondern er war drinnen und aufgelöst in der dicklichen Suppe. Er war überhaupt noch nicht begrenzt, sondern er war da drinnen eine noch dicklichere Kugel. Da konnte er die ganze Erde zu einem Ei machen. Man kommt eben darauf, daß der Mond, der heute nur noch auf die Phantasie wirkt und auf den weiblichen befruchteten Körper, daß der Mond, der heute droben am Himmel ist, einmal in der Erde drinnen war.

Dann muß er aber auch einmal herausgegangen sein. Und sehen Sie, meine Herren, da kommen wir eben zu dem ungeheuer wichtigen Augenblick in der Erdenentwickelung: Der Mond, der heute immer draußen ist, der ist früher einmal im Inneren der Erde gewesen. Die Erde hat ihn ausgeschieden. Er umgibt sie heute von außen.

Wenn wir den ganzen Erdenkörper studieren, so kommt dabei etwas Merkwürdiges heraus. Nicht wahr, wenn wir den Erdenkörper studieren, so haben wir ja eigentlich den Erdenkörper aus Wasser bestehend, und da in diesem Wasser schwimmen die Kontinente drinnen, die Landmassen, wie einstmals diese Riesentiere darinnen geschwommen sind. Europa, Asien, Afrika schwimmen im Wasser, wie einstmals diese Riesentiere da geschwommen sind in der Erdensuppe, in der dicken Erdensuppe. Und wenn wir studieren, wie das ausschaut – wissen Sie, das schaut ja nicht gleich aus –, dann kann man heute noch immer sehen an der Aushöhlung der Erde und an dem Ausweichen der Kontinente, daß der Mond einmal herausgeflogen ist da, wo heute der Stille Ozean ist. Der Mond war einmal in der Erde drinnen, ist herausgeflogen. Er hat sich außen erst verhärtet.

Wir blicken jetzt auf einen alten Erdenzustand zurück. Da hatte die Erde noch ihren Mond in ihrem Leib drinnen. Der machte sie zur Mutter mit seiner Substanz, und die väterliche Substanz wurde hervorgerufen durch die Sonne, weil die Sonne fortwährend solche Schleimklumpen erzeugt hat, die sie außen umgeben hat mit einem dicken Hornmantel. Das hat der Sonnenstrahl bewirkt. Und diese schwimmenden Schleimklumpen, die haben fortwährend das, was unten war in der Erdensuppe und was durch den Mond im Leben erhalten worden ist, befruchtet. So daß die Erde ein riesiges Ei war und durch dasjenige, was die Sonne bewirkt hat, fortwährend befruchtet worden ist.

Ja, meine Herren, wenn die Geschichte so fortgegangen wäre, da hätte sich ein recht ungemütlicher Zustand auf der Erde ergeben. Da wäre der Mond herausgeflogen. Die Erde wäre unfruchtbar geworden, und es wäre schließlich doch alles erstorben. Was ist denn da bewirkt worden? Da ist durch das Hinausfliegen des Mondes zwar bewirkt worden, daß die Erde erstorben ist, aber es ist etwas von dem alten Befruchtenden eben aufbewahrt worden im mütterlichen Tier- und Menschenleib. Vorher hat es überhaupt nicht ein Geborenwerden gegeben in der Weise, wie es jetzt ist, nicht wahr. Geradeso wie, wenn man einen neuen Laib Brot macht, man etwas von der alten Hefe nimmt und dann hereintut, so ist etwas noch von der alten Substanz, die man vom Mond genommen hat, geblieben in den weiblichen Leibern, so daß das befruchtet werden kann. Was da drinnen befruchtet wird, das, was innerlich zum Ei wird, das ist nur die Nachbildung vom alten Erden-Ei. So daß es kein Wunder ist, daß, wenn das Kind entsteht, da die Mondengeschichte noch drinnen spukt, sich sogar die Zeit, während das Kind getragen wird, nach dem Mond richtet. Nicht wahr, der Sohn des Barons muß sich auch nach der Decke seiner Erbschaft strecken, die ihm sein Vater hinterläßt. Das muß auch das befruchtete Ei, das eigentlich von der alten Mondensuppe abstammt. Das muß sich heute noch nach dem Mond richten, denn von dem ist das geerbt.

Überhaupt, sehen Sie, hat man in älteren Zeiten von diesen Dingen viel mehr gewußt. Ich werde Ihnen noch einmal die Gründe angeben, warum. In älteren Zeiten hat man von diesen Dingen viel mehr gewußt, und man hat gesagt: Sol, Sonne, die ist männlich. Sie macht ja auch das Männliche. Noch im Lateinischen ist das so. Sol, die Sonne, ist männlich. Luna, der Mond, ist weiblich, ist im Lateinischen ein weibliches Wort. Sol, das Sonnenhafte, befruchtet Luna, das Weibhafte. In der deutschen Sprache ist die Geschichte vollständig umgekehrt; da sagt man *die* Sonne und *der* Mond, während doch in Wirklichkeit die Sonne das Männliche darstellt und der Mond das Weibliche. So verwirrt hat sich die Geschichte. Wir müßten eigentlich, wenn wir richtig reden wollten, im Deutschen sagen: *der* Sonn und *die* Mond.

Aber schon der alte Lateiner hat darüber einen Witz gemacht und hat gesagt – es ist dies nur ein Witz, mit dem ich die heutige Betrachtung abschließen will; ich wollte Ihnen hier nur etwas geben, was das nächste Mal noch viel deutlicher vor uns stehen wird –, der alte Lateiner hat nämlich gesagt: Wir haben zuerst einen solchen Mond (siehe Zeichnung); dann nimmt der Mond immer zu, wird so und dann wird

er voll; dann nimmt er wiederum ab, wird so. – Und sehen Sie, wenn wir diese Worte nehmen in den romanischen Sprachen, zum Beispiel im Französischen, so können wir dieses da hier (siehe Zeichnung, abnehmende Mondsichel) zu einem C machen, und das da hier (zunehmender Mond, erstes Viertel), zu einem D; dann kommt aber heraus beim C croître = wachsen. Aber da nimmt er gerade ab, der Mond, da wächst er nicht, wenn er ein C macht! Dagegen décroître = abnehmen – da wächst er. So daß, wenn wir an den Himmel hinaufschauen, der Mond uns sagt: «Ich wachse», wenn er eigentlich abnimmt, und umgekehrt. Daraus ist dann das Sprichwort entstanden: Der Mond ist ein Lügner. Er lügt einen an.

Aber das hat ja noch eine tiefere Bedeutung. Die Menschen haben sich allmählich geniert, über das Mondenhafte zu reden, weil das Mondenhafte mit der Entstehung des Menschen zusammenhängt. Das wurde allmählich etwas, worüber man nicht redete. Und die Menschen haben die Möglichkeit verloren, überhaupt von dem Mondenhaften in der richtigen Weise zu reden. Deshalb wurde der Mond auch ein Lügner. Wenn man ihn anschaute, sagte er für die Menschen nicht dasjenige mehr, womit sie zusammenhängen. Die Ärzte haben sich allmählich abgewöhnt, darüber zu reden, daß das Kind zehn Mondenmonate im Mutterleibe bleibt und haben von den neun Sonnenmonaten geredet, die dann ja ungefähr dieselbe Zeit sind. Aber in Wirklichkeit sind es zehn Mondenmonate, nicht neun Sonnenmonate. Das hängt eben mit dem Mond zusammen und stammt von daher, daß die Erde einmal in ihrem Bauch, in sich den Mond getragen hat und selber den Mond geboren und in den Weltenraum hinausgeworfen hat.

Jetzt denken Sie, meine Herren: Ja, im Grunde genommen erzähle ich Ihnen ja gar nichts anderes, als was Ihnen heute einer erzählt, wenn er Ihnen von einem alten Weltennebel redet, von so einem Dampf, aus dem sich wieder abgesondert hat die Erde, und aus der Erde ist wieder der Mond herausgegangen. – Aber das ist alles mechanisch gedacht! Das ist alles materialistisch! Aus einem Dampf könnte niemals, wenn noch so viel herausfließen würde, irgend etwas Lebendiges werden. Aber das, was ich Ihnen erzählt habe, ist nicht ein alter Dampf. Sie können noch so viel Dämpfe in dem Kessel erzeugen und sich etwas abspalten lassen – aber das, was ich Ihnen erzähle, führt Sie zurück zu einer Wirklichkeit. Und das ist die Wirklichkeit, nicht jener Dampf, von dem sich der Jupiter abgespalten haben soll und die Erde; und als die Erde noch gleich dem Jupiter gewesen ist, da hat sie den Mond hinausgeworfen. Der wirkliche Mond hängt eben zusammen mit dem ganzen Wachstum und sogar mit der Fortpflanzung des Menschen, wie gesagt, und die Erde hat einmal ihre eigene Fortpflanzungskraft in sich gehabt, war mütterliche Erde, und ist von den Tieren, die da oben gewesen sind mit ihren Schalen, und von dem Sonnenschein befruchtet worden. Die Mondenkraft in der Erde ist von dem Sonnenschein befruchtet worden. Ja, da sehen Sie, wie wir allmählich von der Erde in den Weltenraum hinauskommen.

Ich stelle natürlich ein bißchen starke Anforderungen an Ihre Aufmerksamkeit, aber Sie sehen ja, daß man auch etwas Wirkliches daraus lernt!

# NEUNTER VORTRAG
Dornach, 27. September 1922

Ich habe Ihnen das letzte Mal geredet von dem Herausfliegen des Mondes aus der Erde und wie das mit dem Leben auf der Erde überhaupt zusammenhängt. Ich kann mir schon denken, daß Sie viele Fragen haben werden. Wir können sie dann am nächsten Samstag behandeln. Überlegen Sie sich bis dahin einiges. Aber heute muß ich noch einiges auseinandersetzen. Da können sich auch vielleicht einige Fragen ergeben.

Wir haben gesagt: Solange der Mond innerhalb der Erde war, solange war es mit dem, was man Fortpflanzungskraft der tierischen Wesen nennen kann, etwas ganz anderes als später, nachdem der Mond hinausgeflogen war. Ich habe Ihnen gesagt, daß in der Zeit, in der der Mond noch in der Erde war, der Mond diejenigen Kräfte für die Erde hergegeben hat, die gewissermaßen die mütterlichen Kräfte sind, die weiblichen Kräfte. So daß wir uns vorstellen können: Es hat eine Zeit gegeben, da war der Mond noch in der Erde drinnen. Ich will Ihnen das nur ganz schematisch aufzeichnen, wie das war.

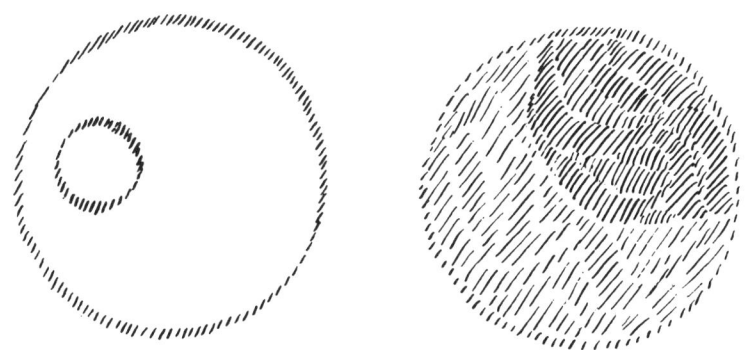

Als der Mond noch in der Erde drinnen war, da war er nicht in der Mitte drinnen, sondern etwas nach außen gelegen (siehe Zeichnung, links). Wenn Sie heute die Erde anschauen, dann werden Sie ja auch bemerken, daß auf der einen Seite, mehr dahin, wo Australien liegt, viel Wasser auf der Erde ist, währenddem auf der Seite, wo Europa liegt und Asien, viel Land ist. So daß die Erde eigentlich nicht Land und Wasser gleich verteilt hat, sondern die Erde ist so, daß sie auf der einen Seite eigentlich das meiste Land hat und auf der anderen Seite das meiste Wasser. Also gleich verteilt ist der Stoff auf der Erde nicht (siehe Zeichnung S. 149, rechts). Das war auch nicht gleich verteilt, als der Mond noch in der Erde drinnen war. Der Mond war eben nach der Seite gelegen, wo die Erde überhaupt die Neigung hat, schwer zu sein. Natürlich, wenn da ein fester Stoff liegt, ist sie dort schwer. So daß ich also die Sache so zeichnen muß, wie ich es dort mit weißer Kreide bezeichnet habe.

Nun müssen Sie sich aber vorstellen, daß damals die Befruchtung so vor sich gegangen ist, daß der Mond, der in der Erde war, diesen Riesenviechern die Kräfte gegeben hat, durch die sie gewissermaßen Fortpflanzungsstoff lieferten. Man kann nicht sagen, daß dazumal schon etwa die Tiere richtige Eier gelegt hätten. Diese Riesenaustern sind ja selber eigentlich nur eine schleimige Masse gewesen und sie haben eben ein Stückchen von sich abgesondert. So daß solch eine riesige Auster, wie ich es Ihnen das letzte Mal beschrieben habe, die ursprünglich so groß gewesen sein könnte wie ganz Frankreich, da eine mächtige Schale gehabt hat, auf der man hätte herumspazieren können, und gegen das Innere der Erde zu eine Schleimmasse. Auf diese Schleimmasse haben die Mondenkräfte gewirkt, und da hat sich ein Stückchen Schleimmasse abgesondert. Das ist dann weitergeschwommen in der Erde. Und wenn

wiederum die Sonne daraufgeschienen hat – ich habe Ihnen das an dem Beispiel vom Hund anschaulich erklärt –, hat sich eben eine Eischale gebildet, und dadurch, daß sich diese Eischale gebildet hat, wurde die schleimige Masse der Auster wiederum geneigt, ein Stückchen von sich abzusondern, und dann konnte ein neues Tier entstehen. So daß also die weiblichen Kräfte vom Mond kamen, der *in* der Erde war, und die männlichen Kräfte von der Sonne, die von außen auf die Erde draufschien. Nun, meine Herren, da schildere ich Ihnen eine ganz bestimmte Zeit, die Zeit eben, wo der Mond noch in der Erde drinnen war.

Nun müßten Sie sich folgendes vorstellen. Heute, wo der Mond draußen ist, außerhalb der Erde, da wirkt er ganz anders. Sie wissen ja auch, wenn die Kohlensäure im Menschen drinnen ist – ich habe es Ihnen das letzte Mal gesagt –, wirkt sie ganz anders, als wenn sie draußen ist, wo sie ein Gift ist. Wenn Sie sich an die Fortpflanzung der Tiere heute erinnern, so müssen Sie sagen: Die Tiere müssen Eier hervorbringen, und diese Eier müssen dann erst in irgendeiner Weise befruchtet werden. Dasjenige also, was früher der Mond gegeben hat, als er drinnen war in der Erde, das haben jetzt die Tiere in sich. Die Tiere haben diese Mondenkräfte in sich.

Und von außen gibt ja der Mond auch noch Kräfte. Ich habe Ihnen das letzte Mal gesagt: Sogar die Dichter wissen das, daß der Mond der Erde Kräfte gibt. Aber das sind Kräfte, durch die die Phantasie angeregt wird, durch die man innerlich lebendiger wird. Das sind Kräfte, die nicht mehr auf die Fortpflanzung wirken, sondern die von außen hereinstrahlen, die gar nicht mehr die Fortpflanzung bewirken können.

So müssen Sie sich vorstellen: Dasjenige, was der Mond der Erde geben konnte, als er noch drinnen war, diese Fortpflanzungskräfte, die haben sich die Tiere angeeignet, als Erbschaft bekommen, und die pflanzen sie jetzt fort von einem Tier aufs andere. Also wenn Sie die Eier der Tiere anschauen, so müssen Sie sich sagen: Da drinnen sind die Mondenkräfte. Aber diejenigen Mondenkräfte sind da noch drinnen, welche gewirkt haben, als der Mond noch in der Erde war. Heute kann der Mond nicht mehr viel anderes bewirken, als daß er den Kopf anregt. Also der Mond wirkt heute auf den Kopf. Dazumal hat er aber gerade auf die Fortpflanzung gewirkt. Sehen Sie, das ist ein beträchtlicher Unterschied. Es ist ein großer Unterschied, ob irgend etwas in der Erde drinnen ist, oder ob es außerhalb der Erde ist.

Mit der Fortpflanzung ist es ja eben doch eine recht merkwürdige Sache. Aber wiederum müssen wir sagen: Alles Verständnis der Natur überhaupt hängt zusammen damit, daß man die Fortpflanzung versteht. Denn dadurch entstehen heute noch die einzelnen Tiere und die einzelnen Pflanzen. Wenn die Fortpflanzung nicht wäre, wäre alles längst tot geworden. Man muß schon, wenn man irgend etwas über die Natur verstehen will, die Fortpflanzung verstehen. Aber mit der Fortpflanzung ist es etwas Eigentümliches auf der Erde.

Denken Sie sich einmal: Der Elefant hat die Eigentümlichkeit, daß er erst mit etwa fünfzehn, sechzehn Jahren imstande ist, ein einziges Junges hervorzubringen. Nehmen Sie dagegen eine Auster; das ist so ein kleines, schleimiges Tier. Wenn Sie sich dieses riesig groß denken, so haben Sie ungefähr diejenigen Viecher, die ich Ihnen für die damalige Zeit gezeigt habe. Also, an der Auster kann man schon etwas lernen. Aber die Auster ist nicht wie der Elefant, der so viele Jahre warten muß, um ein Junges hervorzubringen. Eine einzige Auster kann in einem Jahr eine Million Austern hervorbringen. Also eine Auster steht in einem anderen Verhältnis zu der Fortpflanzungsfähigkeit als der Elefant.

Nun, meine Herren, ein anderes interessantes Tier ist die Blattlaus. Sie wissen, sie kommt auf den Blättern der Bäume vor, findet sich überhaupt als eine recht schädliche Bevölkerung der Pflanzenwelt. Man leidet sehr unter ihr. Eine Blattlaus ist ja, wie Sie wissen, viel kleiner als ein Elefant, aber sie kann in wenigen Wochen – eine einzige Blattlaus! – mehrere tausend Millionen Nachkommen erzeugen. Also ein Elefant braucht etwa fünfzehn, sechzehn Jahre, bis er imstande ist, einen einzigen Nachkommen hervorzubringen, und die Blattlaus, die kann eben in wenigen Wochen sich so vermehren, daß von einer einzigen mehrere Millionen kommen.

Und dann gibt es noch kleinwinzige Tiere, die nennt man Vorticellen. Wenn man sie durch ein Mikroskop anschaut, dann sind sie überhaupt nur so ein ganz kleines Schleimklümpchen, und sie haben einen Faden, an dem sie sich fortschlängeln. Es sind ganz interessante Tiere, aber sie bestehen nur aus einem ganz kleinen Schleimklümpchen, wie wenn man einen Faden aus einer Auster herausnehmen würde, und sie schwimmen so herum. Diese kleinen Vorticellen, die sind nun ganz so, daß sie in vier Tagen hundertvierzig Billionen Nachkommen – eine einzige! – erzeugen können. Also man kann es auf die Tafel gar nicht aufschreiben, so viele Nullen muß man aufschreiben. Das einzige, was damit konkurrieren kann, ist jetzt die russische Valuta!

Also Sie sehen, es ist ein beträchtlicher Unterschied in der Fortpflanzungsfähigkeit zwischen einem Elefanten, der fünfzehn, sechzehn Jahre warten muß, um ein einziges Junges hervorzubringen, und solch einer kleinen Vorticelle, die in vier Tagen sich so vermehrt, daß hundertvierzig Billionen Nachkommen wachsen.

Also sehen Sie, da liegen wirklich ganz bedeutende Naturgeheimnisse vor. Und es gibt eine ganz interessante französische Erzählung, die äußerlich mit dem nicht viel zu tun hat, aber innerlich doch. Da war ein bedeutender französischer Dichter – der hieß *Racine*. Und dieser Racine, der brauchte, um solch eine Dichtung, wie zum Beispiel die «Athalie» zu schreiben, sieben Jahre. Also er hat in sieben Jahren ein solches Theaterstück wie die «Athalie» geschrieben. Und da gab es zu seiner Zeit einen anderen Dichter, der war furchtbar stolz gegen den Racine und sagte: Der Racine braucht sieben Jahre, um ein Stück zu schreiben; ich schreibe in einem Jahr sieben Stücke! – Und da entstand eine Fabel, so eine Erzählung, und diese Erzählung, diese Fabel lautet: Es haben einmal gestritten das Schwein und der Löwe; und das Schwein, das stolz war, sagte zum Löwen: Ich kriege jedes Jahr sieben Junge, aber du, Löwe, du bringst nur ein einziges in einem Jahr zustande. – Da sagte der Löwe: Jawohl, aber das einzige, das ist eben auch ein Löwe, und deine sieben sind Schweine. – Und damit, nicht wahr, hat Racine den Dichter abfertigen wollen. Er hat ihm nicht gerade sagen wollen, seine Theaterstücke seien Schweine, aber er verglich das, denn er sagte: Nun ja, du machst alle Jahr sieben solche Stücke, aber ich mache in sieben Jahren eine «Athalie» – die heute weltberühmt ist.

Sehen Sie, so kann man sagen: Selbst in einer solchen Fabel, in einer solchen Erzählung liegt so etwas drinnen, daß es wertvoller ist, nach Elefantenart fünfzehn, sechzehn Jahre zu brauchen, um dann ein

Junges zu kriegen, als eine Vorticelle zu sein, die in vier Tagen sich so vermehrt, daß sie hundertvierzig Billionen Junge kriegt. Man redet schon viel, daß die Kaninchen so viel Junge kriegen; wenn man nun gar von der Vorticelle reden würde – eine solche Vermehrungsfähigkeit ist ja gar nicht auszudenken!

Nun muß man doch herausbekommen, woran das liegt, daß solche kleinwinzigen Tiere so viele Junge kriegen, während der Elefant so lange dazu braucht.

Nun habe ich Ihnen gesagt: Die Sonne, die ist dasjenige, was eigentlich der Befruchtung zugrunde liegt. Die Sonne braucht man also heute auch noch bei der Befruchtung. Und ich habe Ihnen auch gesagt: Wenn ein Himmelskörper draußen ist wie der Mond, so wirkt er höchstens noch auf den Kopf, aber nicht mehr wirkt er auf die Unterleibsorgane, also nicht mehr direkt auf die Fortpflanzungskräfte. Die Fortpflanzungskräfte müssen heute vererbt werden von einem Wesen aufs andere. Aber, meine Herren, in einem gewissen Sinne ist dennoch dasjenige, was da geschieht in der heutigen Fortpflanzung noch, doch noch vom Monde abhängig. Und das will ich Ihnen auf die folgende Weise erklären, indem ich auch wiederum auf die Sonne zurückgehe.

Sehen Sie, wir müssen uns fragen: Warum braucht der Elefant fünfzehn, sechzehn Jahre, um seine Fortpflanzungsfähigkeit so weit zu bringen, daß er ein Junges kriegt? Nun wissen Sie alle, daß der Elefant ein Dickhäuter ist, und weil er ein Dickhäuter ist, braucht er so lange. Eine dicke Haut läßt nämlich die Sonnenkräfte weniger stark durch sich durch, als wenn man eine Blattlaus ist und ganz weich ist und überall die Sonnenkräfte hereinkönnen. So daß tatsächlich die geringe Fortpflanzungsfähigkeit des Elefanten eben mit seiner Dickhäutigkeit zusammenhängt.

Das können Sie ja auch daran sehen: Denken Sie wiederum zurück an diese riesigen schwimmenden Austern. Ja, es würde niemals eine zweite Auster entstehen, wenn es auf die Sonne nur ankäme, die da draufstrahlt auf diesen Schuppenpanzer, auf die dicke Haut! Sondern diese Auster, die gibt ein bißchen Schleim ab, habe ich Ihnen gesagt; der Schleim, der hat noch keine Austernschale, da kann die Sonne draufkommen. Und indem sie anfängt, den Schleim abzutrocknen und eine neue Auster dadurch entstehen kann, wirkt sie auf diese Auster befruchtend. – Ja, wenn die Sonnenstrahlen von außen kommen, meine Herren, dann können sie eben nur Schalen erzeugen. Wie kommt es denn, daß die Sonnenkräfte dennoch befruchtend wirken können?

Sehen Sie, da müssen wir wiederum etwas anderes anschauen, damit Sie einsehen können, wie die Geschichte eigentlich zusammenhängt. Sie wissen vielleicht, daß die Bauern, wenn sie die Kartoffeln geerntet haben, ziemlich tiefe Gruben machen, und in diese Gruben hinein legen sie die Kartoffeln. Dann graben sie die Gruben wieder zu. Und sie graben dann später, wenn der Winter vorüber ist, aus diesen Gruben die Kartoffeln wiederum aus, weil sie da drinnen gut geblieben sind. Wenn sie die Kartoffeln einfach in dem Keller aufgehoben hätten, wären sie zugrunde gegangen. Da drinnen bleiben sie ganz gut.

Woher kommt das eigentlich? Es ist eine sehr interessante Sache. Die Bauern wissen nicht viel Auskunft darüber zu geben. Aber, meine Herren, wenn Sie selber eine Kartoffel wären und würden da hineingegraben in diese Grube, so würden Sie sich da drinnen, wenn Sie nicht gerade etwas zu essen brauchten, eigentlich außerordentlich gut fühlen. Denn sehen Sie, da drinnen bleibt nämlich die Sonnenwärme vom Sommer drinnen, und dasjenige, was im Sommer von der Sonne auf die Erde draufscheint, das zieht sich immer mehr und mehr eben nach unten hin. Und wenn man im Januar in die Erde hineingräbt, so ist da noch die Sonnenwärme und alle anderen Sonnenkräfte vom Sommer, die sind da eineinhalb Meter tief noch drinnen.

Das ist das Merkwürdige. Im Sommer, da ist die Sonne draußen, da erwärmt sie von draußen, und im Winter, da zieht sich die Sonnenkraft nach unten und ist weiter unten zu finden. Aber sie kann nicht sehr tief nach unten gehen; sie strömt wiederum zurück. Wenn man eine Kartoffel wäre und da unten läge, so würde es einem ganz gut gehen; einheizen brauchte man nicht, denn erstens ist da noch die Wärme vom Sommer drinnen, und zweitens kommt es ganz warm herauf von unten, weil die Sonnenkräfte wiederum zurückstrahlen. Und diesen Kartoffeln ist es eigentlich furchtbar wohl. Da genießen sie eigentlich erst die Sonne. Im Sommer haben sie nicht viel von der Sonne, da ist es ihnen sogar unangenehm. Wenn sie Köpfe hätten, kriegten sie Kopfweh, wenn die Sonne so draufscheint; da ist es eigentlich unangenehm für die Kartoffeln. Aber im Winter, wenn ihnen die Wohltat geschieht, in die Erde hineingegraben zu werden, da können sie die Sonne erst so recht genießen.

Daraus sehen Sie, daß die Sonne ja nicht nur wirkt, wenn sie auf etwas draufscheint, sondern sie wirkt weiter, wenn ihre Kräfte von etwas aufgefangen, aufgehalten werden.

Ja, meine Herren, jetzt tritt eine Eigentümlichkeit ein. Ich habe Ihnen gesagt: Wenn ein Körper draußen ist aus der Erde, dann wirkt er abtötend, entweder – wie die Kohlensäure – wie ein Gift, oder aber wie die Sonne hier, die Schuppen erzeugt, wenn sie draufscheint; die verhärtet das Lebewesen, auf das sie draufscheint. Aber im Winter, da ist es ja gar nicht wahr, daß die Sonne von außen wirkt; da wirkt sie vom Inneren der Erde. Da läßt sie ihre Kraft zurück, wirkt im Inneren der Erde. Und da frischt sie im Inneren der Erde auch wiederum die Fortpflanzungskräfte auf. So daß die Fortpflanzungskräfte heute, in unserer Gegenwart, auch von der Sonne kommen, aber nicht etwa von der direkten Sonnenbestrahlung, sondern sie kommen von dem, was in der Erde drinnen zurückbleibt und im Winter dann wiederum zurückstrahlt.

Es ist eine sehr interessante Sache. Es ist gerade so, wie wenn wir die Kohlensäure einatmen: da ist sie ein Gift. Wenn aber die Kohlensäure in unserem Körper drinnen ist und durch das Blut geht, da brauchen wir sie. Denn hätten wir keinen Kohlenstoff, so hätten wir überhaupt nichts in uns. Da brauchen wir ihn im Inneren, da ist er wohltätig; von außen ist er Gift. Sonnenstrahlen von außen erzeugen Schalen bei den Tieren, Sonnenstrahlen, von innen aufgefangen und wiederum zurückgestrahlt, erzeugen Leben, machen die Tiere fortpflanzungsfähig.

Aber, meine Herren, denken Sie sich jetzt, Sie wären nicht eine Kartoffel, sondern ein Elefant. Da hätten Sie eine furchtbar dicke Haut, und da ließen Sie nur wenig von dieser Wärme in sich herein, die die Erde da von der Sonne hat. Daher brauchten Sie furchtbar lang, wenn Sie ein Elefant wären, um ein Elefantenkind hervorzubringen. Aber denken Sie sich, Sie wären eine Blattlaus oder eine Auster; da wären Sie ja – bei dieser Auster – gerade gegen die Erde zu nur eine Schleimmasse.

Solch eine Schleimmasse ist der Elefant nicht. Der Elefant ist nach allen Seiten durch seine Haut abgeschlossen, läßt also diese Wärme, die von unten kommt, furchtbar langsam nur in sich hinein.

Nun, sehen Sie, das ist so: Solche Tiere wie Blattläuse, die halten sich auch so in der Nähe der Erde schon auf und außerdem an Pflanzen und haben gar keine dicken Häute; die können furchtbar leicht das, was da von der Erde zurückdunstet, mit dem Frühling aufnehmen, bekommen also ihre Fortpflanzungskräfte immer rasch aufgefrischt. Und die Vorticellen erst recht, denn die leben im Wasser und das Wasser bewahrt die Sonnenwärme noch viel intensiver, so daß die aufgesparte Sonnenwärme in den Vorticellen die hundertvierzig Billionen zur richtigen Jahreszeit hervorbringt; das heißt, wenn sie genügend aufgenommen haben von dem, was die Sonnenwärme im Wasser ist, können sie sich furchtbar rasch fortpflanzen. So können wir sagen: Heute ist es bei der Erde so, daß sie die Fortpflanzungsfähigkeit ihren Wesen dadurch gibt, daß sie die Sonnenkräfte in sich während des Winters bewahrt.

Nun gehen wir von da aus auf die Pflanzen über. Sehen Sie, bei den Pflanzen, da ist es so: Sie wissen, es gibt bei den Pflanzen auch eine Fortpflanzung durch sogenannte Stecklinge. Wenn also die Pflanze aus der Erde herauswächst, so kann man irgendwo einen Steckling abschneiden. Man muß ihn ordentlich herausschneiden, kann ihn dann wiederum einsetzen, und das wächst sich dann zur Pflanze aus. Solch eine Fortpflanzung gibt es bei gewissen Pflanzen. Woher kommt denn das? Diese Kraft, die da die Pflanzen haben, sogar noch durch ein Stückchen von ihnen sich fortzupflanzen, haben die Pflanzen aus dem Grunde, weil sie ja den Samen im Winter in der Erde drinnen haben. Das ist nämlich eine ganz besonders wichtige Sache bei den Pflanzen. Will man irgendwie Pflanzen zum richtigen Wachstum bringen, so ist es ja so, nicht wahr, daß sie eigentlich im Winter in der Erde drinnen sein müssen. Sie müssen überhaupt aus der Erde herauswachsen. Es gibt ja Sommerfrüchte, da könnten wir ja später einmal darüber reden. Aber in der Hauptsache müssen die Pflanzen in der Erde drinnen ihren Samen entwickeln, und dann können sie wachsen. Man kann manchmal zwiebelartige Gewächse auch im Wasser zum Wachsen bringen, aber da muß man besondere Maßregeln ergreifen, nicht wahr. In der Hauptsache ist es so in der Natur, daß die Pflanzen in die Erde hineingesetzt werden müssen und von da aus ihre Kraft zum Wachsen haben müssen.

Was geschieht nun da, meine Herren, wenn ein Samenkorn in die Erde hineingelegt wird? Da ist dieses Samenkorn erst recht in die Wohltat versetzt, diese von der Sonne der Erde übergebenen Kräfte in sich aufzunehmen. Gerade das Pflanzensamenkorn, das nimmt diese Kräfte, die da von der Sonne in die Erde hineinkommen, erst recht auf.

Beim Tier, da geht das viel schwerer. Diejenigen Tiere, die in der Erde selber drinnen sind wie die Regenwürmer und dergleichen, die nehmen diese Kraft auch leicht auf. Deshalb pflanzen sich diese auch alle sehr stark fort, alle die Tiere, die entweder ganz nahe der Erde oder in der Erde sind. Würmer sind ja auch so, daß sie furchtbar viel Nachkommen haben, und zum Beispiel gerade solche Würmer, die auch leider in die menschlichen Gedärme kommen können, erzeugen furchtbar viele Nachkommen, und der Mensch muß fortwährend seine eigenen Kräfte anstrengen, damit diese Würmer nicht schrecklich viele Nachkommen erzeugen. So daß man da eben, wenn man Würmer in sich hat, fast alle Lebenskräfte anwenden muß, um diese Schreckenskerle, die man in sich hat, zu töten.

Ja, aber Pflanzen, die sind in der Lage, daß sie aus dem Boden herauswachsen (siehe Zeichnung); da unten ist die Wurzel, dann wachsen sie aus dem Boden heraus, und dann haben sie die Blätter, dann entwickeln sie die Blüten und neue Samen. Aber, meine Herren, Sie wissen ganz genau: Wenn die Blüte anfängt sich zu entwickeln, da wächst die Pflanze nicht mehr nach oben. Das ist sehr interessant. Der Same der Pflanze, der Keim, der wird in den Boden gegeben; da wächst der Stengel heraus, es werden Blätter, grüne Blätter, und nachher kommt die Blüte. Da wird das Wachstum aufgehalten, und die Pflanze macht jetzt geschwind, erzeugt geschwind den Samen. Denn würde sie nicht geschwind den Samen erzeugen, so würde die Sonne alle Kraft auf diese Blütenblätter verwenden, die unfruchtbar wären. Die Pflanze würde oben eine riesige schöne Blüte kriegen, vielfarben, aber der Same würde sich nicht entwickeln können. Die Pflanze nimmt zuletzt noch alle Kraft zusammen, um geschwind den Samen zu erzeugen.

Sehen Sie, die Sonne, die von außen kommt, die hat die Eigentüm-

lichkeit, die Pflanzen schön zu machen. Wenn wir schöne Pflanzen auf der Wiese finden, so ist es die äußere Sonne mit ihren Strahlen, die diese schönen Farben hervorbringt. Aber sie würde die Pflanzen damit ersterben machen, geradeso wie sie mit der Austernschale die Auster ersterben macht, vertrocknet.

Daher können Sie das auch auf der ganzen Erde sehen. Dieses Wirken der Sonne können Sie besonders schön sehen, wenn Sie in heiße Gegenden kommen, in Äquatorialgegenden; da schwirren alle Vögel in den wunderbarsten Farben durcheinander. Das ist die Wirkung der äußeren Sonne. Diese Federn sind alle wunderschön gefärbt, enthalten aber keine Lebenskraft mehr in sich. In den Federn ist die Lebenskraft am meisten abgestorben.

Und so ist es bei der Pflanze. Wenn sie aus dem Erdboden herauswächst, da hat sie strotzende Lebenskraft. Dann verliert sie diese immer mehr und muß zuletzt noch alle Kraft zusammennehmen; das ganz kleine bißchen Lebenskraft bringt sie noch in den Samen hinein. Und die Sonne macht schöne Blätter, farbige Blüten, aber sie tötet die Pflanze dabei ab. In den farbigen Blumenblättern lebt nichts von Fortpflanzungsfähigkeit.

Aber was tut denn die Pflanze, wenn man ihren Samen in die Erde hereingibt? Da läßt sie sich nicht nur darauf ein, in die Erde hineingelegt zu werden, sondern sie bringt Wachstum in den Blättern herauf; das trägt sie herauf. Wenn ich da etwas Grünes zeichne, entwickeln das die Sonnenkräfte, also Wärme, Licht und so weiter. So gehen die Sonnenkräfte herauf in der Pflanze. Die nimmt sich die Pflanze im Samenkorn mit, währenddem die Sonnenkräfte, die von außen kommen, die Pflanze ertöten, so daß da eine sehr schöne Blüte entsteht. Aber da mitten drin ist noch der Same, der noch von der mitten im Winter aufgespeicherten Sonnenwärme kommt. Von der heurigen Sonne kommt der Same nicht. Das ist bloß eine falsche Vorstellung. Von der heurigen Sonne kommt die schöne Blüte; der Same aber kommt von der Sonnenwärme des vorigen Jahres, der hat noch die Kraft, die die Sonne erst der Erde hingegeben hat. Die trägt die Pflanze durch ihren ganzen Körper durch.

Beim Tier ginge das nicht so leicht. Das Tier ist darauf angewiesen, daß diese Sonnenwärme mehr von außen, mehr von der Erde kommt und nur aufgefrischt wird. Denn das Tier nimmt nicht die Sonnenkräfte so direkt auf wie die Pflanze. Die Pflanze aber trägt durch ihren eigenen Leib bis zum Samen in der Blüte herauf die vorjährige Sonnenwärme, die also in die Erde hinein sich aufgespeichert hat.

Wenn man diese Geschichte richtig betrachtet – es ist außerordentlich interessant, es ist wunderbar interessant –, dann sagt man sich: Pflanzen und Tiere pflanzen sich fort. Sie könnten sich nicht fortpflanzen, wenn nicht die Sonne wirkte. Wäre keine Sonne da, könnten sie sich nicht fortpflanzen. Aber die Sonne, die draußen ist am Himmelsraume, außer der Erde, die tötet gerade die Fortpflanzungsfähigkeit. Es ist eine solche Sache wie mit der Kohlensäure: Wenn wir die Kohlensäure einatmen, so tötet sie uns; wenn wir sie in uns haben, so belebt sie uns. Wenn die Erde die Sonnenstrahlen von außen bekommt, so werden ihre Tiere und Pflanzen getötet; wenn die Erde den Tieren und Pflanzen von ihrem Inneren aus das, was in der Sonne ist, geben kann, so werden sie gerade recht belebt und zur Fortpflanzung angeregt. Das sieht man an den Pflanzen; die entwickeln fortpflanzungsfähige Samen nur aus der Kraft der Sonne, die sie von früher mitnehmen, vom vorigen Sommer. Was die Pflanze dieses Jahr schön werden läßt, das kommt von der heurigen Sonne. Das ist überhaupt so: Das Innere, das wächst von der Vergangenheit, und schön – schön wird man durch die Gegenwart.

Nun, meine Herren, dem Elefanten mit seiner dicken Haut, dem würde aber das bißchen Wärme von der Erde her und das bißchen Sonne drinnen, das er von der Erde her bekommt, furchtbar wenig nützen, denn der ist eben ein Dickhäuter. Da gehen diese Kräfte nicht so leicht durch. Der muß sehr viel in seinem eigenen Samen aufgespeichert haben von früher her. Mondenkräfte hat er aufgespeichert. Die braucht er ja natürlich zur mütterlichen, zur weiblichen Fortpflanzung. Die hat er aufgespeichert. Der Mond ist heraus aus der Erde, und die Tiere, die sich fortpflanzen, die haben eben jetzt die Mondenkräfte in sich.

Sehen Sie, da kommt etwas, was man überhaupt recht berücksichtigen muß. Es könnte natürlich einer kommen und sagen: Da ist solch ein dummer Kerl, der von den ehemaligen, von den früheren Mondenkräften sagt, da leben in den Eiern, in den Fortpflanzungskräften noch solche alten Kräfte drinnen. Dieser dumme Kerl behauptet, die gegenwärtigen Fortpflanzungskräfte, die seien von früher her. – Ich würde diesem Menschen einfach sagen: Hast du denn noch nie gesehen, daß etwas, was jetzt lebt, etwas in sich hat, was von früher her ist? – Ich würde ihm einen Buben zeigen, der seinem Vater so ähnlich ist, daß er ihm, wie man sagt, wie aus dem Gesicht geschnitten ist. Ja, wenn man dann zurückgeht – der Vater könnte ja sogar schon gestorben sein; einer könnte den Vater gekannt haben, als der Vater selber ein so kleiner Bub war, wie der Junge jetzt ist, und der Betreffende könnte sagen: Ja, der Bub ist seinem Vater wie aus dem Gesicht geschnitten. – Aber er schaut ihm gerade ähnlich, so wie der Vater war, als er selber so ein kleiner Bub war. Was Sie da vor vielleicht dreißig oder vierzig Jahren gesehen haben – bei dem kleinen Bub ist es jetzt noch drinnen! Immer sind die Kräfte der Vergangenheit in dem, was in der Gegenwart lebt, noch drinnen. Und so ist es auch mit den Fortpflanzungskräften. Das, was in der Gegenwart ist, das stammt aus der Vergangenheit.

Sie wissen ja, man hat es als einen besonders starken Aberglauben angeschaut, daß der Mond aufs Wetter wirken soll. Nun, darinnen steckt auch sehr viel Aberglaube. Aber einmal hat es doch zwei Gelehrte gegeben in Deutschland, an der Universität in Leipzig, von denen hat der eine sich gesagt – *Fechner* hat er geheißen –: Vielleicht steckt in diesem Aberglauben, daß der Mond aufs Wetter wirke, wirklich ein bißchen Wahrheit. – Und da hat er sich notiert, wie das Wetter war beim Vollmond, und wie das Wetter war beim Neumond, und hat gefunden: Es ist ein Unterschied; es regnet mehr bei Vollmond als bei Neumond. – Das hat er herausgekriegt. Daran muß man ja noch nicht glauben. Solche Notizen sind nicht sehr überzeugend. Bei der wirklichen Wissenschaft muß man viel, viel genauer arbeiten. Aber er hat doch gesagt, man müsse eben solche Untersuchungen fortsetzen und sehen, ob nicht doch dabei herauskommt, daß der Mond auf das Wetter wirkt.

Nun war an derselben Universität Leipzig ein anderer, einer, der sich für viel gescheiter gehalten hat – *Schleiden* hat er geheißen –, der hat gesagt: Nun fangen sogar schon meine Kollegen an, davon zu reden, daß der Mond auf das Wetter wirkt. Donnerwetter, die Geschichte geht nicht, da muß man mit aller Kraft dagegen anstürmen! – Da hat der Fechner gesagt: Nun schön, zwischen uns Männern wird der Streit schon bestehen bleiben, aber wir haben ja auch Frauen. – Sehen Sie, das war noch in früheren Zeiten. Als die zwei Universitätsprofessoren in Leipzig gelebt haben, da haben die Universitätsprofessoren-Frauen noch einen alten Brauch gehabt in der Stadt. Sie haben nämlich ihre Tröge, ihre Bottiche in den Regen gestellt, um da Waschwasser zu bekommen. Sie haben das gesammelt, weil das Wasser nicht so leicht zu kriegen war im alten Leipzig. Es hat dazumal noch keine Wasserleitungen gegeben. – Da hat der Professor Fechner gesagt: Ja, diesen Streit sollen einmal unsere Frauen ausmachen. Die Frau Professor Schleiden und die Frau Professor Fechner, die sollen das so machen: Damit sie immer gleich viel Regenwasser bekommen, kann Frau Professor Schleiden beim Neumond ihre Tröge herausstellen, und meine Frau, die stellt die Tröge heraus beim Vollmond! – Da hat er sich gesagt: Nach meiner Rechnung kriegt sie dann das meiste Regenwasser.

Nun, sehen Sie, die Frauen sind nicht darauf eingegangen. Die wollten nicht auf die Wissenschaft ihrer Männer eingehen. Die haben sich gar nicht überzeugen lassen. So kam einmal auf eine merkwürdige Weise die Geschichte heraus, daß ein Mensch, selbst wenn die Wissenschaft in Form vom Mann dasteht, nicht daran glaubt, wie die Frau Schleiden, und sich nicht sagt: Ich kriege geradesoviel Wasser beim Neumond wie beim Vollmond, sondern ihre Regentröge auch beim Vollmond herausstellen wollte, trotzdem ihr Mann fürchterlich gewettert hat auf den Fechner.

Das ist etwas, was ja noch nichts beweist. Aber sehen Sie, etwas Merkwürdiges ist doch, daß heute noch Ebbe und Flut mit Sonne und Mond zusammenhängen. So daß man schon sagen kann: Fluten treten bei einem Mondesviertel ganz anders auf als bei irgendeinem anderen Mondesviertel. Das hängt zusammen. Aber, meine Herren, davon kommt es nicht, daß der Mond irgendwo aufs Meer scheint und dadurch eben Flut entsteht, sondern das ist eine alte Geschichte.

Als der Mond noch in der Erde drinnen war, da hat er seine Kräfte entwickelt und die Fluten bewirkt. Und die Erde hat noch immer diese Reste von den Kräften selbst, durch die die Flut entsteht. Kein Wunder, die Erde macht das schon selbständig. Heute ist es ein Aberglaube, wenn man glaubt, der Mond wirke auf die Erde. Aber er hat einmal auf die Erde gewirkt, als er noch drinnen war, als alles noch auf die Erde gewirkt hat; und die Erde ist noch immer in diesem Zusammenhang drinnen. Sie macht deshalb Ebbe und Flut vom Monde abhängig. Aber das ist nur scheinbar. Geradeso wie wenn ich auf meine Uhr schaue, ich auch nicht sage: Sie wirft mich um zehn Uhr zum Saal heraus. – So treffen heute die Mondphasen mit Ebbe und Flut zusammen, weil das einmal voneinander abhing.

Und so ist es mit den Fortpflanzungskräften, soweit sie vom Mond abhängen, soweit sie also weiblich sind. Und so ist es mit den Fortpflanzungskräften, soweit sie von der Sonne abhängig sind, also von derjenigen Sonnenkraft kommen, die im Inneren der Erde ist.

Aber alle die Tiere, die sich so stark fortpflanzen, bis in die Billionen hinein, die also diese von der Sonne durch die Erde aufgespeicherten Sonnenkräfte benützen können, das sind niedere Tiere. Die höheren Tiere und die Menschen, die haben diese Fortpflanzungskräfte geschützt im Inneren. Da kommt zwar etwas noch von der Sonnenkraft heran und frischt diese Kräfte immerfort auf. Ohne Auffrischung würden sie auch nicht da sein. Aber aus dem, was heute in der Erde von der Sonnenkraft drinnen ist, würden sie nicht so richtig ihre Fortpflanzungskräfte haben können.

Die Pflanze kann sie haben, weil sie das, was in der Erde drinnen lebt, vom Winter in den Sommer hinein durch ihren eigenen Körper hinaufträgt. Die Pflanze, die hat die Fortpflanzungskraft vom vorigen Jahr.

Aber der Elefant kann sie nicht haben vom vorigen Jahr. Der hat sie von einer Zeit vor Jahrmillionen, und hat sie eben in seinem Fortpflanzungssamen, den er wiederum vererbt vom Elefantenvater auf den Elefantensohn. Da hat er sie drinnen. Aber aus welcher Zeit hat er sie drinnen! Nun, geradeso wie die Pflanze in sich die Fortpflanzungskraft vom vorigen Jahr hat, so hat der Elefant die Fortpflanzungskraft von Jahrmillionen in sich. Deshalb kann sich die Pflanze – und die niedrigen Tiere – daraus fortpflanzen, weil sie heute noch die von der Erde aufgespeicherte Kraft benützen können. Das sind ungeheuer starke Fortpflanzungskräfte. Diejenigen Tiere, die darauf angewiesen sind, sehr weit zurückliegende Kräfte in sich noch aufzubewahren, die können sich nur schwach fortpflanzen.

Aber gehen wir jetzt zurück zu der Zeit, wo da solche Riesenaustern waren: Kaum hat eine solche Auster das erreicht, daß sie von der Sonne beschienen worden ist, da verlor sie schon die innere Kraft, konnte nur diejenige benützen, die aus der Erde heraufkam. Aber sie konnte sie doch noch benützen, weil die Auster nach unten offen war. Wenn diese Auster auch so groß war wie heute Frankreich, nach unten war sie offen, konnte die Erdenkräfte, die von der Sonne kamen, in sich aufnehmen. Als diese Tiere sich dann umgestaltet hatten zu Megatherien, zu Ichthyosauriern, als sie von der Sonne so beschienen wurden, daß sie von allen Seiten kam, sie also nicht mehr von unten her offen waren, da waren sie auf die Fortpflanzungskraft angewiesen, die sie in sich selber hatten, die höchstens aufgefrischt wurde durch die Sonne.

Ja, meine Herren, was muß es denn da einmal für eine Zeit gegeben haben, wenn Tiere Fortpflanzungskräfte gekriegt haben, die sie nicht bekommen können, wenn die Sonne von außen scheint? Es muß einmal eine Zeit gegeben haben, wo die Sonne in der Erde drinnen war, wo also nicht bloß das bißchen Sonnenkräfte in die Erde hereingekommen ist, das im Winter zum Beispiel dableibt für die Kartoffeln; sondern es hat einmal eine Zeit gegeben, wo die ganze Sonne in der Erde drinnen war.

Nun werden Sie sagen: Die Physiker sagen aber, daß die Sonne so furchtbar heiß ist, und wenn die Sonne in der Erde drinnen war, so hätte sie ja alles verbrannt. – Ja, meine Herren, das wissen Sie ja nur von den Physikern. Aber die Physiker würden nämlich höchst erstaunt sein, wenn sie sehen könnten, wie die Sonne wirklich ausschaut. Wenn sie einmal einen Luftballon bauen und da hinauffahren könnten, so würden sie gar nicht finden, daß die Sonne so heiß ist, sondern die Sonne ist gerade in sich drinnen voller Lebenskräfte, und die Hitze entwickelt sie, indem die Sonnenstrahlen durch Luft und alles mögliche durchgehen. Da entwickelt sie erst die Hitze. Also als die Sonne einmal in der Erde drinnen war, da war sie voller Lebenskräfte. Da hat sie nicht nur das bißchen Lebenskräfte geben können, das sie heute geben kann, sondern als die Sonne einmal in der Erde drinnen war, da konnten diese lebendigen Wesen, Tiere und Pflanzen, die damals da waren, genügend kriegen von dem, was ihnen die Sonne gab, denn die Sonne war ja in der Erde selber drinnen. Da entwickelten diese Austern aber auch keine Schalen, sondern da waren sie überhaupt bloßer Schleim.

Und nun denken Sie sich: Da war also die Erde, der Mond in ihr, die Sonne war in der Erde drinnen, Austern entwickelten sich, die keine Schalen hatten, sondern die Schleim waren. Es entstand Schleim; der schmierte sich ab, trennte sich ab, wiederum entstand eine Auster, wiederum entstand eine Auster und so weiter fort. Die waren aber so riesengroß, daß man sie gar nicht voneinander unterscheiden konnte. Sie grenzten aneinander an. Wie muß denn dazumal die Erde ausgesehen haben? So ähnlich wie unser Gehirn nämlich, wo auch die Zellen nebeneinander liegen. Da liegt auch eine Zelle neben der anderen; nur sterben die ab, während dazumal, als die Sonne in der Erde drinnen war, Austernzellen, riesige Zellen, eine neben der anderen, waren, und die Sonne ihre Kräfte entwickelte, die sie ja fortwährend entwickelte, weil sie in der Erde drinnen war. Ja, meine Herren, bedenken Sie jetzt das: Da war also die Erde da (siehe Zeichnung), hier eine Riesenauster, da wieder eine Riesenauster, wieder eine, lauter solche Riesenschleimbatzen nebeneinander, und die pflanzten sich immer fort. Und die heu-

tigen Austern pflanzen sich noch so rasch fort, daß sie in einer kurzen Zeit eine Million Nachkommen haben können; da pflanzten sich die damaligen Austern erst recht rasch fort. Donnerwetter, kaum war die alte Auster da, waren schon die Jungen wieder da, und die hatten wieder Junge und so weiter. Die Alten mußten sich wieder auflösen. Wenn das einer von außen angeschaut hätte, wie da dieser riesige Erdklumpen wie ein großes Gehirn dagewesen wäre, natürlich viel weicher, viel schleimiger als ein heutiges Gehirn, wie da eine Riesenauster sich so schnell fortpflanzte – aber jede andere hätte wieder eine Million Nachkommen haben können –, der hätte gesehen: Da mußte jeder sich gegen die anderen verteidigen, weil sie aneinander anstießen. Und wenn da einer gekommen wäre, ein besonders Neugieriger, und hätte von einem fremden Stern zugeschaut, da hätte er gesehen: Da unten schwimmt im Weltenraum ein Riesenkörper, aber der ist ganz Leben, bringt fortwährend Leben hervor, besteht nicht nur aus Millionen von ineinandergeschobenen Austern, sondern die vermehren sich fortwährend. Und was hätte er gesehen? Ganz dasselbe – nur riesengroß –, was man heute sieht, wenn man ein kleines Ei, aus dem ein Mensch entsteht, in der ersten Zeit anschaut! Da geht es nur ganz kleinwinzig vor sich. Da sind auch diese kleinen Zellenschleimbläschen, die sich rasch vermehren, denn sonst würde der Mensch in den ersten Wochen, in denen er getragen wird, seine Größe nicht erreichen können. Die Zellen sind eben so klein, daß sie sehr rasch sich vermehren müssen. Hätte man dazumal die Erde angeschaut, man hätte das Bild von der Erde bekommen: Ein Riesentier, und darinnen die Kräfte der Sonne und des Mondes, in der ganzen Erde inwendig.

Sehen Sie, jetzt habe ich Ihnen gezeigt, wie man zurückkommen kann zu der Zeit der Erdenentwickelung, wo Erde, Sonne und Mond noch ein Körper waren. Aber, meine Herren, ich möchte sagen: Im «Faust», wenn Sie den einmal lesen oder gelesen haben, da sagt einmal das sechzehnjährige Gretchen, als ihm der Faust seine Religion entwickelt: So ungefähr sagt es der Pfarrer auch; aber doch ein bißchen anders. – So könnten Sie auch sagen: Ja, so ungefähr sagen es einem die Professoren auch, aber doch ein bißchen anders. Sie sagen: Einmal war die Sonne mit Erde und Mond ein Körper. – Das sagen sie schon; denn sie sagen, nicht wahr: Diese Sonne, die war ein Riesenkörper; dann hat sie sich gedreht, und dann hat sich die Erde abgespalten, als sie sich gedreht hat. Dann hat sich die Erde weiter gedreht, und da hat sich wieder der Mond abgespalten. – Also im Grunde genommen sagt man auch da, es waren alle drei einmal ein Körper.

Da kommen dann die Leute und sagen: Das kann man ja beweisen; den Schulkindern wird das schon bewiesen. Man kann das furchtbar nett vormachen. Man nimmt ein kleines Öltröpfchen – das schwimmt nämlich auf dem Wasser – und dann nimmt man ein Kartenblatt und schneidet einen kleinen Kreis heraus, schiebt oben eine Stecknadel durch; nachher gibt man das ins Wasser und dreht da am Kopf der Stecknadel. Die kleinen Öltröpfelchen spalten sich ab und gehen so herum. Da habt ihr es ja, sagt man, da seht ihr es: Das ist einmal in der Welt geschehen! Da war in der Welt ein riesiger Gasball, bloß Gas; aber gedreht hat sich die Geschichte, und beweglich war es. Und dann sind halt die äußeren Dinge geradeso abgespalten worden, unsere Erde von der Sonne, wie da diese Öltröpfchen abgespalten wurden. – Das können sie schon in der Schule beweisen. Und die Kinder, die ja an die Autorität glauben, die sagen: Das ist ganz natürlich zugegangen; da war einmal ein riesiger Gasball, der hat sich gedreht, und da sind die

Planeten abgespalten worden. Wir haben es selber gesehen, wie die Öltröpfelchen abgespalten worden sind.

Nun müssen Sie aber auch die Kinder fragen: Habt ihr denn auch gesehen, wie da oben der Schulmeister an dem Stecknadelkopf gedreht hat? Also müßt ihr euch einen riesigen Schulmeister dazu denken, der dazumal den Gasball gedreht hat, sonst hätten sich ja die Planeten nicht abspalten können! – Der Riesenschulmeister – im Mittelalter hat man ihn gezeichnet: das war der Herrgott mit dem langen Bart. Das war der Riesenschulmeister, und den vergessen diese Leute.

Aber es ist keine Erklärung, wenn man da einen Riesengasball annimmt, der sich dreht, und der sich erst drehen könnte, wenn einmal ein riesiger Weltenschulmeister dagewesen wäre. Das ist keine Erklärung. Aber, meine Herren, das ist eine Erklärung, wenn man darauf kommt, daß Sonne und Mond mit der Erde verbunden waren, und das sich selber bewegt hat. Das konnte sich bewegen. Ein Gasball, der kann sich nicht allein bewegen. Aber das, was ich Ihnen hier erklärt habe, das konnte sich bewegen. Dazumal brauchte es nicht einen Weltenschulmeister, sondern das war in sich selbst lebendig. Die Erde war eben einmal ein lebendiges Wesen, und zwar ein solches, wie heute ein Samenkorn es ist, und hat Sonne und Mond in sich gehabt. Sonne und Mond sind herausgegangen aus der Erde und haben ihre Erbschaft zurückgelassen, so daß heute die Keimkraft, die geschützt ist im mütterlichen und väterlichen Leibe des Menschen, diese Kräfte, die einstmals direkt von der Sonne kommen konnten, sich noch fortpflanzen und heute die Tiere, die Samen und Eier in sich entwickeln, die uralte Sonnenkraft in ihrer Eier- und Samenflüssigkeit in sich tragen, aus uralten Zeiten als Erbschaft in sich tragen von den Zeiten, wo die Erde selber noch Sonne und Mond in sich gehabt hat.

Sehen Sie, das ist eine wirkliche Erklärung, und nur wenn man es so versteht, kommt man zu einem wirklichen Verständnis. Dann begreift man, daß es einmal eine Zeit gegeben hat, wo der Mond herausgeflogen ist, und die Erde mit dem Mond aus der Sonne herausgeflogen ist. Wir werden uns über diese Sache noch weiter verständigen zunächst am Samstag um neun Uhr. Es wird noch etwas schwer sein, trotzdem aber glaube ich, daß die Geschichte so ausschaut, daß man es begreifen kann.

## ZEHNTER VORTRAG

Dornach, 30. September 1922

*Frage:* In bezug darauf, daß die Sonne in der Erde drinnen war, war ich sehr erstaunt; darüber habe ich noch nie etwas gehört. So wie ich die letzten Vorträge verstanden habe, ist die Erde nichts anderes gewesen als der Mensch, und daß die Tiere eigentlich von alledem abstammen. Wie erklärt man es dazu im Gegensatz, daß der Mensch vom Affen abstamme?

*Dr. Steiner:* Ich bin sehr erfreut, daß Sie die Frage stellen, denn wir können gerade dadurch, daß wir diese Frage beantworten, ein gutes Stück weiterkommen.

Wenn Sie den heutigen Menschenkopf für sich nehmen, so wie er ist, was finden Sie an diesem Menschenkopf? Diesen Menschenkopf finden Sie zunächst von außen nach innen von oben umhüllt mit einer ziemlich harten, knöchernen Schale. Ja, meine Herren, wenn Sie diese knöcherne Schale, die ja im Verhältnis zum ganzen Kopf dünn ist, nehmen und sie vergleichen mit demjenigen, was Sie zum Beispiel finden, wenn Sie in das Juragebirge hineingehen, so finden Sie da eine ganz merkwürdige Ähnlichkeit. Es ist nämlich dasjenige, was knöcherne Kopfschale ist, im wesentlichen aus ganz ähnlichen Bestandteilen bestehend wie die Kalkablagerung, Kalkkruste, die Sie da finden, wenn Sie in das Juragebirge hineingehen.

Nun finden Sie überhaupt solche Ablagerungen zumeist auf der Oberfläche der Erde. Natürlich, in diesen Kalkablagerungen, da könnte man nicht gerade sehr gut Früchte anbauen. Aber das kann dann geschehen in einer Schichte, die nicht aus Kalk besteht, sondern eben aus Ackererde, und die sich über dem Kalkboden noch auflagert.

Nun, meine Herren, Sie werden ja schon gesehen haben: Wenn man von der Natur spricht, so muß man alles berühren. Und Sie wissen ja, daß der Kopf des Menschen, wenigstens nach außen hin, sich auch mit einer Haut bedeckt, die sich sogar abschuppt, so daß über der kalkhaltigen Kopfschale, über dem Kopfskelett außen die Haut liegt. Wenn man diese Haut wiederum studiert, so hat sie große Ähnlichkeit mit dem, was Ackererde ist. In der Kopfhaut wachsen die Haare. Die Haare haben wiederum eine große Ähnlichkeit mit dem, was als Pflanzen herauswächst aus der Ackererde. Wenn man es schematisch zeichnet, bildhaft, so können wir eigentlich sagen: An gewissen Stellen der Erde, da ist oben Kalkablagerung; darüber ist die Ackererde, und aus der Ackererde wachsen die Pflanzen heraus. Beim Menschen haben wir nach außen diese kalkhaltige Schale, darüber die Haut, und aus der Haut wachsen die Haare heraus.

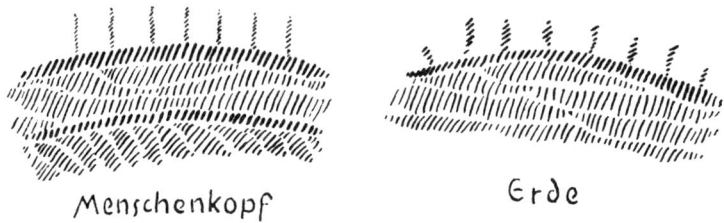

Jetzt erinnern Sie sich an etwas anderes. Da kann ich also ähnlich zeichnen kurioserweise, wenn ich die Erde oder den Menschenkopf aufzeichne. Nun erinnern Sie sich aber, daß ich Ihnen ja noch etwas gesagt habe. Ich habe Ihnen gesagt, daß, wenn man tiefer in die Erde hineingeht und dasjenige studiert, was da tiefer in der Erde ist, man in der Erde Überreste von alten Lebewesen, von alten Tieren und Pflanzen findet. Ich habe Ihnen gesagt, wie diese Tiere und Pflanzen früher ausgeschaut haben. Ichthyosaurier, Plesiosaurier und so weiter, das waren recht große Viecher. Aber wenn wir jetzt ins Innere des Menschenkopfes hineingehen, was habe ich Ihnen da gesagt? Ich habe Ihnen gesagt: Im Blut schwimmen die weißen Blutkörperchen, und das sind eigentlich auch kleine Tiere. Im Menschenkopf drinnen, da sind diese kleinen Tiere immerfort im Absterben, sind gewissermaßen halb tot, werden nur in der Nacht immer wiederum lebendig gemacht, aber sie sind auf dem Weg zum Absterben. Und je weiter man zum Kopfe kommt, desto mehr stirbt der Kopf ab. Unter der Kopfschale, zwischen dem Gehirn und der äußeren Knochenschale, ist eine recht abgestorbene Haut. So daß, wenn man in den Kopf hineingeht, man auch etwas findet, was im Absterben ist.

Also kann man sagen: Wenn der Mensch stirbt, und man nimmt

nachher seinen Kopf – was ja vorzugsweise die Wissenschaft tut, die sich nicht gern mit dem lebendigen Menschen befaßt, sondern mit dem toten Menschen auf dem Seziertisch –, ja, meine Herren, da hat man in der Tat diese abgestorbenen Gehirnzellen, die eigentlich versteinerte Blutzellen sind, und außen die harte Schale. Da wird die Geschichte ganz ähnlich der Erde. So daß wir gar nicht anders sagen können, als: Wenn wir da durch diese harte Gehirnhaut – man nennt sie sogar deshalb die «harte Gehirnhaut», weil sie schon ganz abgestorben ist – in das eigentliche Gehirn hereinkommen, so sehen wir da auch fortwährend Versteinerungen. Auf der Erde findet man überall diese Versteinerungen. Wenn wir die Erde heute anschauen, so gleicht sie nämlich aufs Haar, könnte man sagen, einem abgestorbenen Menschenkopf. Der ist natürlich nur kleiner. Die Erde ist größer, daher nimmt sich alles anders aus. Die Erde gleicht einem abgestorbenen Menschenkopf. Wer also die Erde heute studiert, der muß eigentlich sich sagen: Die Erde ist ein riesiger Menschenschädel, und zwar ein solcher, der gestorben ist.

Nun, meine Herren, Sie werden sich niemals vorstellen können, daß etwas gestorben sein kann, wenn es nicht vorher gelebt hat. Nicht wahr, das gibt es nicht. Das behauptet nur die Wissenschaft. Aber ich glaube, Sie würden sich selber für dumm halten, wenn Sie irgendwo einen toten Menschenkopf finden würden und Sie sagen würden: Das hat sich halt gebildet aus Materie. – Das werden Sie doch nie sagen, sondern Sie werden sagen: Dasjenige, was so ausschaut, das muß einmal einem lebendigen Menschen gehört haben, das muß einmal lebendig gewesen sein; denn was abgestorben ist, muß einmal lebendig gewesen sein. – So daß also, wenn einer vernünftig nachdenkt darüber, wenn er heute die Erde studiert und er einen abgestorbenen Menschenkopf findet, er sich natürlich vorstellen muß – sonst wäre er einfach, ich möchte sagen, dumm –, daß das einmal gelebt hat, daß also die Erde einmal ein lebendiger Menschenkopf war, daß sie im Weltenall gelebt hat, wie heute der Mensch auf der Erde lebt.

Nun, der Menschenkopf, der könnte aber nicht leben, könnte unmöglich leben, wenn er nicht sein Blut vom Menschenkörper bekäme. Der Menschenkopf allein, der kann höchstens zum Spaß einmal gezeigt werden. Als ich ein kleiner Bub war und im Dorf gewohnt habe, da haben sich manchmal solche herumziehenden Wandertruppen niedergelassen und eine Bude aufgerichtet. Wenn man da vorbeigegangen ist, ist immer einer herausgekommen: Meine Herrschaften, bitte eintreten, es beginnt gleich die Vorstellung! Hier ist der lebend sprechende Menschenkopf zu sehen! – Also die haben einen lebend sprechenden Menschenkopf gezeigt. Sie wissen, das wird durch allerlei Spiegelapparate gemacht, daß man den Körper nicht sieht, nur den Kopf. Aber sonst gibt es natürlich nicht den Kopf allein, sondern sein Blut und alles das, was ihn ernährt, muß er vom Menschenleib bekommen. So muß die Erde auch einmal so gewesen sein, daß sie sich aus dem Weltenraum heraus hätte ernähren können. Ja, könnte man denn auch dafür Gründe anführen, daß die Erde wirklich einmal so etwas wie ein Mensch war und sich aus dem Weltenraum heraus hat ernähren können?

Viel ist nachgedacht worden darüber, wie es eigentlich kommt, daß die Sonne – letzthin habe ich es gezeigt – einmal mit der Erde verbunden war. Aber das ist ja schon lange her. Seit jener Zeit ist die Sonne außerhalb der Erde und gibt der Erde Licht und Wärme. Sogar die Wärme, die in der Erde selbst drinnen ist, ist ja von der Sonne, bleibt nur im Winter aufgespart. Nun kann man wirklich berechnen, wieviel das beträgt, was die Sonne alljährlich an Wärme ausgibt. Das ist sehr viel, was die Sonne an Wärme ausgibt. Und die Physiker haben solche Rechnungen auch angestellt. Das sind Millionen und Millionen Kalorien. Aber, meine Herren, bei dieser Rechnung ist den Physikern wirklich angst und bange geworden, denn sie haben zwar dabei herausbekommen, wieviel die Sonne in jedem Jahr an Wärme ausgibt; sie haben aber auch herausbekommen, daß, wenn das richtig wäre, die Sonne längst erkaltet sein müßte und wir alle erfroren sein müßten. Die Rechnung ist also richtig angestellt, aber sie stimmt doch nicht. Das gibt es nämlich. Man kann rechnen, es kann etwas aufs allerschönste berechnet sein, aber die Rechnung stimmt doch nicht, gerade weil sie so schön ist.

Nun war ein Physiker da, ein Schwabe, *Julius Robert Mayer* heißt er, der hat tatsächlich ganz interessante Gedanken gehabt, so in der Mitte des 19. Jahrhunderts. Dieser Julius Robert Mayer, der in Heilbronn in Württemberg ansässig war, war Arzt und hat in ähnlicher Weise wie *Darwin* auf seiner Weltreise seine Entdeckungen gemacht, hat nämlich da ganz interessante Beobachtungen gemacht bei einer Reise nach dem südlichen Asien, auf den Inseln dort, wie durch den Einfluß der Wärme das Menschenblut anders aussieht als in etwas kälteren Gegenden und ist durch diese Beobachtungen zu interessanten Tatsachen gekommen. Diese Beobachtungen hat er dann zusammengefaßt und zunächst aufgeschrieben in einem ganz kurzen Aufsatz. Den hat er dazumal an die bedeutendste deutsche naturwissenschaftliche Zeitschrift geschickt. Das war 1841. Und diese naturwissenschaftliche Zeitschrift hat ihm den Aufsatz zurückgeschickt, weil die Leute gesagt haben: Das ist alles unbedeutendes Zeug, dilettantisch, dumm. – Heute sehen dieselben Leute, das heißt ihre Nachfolger natürlich, das für eine der größten Entdeckungen im 19. Jahrhundert an!

Aber von den Poggendorffschen «Annalen für Physik und Chemie», die dazumal die berühmteste deutsche naturwissenschaftliche Zeitschrift war, hat man dem Julius Robert Mayer nicht bloß dazumal diese Abhandlung zurückgeschickt, wo die Geschichte drinnenstand, sondern man hat ihn noch außerdem – ins Irrenhaus gesperrt! Weil er wirklich sehr begeistert war von seiner Wissenschaft – sie ist nicht ganz richtig, aber er war sehr begeistert für seine Wissenschaft –, hat er sich ein bißchen anders benommen als die anderen Menschen – die anderen haben ja auch nicht gerade dasselbe gewußt wie er –, und das haben dann seine Ärztekollegen und die anderen Ärzte bemerkt, und dafür ist er ins Irrenhaus gekommen! So daß Sie da auf eine wissenschaftliche Entdeckung kommen, die herrührt von einem Menschen, der dafür ins Irrenhaus gesperrt worden ist. Wenn Sie heute nach Heilbronn kommen ins Schwabenland, finden Sie dort auf dem wichtigsten Platze ein Denkmal von Julius Robert Mayer. Aber das ist nachträglich gemacht worden! Das ist nur ein Beispiel, wie die Leute umgehen mit solchen Leuten, die so ein bißchen Gedanken im Kopfe haben.

Nun, sehen Sie, dieser Julius Robert Mayer, der sich über diesen Einfluß, den er da von der Wärme auf das Blut gekannt hat, Gedanken gemacht hat, hat sich auch Gedanken gemacht, wie denn die Sonne zu der Wärme kommen kann. Die anderen rechnen bloß aus, wieviel sie hergibt. Aber Julius Robert Mayer fragte sich auch: Ja, wo kommt denn das alles her? – Was tut die Physik? Man möchte sagen, die Physik, die rechnet gerade so, wie man bei einem Menschen rechnen würde: Der hat einmal gegessen und jetzt ist er satt geworden, aber außerdem speichert sich noch etwas auf in seinem eigenen Fett und seinen Muskeln. Wenn er jetzt nichts mehr essen kann, so nimmt er das aus seinem Fett und seinen Muskeln. Und da kann er vierzig, sechzig Tage leben, aber nachher stirbt er, wenn er nichts zu essen kriegt. Das haben die Physiker auch bei der Sonne berechnet, was sie jeden Tag hergibt, nachdem sie eben einmal auf wunderbare Weise diese Wärme gehabt hat. Wie sie dazumal gegessen hat, wurde zwar nicht beachtet, aber jedenfalls ausgerechnet, wieviel sie hergibt.

Aber woher sie das nimmt, das hat doch der Julius Robert Mayer gefragt. Und da hat er herausbekommen, daß jedes Jahr so und so viele Himmelskörper in die Sonne hereinfliegen, die wie die Kometen sind. Sehen Sie, das ist die Speise der Sonne. Aber wenn wir heute noch auf die Sonne heraufschauen, so können wir ja sehen: Die hat einen guten Magen, die frißt jährlich eine ungeheure Anzahl von Kometen. So wie wir unsere Mittagsmahlzeit verzehren und dadurch unsere Wärme entwickeln, so entwickelt die Sonne Wärme, indem sie in ihren guten Magen hinein Kometen frißt.

Nun, meine Herren, das heißt: Wenn die Kometen schon ganz zersplittert sind und herunterfallen, so sind sie allerdings harte Eisenkerne, aber es fällt eben nur das Eisen herunter. Der Mensch hat ja auch Eisen in seinem Blut. Wenn der Mensch irgendwo aufgelöst würde und nur das Eisen herunterfallen würde, so würden die Menschen wahrscheinlich sagen: Da oben ist etwas, das hat geleuchtet, und das besteht aus Eisen. – Weil also die Meteorsteine, in die sich die Kometen auflösen, aus Eisen bestehen, sagt man, die Kometen sind aus Eisen. Das ist aber ein Unsinn, geradeso wie es ein Unsinn wäre zu glauben, daß der Mensch aus Eisen besteht, weil er Eisen in seinem Blute hat und man da einen ganz kleinen Eisenbatzen finden würde. So findet man eben die Meteorsteine; die sind zerfallene Kometen. Die Kometen sind eben etwas ganz anderes, die Kometen leben! Und die Sonne lebt eben auch, hat einen Magen, frißt nicht nur die Kometen, sondern nährt sich geradeso wie wir. In unserem Magen ist auch Eisen drinnen. Wenn einer Spinat ißt, so merkt er nicht, daß da sehr viel Eisen drinnen ist, im allgemeinen natürlich. Trotzdem ist es gut, wenn man gerade blutarmen Menschen sehr viel zu Spinatessen rät, weil sie dadurch viel sicherer Eisen ins Blut kriegen, als wenn man ihnen einfach Eisen in den Magen hineintut, das ja doch meistens durch die Därme wieder abgeht.

Wenn die Kometen bloß aus Eisen bestehen und in die Sonne hereinfallen würden, da sollten Sie nur einmal sehen, wie das alles wieder abgeht! Da würde man einen ganz anderen Prozeß sehen. Da würde man wahrscheinlich im Himmelsraum ein Riesenklosett aufrichten müssen, wenn das richtig wäre! Die Sache ist natürlich ganz anders. Die Kometen bestehen nur zum geringsten Teil aus Eisen; aber die Sonne frißt sie.

Nun denken Sie zurück, daß die Erde selber einmal die Sonne in sich gehabt hat. Da hat die Sonne dasselbe gemacht, was sie jetzt allein tut; da hat sie auch Kometen gefressen. Und Sie haben jetzt den Grund, warum dieser Riesenkopf, der die Erde ist, leben konnte: weil die Sonne seinen Ernährungsapparat darstellte. Solange die Sonne bei der Erde war, ernährte sich aus dem Weltenall heraus die Erde durch die Sonne, wie wir uns jetzt ernähren von der Erde durch unseren Ernährungsapparat.

Also dafür war schon gesorgt, daß die Erde doch, als noch die Sonne bei ihr war, sich ernähren konnte. Nur müssen Sie sich natürlich vorstellen, daß die Sonne riesig viel größer als die Erde ist, und daß also die Sonne, indem sie da drinnen war in der Erde, eigentlich nicht in der Erde drinnen war, sondern die Erde war in der Sonne drinnen. So daß man sich die Sache so vorstellen muß (siehe Zeichnung S. 176), daß damals hier die Sonne war, da war die Erde drinnen und in der Erde erst wiederum der Mond. Also: Sonne, in der Sonne die Erde und in der Erde der Mond. In einem gewissen Sinne war das ja umgekehrt wie beim Menschen. Aber das ist ja beim Menschen auch nur scheinbar, daß er den kleinen Magen hat; der kleine Magen allein könnte ja nicht viel machen. Der kleine Magen, den der Mensch hat – darüber werden wir später noch sprechen –, der steht überall in Beziehung zur Außenwelt. Eigentlich ist der Mensch in der Erde drinnen, so wie die Erde einmal in der Sonne drinnen war. Und der eigentliche Erdenmagen, der war

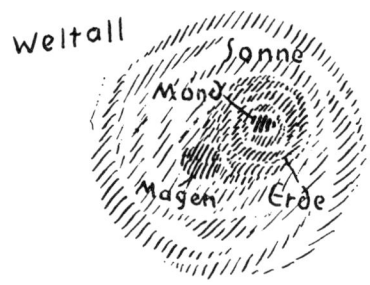

dann der Mittelpunkt der Sonne. Wenn das die Sonne ist (siehe Zeichnung), das die Erde, so war eben der Magen hier (in der Mitte), und die Sonne, die hat nur überall diese Kometen herangezogen und hat sie dann dem Magen überliefert, so daß die Verdauung der Erde doch innerhalb der Erde geschehen ist.

Nun können Sie wiederum sagen: Dem widerspricht ja, daß der menschliche Kopf nicht selber verdaut. – Das ist ganz richtig. Aber es hat sich ja die Geschichte auch verändert. Ein bißchen verdaut nämlich dennoch der menschliche Kopf. Sehen Sie, ich habe Ihnen beschrieben: Wenn wir die Speisen essen, dann kommen sie ja zunächst auf die Zunge, an den Gaumen heran. Da werden sie zuerst eingespeichelt mit Ptyalin, und dann gehen sie durch die Speiseröhre. Aber nicht alle Speisen gehen durch die Speiseröhre, sondern der Mensch ist ja im Grunde eine Wassersäule – es ist ja alles weich, es sind ja nur die festen Teile eingelagert –, so daß schon im Mund etwas von den Speisen aufgesogen wird im Kopf. Eine direkte Ernährung geht vom Gaumen aus in den Kopf hinein. Das ist so. Sehen Sie, daß die Dinge nicht so grob sind, wie man gewöhnlich glaubt, das können Sie ja einfach daraus entnehmen, wenn Sie vergleichen. Ein Menschenei, das können Sie nicht an die Luft bringen, damit es dort äußerlich ausgebrütet wird. Beim Vogelei können Sie das. Das kommt an die Luft und wird erst außen ausgebrütet. So ist es natürlich – in ähnlicher Weise – auch mit dem menschlichen Kopf. Der heutige Menschenkopf könnte sich von dem bißchen Nahrung, das er bloß vom Gaumen aus kriegt, nicht ernähren. Aber die Erde war eben anders eingerichtet. Die hat in sich einen Magen, der zugleich Mund war, gehabt, und hat sich eben ganz von diesem Munde aus ernährt. So daß wir sagen können: Solange die Sonne mit der Erde verbunden war, hatte dieses riesige Wesen die Möglichkeit, sich aus dem Weltenall heraus zu ernähren.

Nun habe ich Ihnen aber gesagt: Wenn man heute die Erde studiert, so ist sie wie ein abgestorbener Menschenkopf. Ja, ein abgestorbener Menschenkopf, der muß aber einmal gelebt haben. Also muß die Erde eben einmal gelebt haben. Sie hat sich ernährt durch die Sonne.

Nun, meine Herren, will ich Ihnen noch etwas anderes sagen. Sehen Sie, wenn Sie in einer bestimmten Zeit den Menschenkeim im Mutterleibe anschauen, also nach der Befruchtung, ich will sagen, zwei, drei, vier Wochen nach der Befruchtung anschauen, da schaut dieser Menschenkeim außerordentlich interessant aus. Da ist zunächst im mütterlichen Leibe, rundherum im Mutterkörper, den man Uterus nennt, eine Haut, die viele Blutgefäße hat. Und die Blutgefäße, die da im mütterlichen Leibe drinnen extra sind – die sind ja natürlich dann im Menschenleibe nicht, wenn nicht gerade ein Kind getragen wird –, diese Blutgefäße stehen in Verbindung mit den anderen Blutgefäßen, die die Mutter hat. Die gehen da überall in die Blutadern hinein. So daß also die Mutter in ihr eigenes Blutsystem diese Kugel da eingeschaltet hat (siehe Zeichnung) und während sonst das Blut im Leibe zirkuliert, rinnt das Blut extra noch in diese Kugel hinein, nur in die äußere Kugel.

Nun, meine Herren, da finden Sie innerhalb dieser Kugel alle Organe. Da ist zum Beispiel ein Organ, das sieht aus wie ein Sack, und

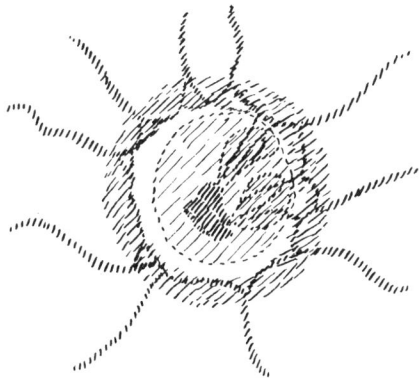

daneben wiederum eines, das ist ein kleinerer Sack. In diese Säcke, in die setzen sich auch diese Blutadern fort, die sonst, wenn die Mutter kein Kind trägt, gar nicht da sind, weil ja die ganze Kugel dann fehlt; da hinein setzen sich auch diese Adern dann fort. So daß wir sagen können: Diese Adern gehen überall da hinein und das alles, was ich Ihnen bis jetzt aufgezeichnet habe, das ist da, wenn sich das Kind in den ersten Wochen entwickelt; das ist da, und ganz klein hängt daran, also winzigklein hängt daran hier das Kind. Ganz winzigklein hängt es daran!

Und kurioserweise, wenn ich Ihnen das Kind jetzt groß aufzeichnen würde, wie es in der nächsten Zeit ist, dann müßte ich das so zeichnen:

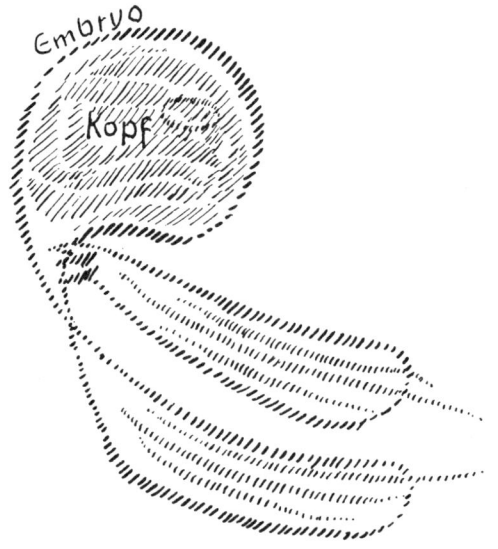

das Kind nämlich ist fast nur ein Kopf, das andere ist ganz winzig daran. Sie sehen, da habe ich zwei solche Stetzelchen hingezeichnet, das werden später die Arme. Die Beine sind fast gar nicht da. Dafür aber setzen sich dann eben an das Kind diese zwei Taschen, die ich da gezeichnet habe, und in diese zwei Taschen gehen die Blutgefäße hinein. Und diese Blutgefäße bringen die Nahrung mit, und der Kopf wird ernährt. Ein Magen ist ja noch gar nicht da, und ein Herz auch nicht.

Eine eigene Blutzirkulation hat das Kind in den ersten Wochen gar nicht. Das Kind ist ja nur ein Kopf. Und das wächst und wächst allmählich so heran, daß es im zweiten, dritten Monat menschenähnlich wird, daß sich die anderen Organe ansetzen. Aber ernährt wird das Kind immer noch von außen, von demjenigen, was da als Taschen ist. Und dann speichert sich da Nahrung ringsherum so auf (es wird gezeichnet). Aber Blut wird zugeführt. Atmen kann ja das Kind noch nicht, es bekommt nur Luft auf dem Umwege durch die Mutter. Das Kind ist also eigentlich ein Menschenkopf, und die anderen Organe dienen ihm noch gar nicht besonders. Mit den Lungen kann es nichts anfangen. Mit dem Magen kann es nichts anfangen. Essen kann es noch nicht; es muß also alle Nahrung nur so bekommen, daß sein Kopf ernährt wird. Atmen kann es noch nicht. Eine Nase hat es auch noch nicht. Die Organe entwickeln sich zwar, aber es kann sie noch nicht gebrauchen. Also das Kind ist im mütterlichen Leibe ja ein Kopf; nur ist alles weich. Das spätere Gehirn, das ist furchtbar weich hier drinnen, ganz weich und furchtbar lebendig, ganz lebendig. Und wenn Sie ein Riesenmikroskop nehmen könnten und könnten gerade einen Kinderkopf anschauen, der meinetwillen aus der zweiten oder dritten Woche nach der Befruchtung ist, so würde der recht ähnlich ausschauen dem, was ich Ihnen von der Erde gesagt habe, wie sie einmal war, als da die Ichthyosaurier und Plesiosaurier und so weiter herumgewatet sind. Ganz verflucht ähnlich würde das ausschauen, nur in der Größe unterschieden.

So daß man sagen kann: Wo gibt es ein Bild von der Erde, die einmal da war, heute noch? Im Menschenkopf, wenn der Menschenkopf eben noch ungeboren ist und als Keim vorhanden ist. Dieser Menschenkopf ist nämlich ein deutliches Abbild von der Erde.

Und all das, was da dran sein muß, diese Taschen am Leibe, das, was da herum ist, das wird als die sogenannte Nachgeburt, nachdem es ganz brüchig geworden ist, abgeworfen, und der Mensch bleibt übrig, wird geboren. Also von dem, was als Nachgeburt abgeworfen wird, von dem bekommt man eigentlich die Nahrung als Kind im Mutterleibe – die Nachgeburt besteht aus den zerfetzten Blutgefäßen. Diese sogenannte Allantois und dieses Amnion – das also sind die zerfetzten Organe –, die sind uns, solange wir im Mutterleibe sind, außerordentlich wichtig, weil sie den Magen und die Atmungsorgane ersetzen. Aber wenn wir sie nicht mehr gebrauchen, wenn wir geboren werden, selber atmen und essen können, wird das als Nachgeburt abgeworfen.

Nun, meine Herren, wenn Sie sich so etwas anschauen, wie ich es Ihnen da aufgezeichnet habe, so brauchen Sie sich nur vorzustellen: Da wäre das Weltall, hier wäre die Erde, und da drinnen der Menschenkopf und ringsherum ganz fein die Sonne (siehe Zeichnung S. 177). Und nun kommt die Geburt, das heißt, es hört das auf, was einmal da war. Die Sonne und der Mond fliegen heraus, und die Geburt der Erde ist da. Die Erde muß sich selber weiterhelfen.

Man kann zweierlei beschreiben. Zunächst konnte ich Ihnen das so beschreiben, daß ich Ihnen gesagt habe: Die Erde hat einmal so ausgeschaut – da waren Ichthyosaurier, Plesiosaurier drinnen und so weiter. Jetzt könnte ich Ihnen aber ebensogut den Menschenkeim beschreiben. Es ist nur alles kleiner, aber ich müßte dasselbe reden. So daß Sie heute sagen können: Die Erde war einmal der Keim eines Riesenmenschen.

Da ist wiederum außerordentlich interessant, daß in früheren Zeiten die Menschen auf eine merkwürdige Weise – darüber wollen wir noch reden – mehr gewußt haben als die späteren Menschen. Die späteren Menschen haben nämlich zumeist aus der mißverstandenen hebräischen Urkunde, aus dem mißverstandenen Alten Testament gelernt, und die haben sich vorgestellt, nicht wahr: Da war die Erde und irgendwo das Paradies, und da ist der fertige Adam im Paradies als so ein kleiner Knirps darauf gestanden. Diese Vorstellung, die sich die Menschen aus dem mißverstandenen Alten Testament gemacht haben, die ist ungefähr gerade so, wie wenn sich heute einer vorstellen würde: Der Mensch kommt nicht von dem kleinen Ding, was da von den Allantois- und Amniontaschen da ist, von dieser Haut und so weiter – davon käme nicht der Mensch, sondern das alles, das wäre eine Sache für sich; aber im mütterlichen Leibe, da sitzt eben ein kleinwinziger Floh, und aus diesem kleinen Floh kommt der Mensch. So ungefähr ist es, wenn man sich vorstellt: Die Erde war da, der Adam und die Eva lebten gleich Flöhen daraufsitzend, und nachher das Menschengeschlecht. Das ist eben aus einem Mißverständnis des Alten Testaments entstanden, währenddem diejenigen, die in alten Zeiten etwas gewußt haben, nicht von Adam geredet haben, sondern von Adam Kadmon. Und der Adam Kadmon, der ist etwas anderes als der Adam. Der ist dieser Riesenkopf, der die Erde einmal war. Und das ist eine natürliche Vorstellung. Zum Erdenfloh ist dieser Adam Kadmon erst geworden, als sich die Menschen nicht mehr vorstellen konnten, daß ein Menschenkopf so groß werden kann wie die Erde, als sie nicht mehr daran geglaubt haben, und da haben sie sich die abnorme Vorstellung gebildet, als wenn es zum Spaß da sei, daß die ganzen neun Monate im mütterlichen Leibe vor sich gehen, und aus dieser mütterlichen Kugel der Mensch geboren wird.

In Wirklichkeit müssen wir uns vorstellen, daß der Mensch einmal die ganze Erde war – die ganze Erde. Und die Erde war viel lebendiger. Aber, meine Herren, das ist ja gar nicht anders; sehen Sie, wenn ich Ihnen die Erde heute zeichne, so ist sie ein abgestorbenes Wesen, wie der menschliche Kopf im Absterben begriffen ist, und wenn wir zurückgehen zu diesem menschlichen Kopfe, der da im mütterlichen Leibe ist, so ist der durch und durch lebendig. Der ist so, wie die Erde einmal war. Und die Erde ist heute gestorben. Aber sie war einmal durch und durch lebendig.

Sehen Sie, wenn die Menschen alles zusammenhalten könnten, was die Wissenschaft gibt, so würden sie auf manches kommen. Die Wissenschaft ist schon recht, nur die Menschen, die die heutige Wissenschaft verwalten, die können mit der Wissenschaft nicht viel anfangen. Wenn heute einer sich diese Erdenoberfläche anschaut, so muß er sagen: Das ist ja wie ein abgestorbener Menschenkopf. Wir gehen ja eigentlich auf Totem herum, das einmal gelebt haben muß. Das habe ich Ihnen gesagt; aber ich sage Ihnen auch alles dasjenige noch, was daraus folgt.

Nun war in Wien noch zu meiner Jugendzeit einmal ein sehr berühmter Geologe, das ist Erdenkundiger. Der hat ein großes Buch geschrieben: «Das Antlitz der Erde.» Da steht das drinnen: Wir gehen heute, wenn wir über die Erdschollen von Böhmen oder Westfalen gehen, über abgestorbene Sachen. Das war einmal lebendig. – Die Einzelheiten ahnt die Wissenschaft schon, aber sie kann die Sachen nicht zusammenreimen. Das, was ich Ihnen sage, widerspricht nirgends der Wissenschaft. Sie können das überall, wenn Sie die Wissenschaft verfolgen, bestätigt finden. Aber die Wissenschafter kommen selber nicht draus aus demjenigen, was da aus den Sachen folgt.

Also kommen wir wirklich dazu, zu sagen: Die Erde war einmal ein Riesenmensch. Das war sie. Und sie ist gestorben, und heute wandeln wir auf der gestorbenen Erde herum.

Nun, sehen Sie, da bleiben jetzt wichtige Fragen übrig, zwei wichtige Fragen durch die Frage des Herrn Burle. Die eine ist diese: Wenn wir zurückgehen, so sieht man, daß die Erde ein Riesenmensch war. Woher kommen die Tiere? Und die zweite Frage ist: Die Erde war also ein Riesenmensch. Woher kommt es, daß der Mensch heute so ein kleiner Floh auf der Erde ist? Woher kommt es, daß er so klein geworden ist? Diese zwei Fragen sind tatsächlich wichtige Fragen.

Die erste ist eigentlich gar nicht so schwer zu beantworten; man muß sie nur nicht aus allerlei phantastischen Spielereien heraus beantworten wollen, sondern muß sie aus den Tatsachen beantworten.

Meine Herren, was glauben Sie, wenn nun ein Weib während der Schwangerschaft stirbt, solange die Geschichte da drinnen noch so ausschaut, wie ich sie Ihnen auf der Tafel hergezeichnet habe, und Sie sezieren diese Kugel heraus, in der dann diejenigen Dinge drinnen sind, die mit der Nachgeburt abfallen, und in der der Embryo drinnen ist, der später der Mensch würde – nehmen Sie an, wir nehmen das alles heraus und geben das nicht in Spiritus, in dem es sich ja halten würde, sondern wir lassen das so irgendwo liegen, besonders wo es feucht ist, und wir gehen nach einiger Zeit wiederum hin –, was glauben Sie, was wir da sehen würden? Ja, meine Herren, wenn wir da nach einiger Zeit wiederum hingehen und dann anfangen würden das zu zerschneiden, da würde lauter Getier herauslaufen; lauter kleine Viecher laufen da heraus. Der ganze Menschenkopf, der im Mutterleibe lebendig war, stirbt ab. Und indem er abstirbt – wir brauchen ihn nur auseinanderzuschneiden, um es zu sehen –, da läuft alles mögliche Getier heraus.

Ja, meine Herren, denken Sie sich, die Erde war einmal ein solcher Menschenkopf im Weltenraum und ist abgestorben. Brauchen Sie sich zu verwundern, daß da alles mögliche Getier herauslief? Das tut es ja heute noch. Wenn Sie das in Betracht ziehen, da haben Sie die Entstehung der Tiere. Sie können das heute noch beobachten.

Das ist die eine Frage. Wir werden darüber noch weiter reden, wie die einzelnen Tierformen entstanden sind. Aber im Prinzip haben Sie da, daß ja die Tiere da sein müssen. Ich kann diese Frage heute nur andeuten, später werde ich sie noch ausführlich beantworten.

Jetzt bleibt die andere Frage: Warum ist der Mensch heute ein so kleiner Knirps? Nun, da müssen Sie wiederum alles zusammennehmen, was Sie wissen können. Erstens können Sie fragen: Ja, aber da hat einmal *ein* Mensch gelebt im Weltenraum, der heute Erde ist, abgestorben ist und heute Erde ist. Hat denn der nicht geboren? Hat sich denn der nicht vermehrt? – Auf diese Frage braucht man ja nicht weiter einzugehen; wenn er sich vermehrt hat, so sind dazumal die anderen im Weltenraum irgendwo zu anderem aufgerufen worden. Also wir brauchen uns erst zu interessieren, als ein bestimmter Punkt der Vermehrung eintrat.

Ja, meine Herren, wenn Sie heute noch verfolgen, wie eine kleine Zelle sich vermehrt, so ist sie zuerst so (siehe Zeichnung), dann ist sie so,

dann werden zwei daraus. Dann werden aus jeder wiederum zwei; das sind schon vier. Und so wird der ganze Menschenkörper aufgebaut, so daß er zuletzt aus lauter kleinen einzelnen, im Blut lebenden und im Kopf abgestorbenen kleinen Viechern besteht, die alle aus einer einzigen Zelle hervorkommen. So ist aus einem Teil der ursprünglichen Erde, geradeso wie heute der Mensch nicht nur aus einem ganzen Menschen herausgeboren wird, sondern aus einem Teil des Menschen – die heutige Erde entstanden. Es frägt sich nur: Warum kommt er heute nicht mehr heraus? Weil die Erde nicht mehr so in Verbindung steht mit dem Weltall, seitdem die Sonne herausgegangen ist. Jetzt bleiben alle diese Wesen drinnen. Sie wurden von der Sonne außen beschienen, als die Sonne herausgegangen war, während sie früher drinnen war. – Sie müssen alles zusammennehmen, was Sie wissen können.

Meine Herren, wissen Sie aber vielleicht, daß man die Hunde, die ja im allgemeinen eine bestimmte Größe haben, unter die sie nicht heruntergehen, aber doch so klein züchten kann, daß sie manchmal fast nicht größer sind als große Ratten. Wenn man den Hunden zum Beispiel Alkohol zu saufen gibt, so bleiben sie klein – das hängt ja ab von dem, was da wirkt auf das Wesen, wie groß es wird –; allerdings werden diese Hunde furchtbar nervös.

Es waren wirklich – wenn auch nicht die ganze Welt voll Alkohol war –, aber es waren die Stoffwirkungen ganz andere geworden, als die Sonne von der Erde weggegangen war. Als sie noch in der Erde war, ist eben eine ganz andere Wirkung dagewesen als später, als die Sonne draußen war. Und während der Mensch zuerst so groß war wie die Erde selber, ist er durch diese Rieseneinwirkung eben klein geworden. Aber das war ein Glück für ihn, denn als er noch so groß war wie die Erde, da mußten alle anderen, die geboren wurden, in den Weltenraum hinausfliegen. Wir werden später einmal hören, was mit denen geschehen ist. Jetzt konnten sie in der Erde drinnen bleiben, weil sie miteinander auf der Erde herumwandeln können. Und jetzt entstand statt des einen Menschen das Menschengeschlecht, weil die Menschen klein blieben.

Ja, meine Herren, wahr ist es: Wir stammen alle von *einem* Menschen ab! Das ist ja auch schließlich begreiflich, nicht wahr. Aber dieser eine Mensch war nicht so ein kleiner Erdenfloh, wie jetzt die Menschen sind, sondern er war die Erde selber. Nur, als die Sonne herausging, da ist auf der einen Seite die Erde abgestorben, und da krochen die Tiere heraus, wie jetzt auch noch die Tiere herauskriechen, wenn etwas abgestorben ist. Und auf der anderen Seite blieben noch die Kräfte zurück. Nur wurden sie jetzt nicht von innen durch die Sonne angeregt, sondern von außen, und der Mensch wurde klein und konnte zu vielen Menschen werden.

Dadurch also, daß die Sonne von außen wirkt, läßt sie den Menschen klein. Das kann Ihnen ja auch ganz gut begreiflich sein. Denn denken Sie nur einmal, wenn das die Erde ist – ich will die Erde jetzt ganz klein zeichnen – und früher die Sonne das war, wo die Erde also drinnensteckte, da strahlten ja alle Kräfte so heraus, und wenn sich die Erde bewegte, da ging ja immer die Sonne mit; es war ja eines und dasselbe (Zeichnung links). Jetzt, da die Sonne heraußen ist, ist die Ge-

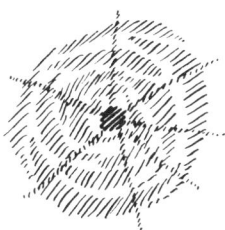 

schichte so: Da ist ja die Sonne und da die Erde, die geht um die Sonne herum. Wenn die Erde da ist, dann kriegt sie diese Strahlen; wenn sie dort ist, kriegt sie jene Strahlen (Zeichnung rechts). Sie sehen nur immer eine kleine Parzelle von Strahlen. Wenn die Sonne draußen ist, kriegt die Erde nur noch wenige Strahlen. Als die Sonne noch in der Erde war, kam noch immer von innen heraus die ganze Wirkung der Sonne. Kein Wunder, daß wenn die Sonne so herumkreist, sie auf jedem einzelnen Punkt der Erde einen Menschen beleuchten kann, während sie früher, als sie drinnen war und vom Mittelpunkt ausstrahlen mußte, nur *einen* Menschen bestrahlen konnte. Als die Sonne anfing, vom Umkreis her zu wirken, da verkleinerte sie den Menschen.

Es ist schon interessant, wirklich interessant, daß nicht nur die asiatischen Gelehrten, als schon längst das Alte Testament mißverstanden wurde und so ausgelegt wurde, wie es später ausgelegt worden ist, noch von dem Adam Kadmon geredet haben, der eigentlich ein Mensch ist, der die ganze Erde ist, sondern die Vorfahren der jetzigen mitteleuropäischen Menschen, die überall sind, in der Schweiz, in Deutschland, die haben eine Sage gehabt, in der gesagt wurde: Die Erde war einmal ein Riesenmensch, der Riese Ymir. Und die Erde ist befruchtet worden.

Also sie haben so geredet von der Erde, wie man heute von einem Menschen reden muß. Und das ist natürlich später nicht mehr verstanden worden, weil an die Stelle dieser ja allerdings bildhaften, richtigen

Sagenbilder – sie sind ja furchtbar wahr –, weil an die Stelle dieser wahren Bilder die falsche lateinische Auslegung des Alten Testaments getreten ist. Also die alten Germanen hier in Europa – es war ja bildlich, wie wenn sie geträumt hätten, aber der Traum war viel richtiger als später, wo man das Alte Testament mißverstand und statt von der ganzen Erde, von dem Adam Kadmon zu reden, von dem kleinen Adam redete – hatten noch eine alte, allerdings bloß traumhafte bildliche Wissenschaft.

Ja, sehen Sie, man bekommt schon einen Riesenrespekt vor dem, was einmal ausgerottet worden ist an alter, allerdings bloß traumhafter bildlicher Wissenschaft. Aber die war da, und die ist ausgerottet worden. Es braucht einen nicht zu wundern. In einer bestimmten Zeit kam eben diese allgemeine Ausrottung. Und wenn ich Ihnen erzählen würde, was zum Beispiel in Kleinasien, in Vorderasien, in Nordafrika, in Südeuropa, in Griechenland, Italien einmal vorhanden war – ja, meine Herren, im 1., 2., 3. Jahrhundert, da es schon das Christentum gegeben hat, da konnten Sie überall, wenn Sie in Asien oder Afrika auf dem Acker gingen, merkwürdige Statuen finden; die waren überall da. Und in diesen Statuen drückten die Menschen, die noch nicht lesen und schreiben konnten, aus, wie es einmal war auf der Erde. Aus diesen Statuen hätte man studieren können, wie das einmal war auf der Erde. Es war in der Form, in der Bildhauerei ausgedrückt, daß einmal die Erde ein lebendiges Wesen war.

Und dann haben die Leute eben diese Rage, diese Wut gekriegt, und es ist in kurzer Zeit all das, was an solchen Statuen vorhanden war, einfach weggemacht worden. Es ist ja riesig viel zerstört worden, woraus man riesig viel hätte entnehmen können. Dasjenige, was heute noch gefunden wird von alten Denkmälern, das ist ja das wenigst wichtige, denn in den ersten Jahrhunderten, da hat man gut gewußt, welches das Wichtigere ist. Das hat man wegrasiert.

Also das ist schon so, daß die Menschheit einmal ein wunderbares Wissen gehabt hat; aber sie haben das eben geträumt, diese Menschen. Und sehen Sie, das ist eine außerordentlich interessante Tatsache, daß einmal die Menschen, statt daß sie nachgedacht haben – was sie heute müssen –, eigentlich geträumt haben auf der Erde. Sie haben es eigentlich mehr in der Nacht gemacht als beim Tage. Denn alles das, was Sie von der älteren Menschenweisheit erfahren, ist durchsetzt davon, daß man sieht: Diese Menschen haben in der Nacht viel beobachtet. Die Hirten auf dem Felde haben in der Nacht viel beobachtet. Und diese alte Weisheit war bei den Deutschen also vorhanden, bei den Germanen, indem sie von einem riesigen Menschen geredet haben. Und nachher gab es auch noch einen riesigen Menschen. Der Mensch ist wirklich nicht auf einmal kleiner geworden. Und zuletzt ist er eben so geworden, wie die Menschen jetzt sind.

Von dem Punkte aus, meine Herren, wollen wir, wenn ich wieder einmal bei Ihnen sein kann, weiterreden. Sie sehen, solch eine Frage gibt immer die Anregung, über recht vieles zu reden. Ich muß jetzt wiederum nach Deutschland reisen, nach Stuttgart. Danach können wir ja weiterreden. Bereiten Sie inzwischen recht schöne Fragen vor. Ich werde Ihnen dann sagen, wann die nächste Stunde ist.

# HINWEISE

*Textgrundlagen:* Die Vorträge wurden von der Berufsstenographin Helene Finckh (1883– 1960) mitstenographiert und in Klartext übertragen. Der Auflage von 1976 lag eine vollständige Neuübertragung des ursprünglichen Stenogramms zugrunde. Textabweichungen gegenüber den Einzelausgaben von 1957 sind hierauf zurückzuführen.

Die *Zeichnungen im Text* sind nach Tafelzeichnungen Rudolf Steiners von Leonore Uhlig ausgeführt worden.

*Einzelausgaben*

Vorträge vom 2., 5. und 9. August, sowie vom 9., 13. und 16. September in «Die Erkenntnis des Menschenwesens nach Leib, Seele und Geist» Dornach 1957.

Vorträge vom 20., 23., 27. und 30. September 1922 in «Über frühe Erdzustände», Dornach 1957.

*Werke Rudolf Steiners* innerhalb der Gesamtausgabe (GA) werden in den Hinweisen mit der Bibliographie-Nummer angegeben. Siehe auch die Übersicht am Schluß des Bandes.

zu Seite

11  *Erster Vortrag:* In der Reihe der seit dem 11. Oktober 1921 gehaltenen Arbeitervorträge ist dieser der *erste,* von dem eine stenographische Nachschrift vorhanden ist. Die Zeichnungen zu diesem Vortrag sind nicht erhalten.

12  *Paul Broca,* 1824–1880, französischer Chirurg und Anthropologe, arbeitete auf dem Gebiete der Hirnforschung.

13 ff.  *künstlich:* Hier im Sinne von *kunstvoll* gebraucht.

14  *Künstliches:* Im Sinne von *Kunstvolles* gebraucht.

30  *die allerkleinsten Tiere:* Protozoen, Urtiere.

81  *in meinen «Kernpunkten»:* Siehe Rudolf Steiner: «Die Kernpunkte der sozialen Frage in den Lebensnotwendigkeiten der Gegenwart und Zukunft» (1919), GA Bibl.-Nr. 23.

96  *gehen mit ihrem Baedeker:* Weitverbreitete, ursprünglich durch *Karl Baedeker* (1801– 1859) verfaßte Reisehandbücher.

109  *Paracelsus:* Humanistenname des *Philippus Theophrastus von Hohenheim,* 1493–1541. Über den Tod des Paracelsus siehe auch Rudolf Steiner: «Die Grundimpulse des weltgeschichtlichen Werdens der Menschheit», GA Bibl.-Nr. 216, 6. Vortrag, und «Menschengeschichte im Lichte der Geistesforschung», GA Bibl.-Nr. 61, 4. Vortrag.

116  *George Cuvier,* 1769–1832, französischer Zoologe und Paläontologe.

135  *da oben auf dem Gempen:* Gempenfluh oder Schartenfluh, Bergerhebung im Jura östlich von Dornach, 721 m hoch.

142 *So hat es vor einiger Zeit in Paris einen Gelehrten gegeben:* Ilja Iljitsch Metschnikow, 1845–1916, russischer Zoologe und Bakteriologe, der in Paris wirkte; siehe hierzu Metschnikows Essay «Goethe und Faust» in seiner Schrift «Beiträge zu einer optimistischen Weltauffassung», München 1908, sowie die Ausführungen in dem Arbeitervortrag vom 2. Dezember 1922, GA Bibl.-Nr. 348, 4. Vortrag.

145 *daß der Mond einmal herausgeflogen ist da, wo heute der Stille Ozean ist:* Vergleiche hierzu den Arbeitervortrag vom 10. Oktober 1923, GA Bibl.-Nr. 351, 2. Vortrag, und den Aufsatz von W. Cloos «Die Spuren der Mondentrennung» in I. Th. Lorenzen, «Grundprobleme der Evolution», Hamburg 1959, S. 79–83.

152 *Blattlaus:* Blattläuse, Aphidae, Gruppe pflanzensaftsaugender Insekten.

*Vorticellen:* Vorticella, Glockentierchen, eine Gattung der Wimperinfusorien.

153 *Jean Racine,* 1639–1699, französischer Bühnendichter; seine «Athalie» erschien 1691.

162 *Gustav Theodor Fechner,* 1801–1887, «Schleiden und der Mond», 1856, S. 170: «Kurz: es regnet am meisten, wenn der Mond bald voll werden will und wenn der Mond der Erde am nächsten ist; das Wetter ist hingegen am heitersten, der Himmel lacht am meisten, wenn der Mond bald neu werden will und der Mond von der Erde am fernsten ist...»

*Matthias Jakob Schleiden,* 1804–1881, deutscher Botaniker.

167 *So ungefähr sagt es der Pfarrer auch:* Vergleiche hierzu Goethe, «Faust», I. Teil, Marthens Garten.

*Man nimmt ein kleines Öltröpfchen:* Hier schildert Rudolf Steiner den sogenannten *Plateau*schen Versuch. Man vergleiche hierzu die Darstellung, die Vincenz Knauer in seinen Vorlesungen über «Die Hauptprobleme der Philosophie» (Wien und Leipzig 1892) gibt: «Eines der hübschesten physikalischen Experimente ist der *Plateausche Versuch.* Es wird eine Mischung aus Wasser und Alkohol bereitet, die genau das spezifische Gewicht des reinen Olivenöles hat, und in diese Mischung dann ein ziemlich starker Tropfen Öl gegossen. Dieser schwimmt nicht auf der Flüssigkeit, sondern sinkt bis in die Mitte derselben, und zwar in Gestalt einer Kugel. Um diese nun in Bewegung zu setzen, wird ein Scheibchen aus Kartenpapier im Zentrum mit einer langen Nadel durchstochen und vorsichtig in die Mitte der Ölkugel gesenkt, so daß der äußerste Rand des Scheibchens den Äquator der Kugel bildet. Dieses Scheibchen nun wird in Drehung versetzt, anfangs langsam, dann immer schneller und schneller. Natürlich teilt sich die Bewegung der Ölkugel mit, und infolge der Fliehkraft lösen von dieser sich Teile ab, welche nach ihrer Absonderung noch geraume Zeit die Drehung mitmachen, zuerst Kreise, dann Kügelchen. Auf diese Weise entsteht ein unserem Planeten-System oft überraschend ähnliches Gebilde: in der Mitte nämlich die größte, unsere Sonne vorstellende Kugel, und um sie herum sich bewegend kleinere Kugeln und Ringe, welche uns die Planeten samt ihren Monden versinnlichen können.» (Vorlesungen während des Sommersemesters, Neunte Vorlesung, S. 281 des oben angeführten Werkes.)

172 *Julius Robert Mayer,* 1814–1878.

173 *Charles Darwin,* 1809–1882.

173 *in einem ganz kurzen Aufsatz:* Die erste Abhandlung J. R. Mayers «Über die quantitative und qualitative Bestimmung der Kräfte» wurde von ihm am 16. Juni 1841 an Poggendorff gesandt; dieser hat sie nie veröffentlicht und auch nie zurückgesandt; sie fand sich erst beim Tode Poggendorffs (1877) in den nachgelassenen Papieren wieder vor und wurde zuerst von Friedrich Zöllner im Faksimile, später durch J. J. Weyrauch (in J. R. Mayer: «Kleinere Schriften und Briefe. Nebst Mitteilungen aus seinem Leben», hg. v. J. J. Weyrauch, Stuttgart 1893) veröffentlicht. Diese erste Abhandlung ist wenig bekannt. Bekannter und wissenschaftlich bedeutender ist die zweite Abhandlung «Bemerkungen über die Kräfte der unbelebten Natur», die im Jahre 1842 in den von Wöhler und Liebig herausgegebenen «Annalen der Chemie und Pharmazie», Bd. XLII (Mai-Heft), Seite 233 ff., veröffentlicht wurde. Allerdings geht J. R. Mayer erst 1845 in der Abhandlung «Die organische Bewegung in ihrem Zusammenhange mit dem Stoffwechsel» (Heilbronn 1845) direkt auf die früher gemachten Beobachtungen am Menschenblut ein.

*Und diese naturwissenschaftliche Zeitschrift hat ihm den Aufsatz zurückgeschickt:* Diese Formulierung Rudolf Steiners scheint auf Mayers Freund Gustav Rümelin zurückzugehen, der in seinem Aufsatz «Erinnerungen an Robert Mayer» (abgedruckt in G. Rümelin: «Reden und Aufsätze», Neue Folge, Freiburg i. Br. o. J.) darüber wie folgt schreibt: «Das Manuskript, an Poggendorffs Annalen für Physik und Chemie geschickt, in welchen sein richtiger Platz gewesen wäre, wurde als zur Aufnahme ungeeignet zurückgesendet. Nun wanderte dasselbe nach Gießen, um in Wöhlers und Liebigs Annalen der Chemie und Pharmazie unterzukommen. Liebig nahm es an, obgleich der Gegenstand weder die Chemie noch die Pharmazie unmittelbar betraf.» Irrtümlicherweise verwechselt hier Rümelin die erste Abhandlung, welche Mayer an Proggendorffs Annalen einsandte, mit der zweiten, die er an Liebigs Annalen sandte.

181 *«Das Antlitz der Erde»:* Verfasser *Eduard Suess,* 1831–1914. Er schreibt in diesem Werk (1885–1909, 3 Bde.; Bd. 1: 2. Aufl. 1892) I. Band, S. 778: «... Der Zusammenbruch des Erdballs ist es, dem wir beiwohnen...»

# RUDOLF STEINER GESAMTAUSGABE

Gliederung nach: Rudolf Steiner - Das literarische
und künstlerische Werk. Eine bibliographische Übersicht
(Bibliographie-Nrn. *kursiv* in Klammern)

## A. SCHRIFTEN

*I. Werke*

Goethes Naturwissenschaftliche Schriften, eingeleitet und kommentiert von R. Steiner,
  5 Bände, 1883/97, Neuausgabe 1975, *(1a-e)*; separate Ausgabe der Einleitungen, 1925 *(1)*
Grundlinien einer Erkenntnistheorie der Goetheschen Weltanschauung, 1886 *(2)*
Wahrheit und Wissenschaft. Vorspiel einer ‹Philosophie der Freiheit›, 1892 *(3)*
Die Philosophie der Freiheit. Grundzüge einer modernen Weltanschauung, 1894 *(4)*
Friedrich Nietzsche, ein Kämpfer gegen seine Zeit, 1895 *(5)*
Goethes Weltanschauung, 1897 *(6)*
Die Mystik im Aufgange des neuzeitlichen Geisteslebens und ihr Verhältnis zur
  modernen Weltanschauung, 1901 *(7)*
Das Christentum als mystische Tatsache und die Mysterien des Altertums, 1902 *(8)*
Theosophie. Einführung in übersinnliche Welterkenntnis und Menschen-
  bestimmung, 1904 *(9)*
Wie erlangt man Erkenntnisse der höheren Welten? 1904/05 *(10)*
Aus der Akasha-Chronik, 1904/08 *(11)*
Die Stufen der höheren Erkenntnis, 1905/08 *(12)*
Die Geheimwissenschaft im Umriß, 1910 *(13)*
Vier Mysteriendramen: Die Pforte der Einweihung - Die Prüfung der Seele
  Der Hüter der Schwelle - Der Seelen Erwachen, 1910/13 *(14)*
Die geistige Führung des Menschen und der Menschheit, 1911 *(15)*
Anthroposophischer Seelenkalender, 1912 *(in 40)*
Ein Weg zur Selbsterkenntnis des Menschen, 1912 *(16)*
Die Schwelle der geistigen Welt, 1913 *(17)*
Die Rätsel der Philosophie in ihrer Geschichte als Umriß dargestellt, 1914 *(18)*
Vom Menschenrätsel, 1916 *(20)*
Von Seelenrätseln, 1917 *(21)*
Goethes Geistesart in ihrer Offenbarung durch seinen Faust und durch das
  Märchen von der Schlange und der Lilie, 1918 *(22)*
Die Kernpunkte der sozialen Frage in den Lebensnotwendigkeiten
  der Gegenwart und Zukunft, 1919 *(23)*
Aufsätze über die Dreigliederung des sozialen Organismus und zur
  Zeitlage 1915-1921 *(24)*
Kosmologie, Religion und Philosophie, 1922 *(25)*
Anthroposophische Leitsätze, 1924/25 *(26)*
Grundlegendes für eine Erweiterung der Heilkunst nach geisteswissenschaftlichen
  Erkenntnissen, 1925. Von Dr. R. Steiner und Dr. I. Wegman *(27)*
Mein Lebensgang, 1923/25 *(28)*

*II. Gesammelte Aufsätze*

Aufsätze zur Dramaturgie 1889-1901 *(29)* – Methodische Grundlagen der Anthroposophie 1884-1901 *(30)* – Aufsätze zur Kultur- und Zeitgeschichte 1887-1901 *(31)* – Aufsätze zur Literatur 1886-1902 *(32)* – Biographien und biographische Skizzen 1894-1905 *(33)* – Aufsätze aus «Lucifer-Gnosis» 1903-1908 *(34)* – Philosophie und Anthroposophie 1904-1918 *(35)* – Aufsätze aus «Das Goetheanum» 1921-1925 *(36)*

*III. Veröffentlichungen aus dem Nachlaß*

Briefe – Wahrspruchworte – Bühnenbearbeitungen – Entwürfe zu den Vier Mysteriendramen 1910-1913 – Anthroposophie. Ein Fragment aus dem Jahre 1910 – Gesammelte Skizzen und Fragmente – Aus Notizbüchern und -blättern – *(38-47)*

B. DAS VORTRAGSWERK

*I. Öffentliche Vorträge*

Die Berliner öffentlichen Vortragsreihen, 1903/04 bis 1917/18 *(51-67)* – Öffentliche Vorträge, Vortragsreihen und Hochschulkurse an anderen Orten Europas 1906-1924 *(68-84)*

*II. Vorträge vor Mitgliedern der Anthroposophischen Gesellschaft*

Vorträge und Vortragszyklen allgemein-anthroposophischen Inhalts – Christologie und Evangelien-Betrachtungen – Geisteswissenschaftliche Menschenkunde – Kosmische und menschliche Geschichte – Die geistigen Hintergründe der sozialen Frage – Der Mensch in seinem Zusammenhang mit dem Kosmos – Karma-Betrachtungen – *(91-244)*
Vorträge und Schriften zur Geschichte der anthroposophischen Bewegung und der Anthroposophischen Gesellschaft *(251-263)*

*III. Vorträge und Kurse zu einzelnen Lebensgebieten*

Vorträge über Kunst: Allgemein-Künstlerisches – Eurythmie – Sprachgestaltung und Dramatische Kunst – Musik – Bildende Künste – Kunstgeschichte – *(271-292)* – Vorträge über Erziehung *(293-311)* – Vorträge über Medizin *(312-319)* – Vorträge über Naturwissenschaft *(320-327)* – Vorträge über das soziale Leben und die Dreigliederung des sozialen Organismus *(328-341)* – Vorträge für die Arbeiter am Goetheanumbau *(347-354)*

C. DAS KÜNSTLERISCHE WERK

Originalgetreue Wiedergaben von malerischen und graphischen Entwürfen und Skizzen Rudolf Steiners in Kunstmappen oder als Einzelblätter: Entwürfe für die Malerei des Ersten Goetheanum – Schulungsskizzen für Maler – Programmbilder für Eurythmie-Aufführungen – Eurythmieformen – Skizzen zu den Eurythmiefiguren, u.a.

*Die Bände der Rudolf Steiner Gesamtausgabe*
*sind innerhalb einzelner Gruppen einheitlich ausgestattet*
*Jeder Band ist einzeln erhältlich.*